전인적 양육,
기독교 전인 교육을
디자인하라!

전인적 양육,
기독교 전인 교육을
디자인하라!

초판 1쇄 발행 2021년 3월 10일

지은이　장주동
펴낸이　고종율
펴낸곳　(사)파이디온선교회

등록　2013년 9월 12일 제 2013-000163호
주소　서울특별시 서초구 서초대로 141-25(방배동, 세일빌딩)
전화　마케팅실 070) 4018-4040
팩스　마케팅실 031) 902-7750

값 17,000원
ISBN 979-11-6307-302-4 03230
ⓒ 2021 파이디온선교회 All rights reserved.

전인적 양육,
기독교 전인 교육을 디자인하라!

장주동 지음

추천사

이 책은 '전인적 성장(Holistic Growth)을 일으키기 위해 기독교 교육은 어떻게 해야 하는가?'를 설명하기 위해 쓰였습니다. 이 책의 저자인 장주동 목사님은 대학생 때부터 파이디온선교회를 통해 다음세대 사역에 헌신하며 기독교 교육의 전문가로 선 분입니다. 그의 사역 경험 및 연구의 결과로 귀한 책이 빛을 발하게 되었습니다.

2012년에 저는 한국컴패션의 서정인 대표님으로부터 컴패션 커리큘럼으로 다가오는 미래에 사용하게 될 "북한 어린이를 위한 전인적 양육 커리큘럼"을 파이디온에서 만들어 달라는 요청을 받았습니다. 커리큘럼을 기획하며 이 교재의 집필을 책임질 담당자를 찾고 있을 때, 마침 장 목사님이 박사 학위를 마치고 귀국을 하게 되었습니다. 하나님의 인도하심이라 여기며 장 목사님께 교재의 집필을 부탁했습니다. 북한 어린이 교재 개발을 마치며 서정인 대표님과 저는 탁월한 이 교재가 한국 교회를 위해서도 사용된다면, 무너지는 다음세대를 세우는 하나님의 꿈을 이루는 좋은 방법이 될 것이라는 마음을 갖게 되었습니다. 그리고 "브링업/그로잉 252 커리큘럼"을 개발하기 위한 계획을 세웠고, 이 교재의 집필 역시 장주동 목사님께 맡겼습니다. "브링업/그로잉 252"는 단순한 주일학교 교재가 아닙니다. 이 교재는 컴패션 커리큘럼의 핵심인 전인적 성장을 기초로 하여, 파이디온의 어린이 성경 공부 방법론과 양육 노하우를 병합시킨 특별한 프로그램입니다. 장 목사님은 긴 시간 북한 어린이와 한국 어린이를 위한 전인적 양육 커리큘럼을 개발하며 남다른 헌신을 하였습니다. "브링업/그로잉 252 커리큘럼"은 그동안 어떤 교단이나 기관에서도 생각하지 못한 기독교 교육의 핵심이라고 할 수 있는 전인적 성장을 위한 교재라고 감히 말씀드릴 수 있습니다.

이 탁월한 교재를 개발하고 제작하면서 저희들은 한국 기독교 교육을 살리고, 다음세대를 세우는 가장 분명한 교육 방법 가운데 하나가 전인적 성장을 이끌어내는 교육이라고 확신하게 되었습니다. 지난 60년간 컴패션이 세계 곳곳의 사역 현장에 사용하면서 발전시킨 커리큘럼을 통해 전인적 성장이라는 기독교 교육의 답을 얻게 된 것은 하나님의 커다란 축복이었습니다. 또한 파이디온이 지난 40년간 쌓아온 어린이 성경 공부 방법론에 기초를 두고 편성하여 개발한 "브링업/그로잉 252"는 사용하는 교회들의 좋은 평가를 얻고 있습니다. 그러나 전인적 성장을 이끄는 교육과 선별된 본문과 본문 위에 세워지는 내용을 갖춘 커리큘럼을 이해시키고 바르게 교육하기 위해서는 자세한 안내서가 필요하다고 생각되었고, 그동안 집필을 하며 가장 많이 고민한 장주동 목사님께 책의 집필을 의뢰하게 되었습니다.

  이 책은 배움이 무엇인지 설명하는 것을 시작으로 전인적 양육과 연관된 필요한 모든 주제를 다루고 있습니다. 그러므로 이 책을 통해 교육가들은 교회 교육이 나아가야 할 방향과 방법, 그리고 목표와 내용 등을 알 수 있게 됩니다. 아울러 가정과 부모의 역할과 교육의 평가 방법까지 정리할 수 있습니다. 무엇부터 시작해야 하는지, 어떤 방법과 과정을 거쳐야 하는지, 어디로 가야 하는지를 알지 못했던 사역자들은 이 책을 통해 기독교 전인 교육의 방향과 내용을 얻게 될 것입니다. 장주동 목사님은 그동안 공부한 탄탄한 교육 이론을 기초로 하여, 교육 현장의 문제에 대한 혜안을 갖고 이 책을 집필하였습니다. 그러므로 이 책은 모든 교육가들과 현장에 딱 맞는 책이 될 것입니다.

  그래서 저는 아주 기쁜 마음으로 모든 기독교 교육자들과 그리스도인 가정의 부모님, 교육을 공부하는 미래의 지도자들께 이 책의 일독을 권합니다. 한국 교회가 주님께서 어린 시절 직접 보여주신 전인적 성장의 모범을 따라, 작은 예수를 이루어가는 풍성한 열매의 현장이 되기를 사모하며 추천의 말씀을 대신합니다.

고종율 목사
파이디온선교교회/도서출판 디모데 대표

"그로잉 252(Growing 252)'는 전인적 성장을 목표로 한국컴패션이 발주하고, 한국컴패션과 파이디온이 공동으로 개발한 한국의 다음세대를 위한 특별 커리큘럼입니다. 판권은 한국컴패션에 있습니다. 파이디온은 동일한 커리큘럼을 별도의 명칭 "브링업(Bring-Up)"이라고 부릅니다.

정말 많은 분들이 다음세대를 이야기합니다. 다음세대가 처해 있는 환경의 어려움과 어린이 제자 양육의 필요성, 어린이를 향한 관점의 전환 등 수많은 방법론과 방향성의 제시가 있습니다. 관련된 연구의 역사는 매우 깊고 범위도 방대합니다. 컴패션도 마찬가지입니다. 1952년 한국의 전쟁고아들을 돌보기 시작하면서 설립된 후 다음세대를 돌보며 여러 시행착오와 재정립의 과정을 거쳐왔습니다. 그리고 이 노력은 환경이 극변하는 지금 더욱 신중하고 치열하게 진행되고 있습니다. 컴패션은 물론, 여러 단체와 연구자들이 갖는 이 모든 열심의 뿌리는 결국, 하나님이실 것입니다. 하나님이 당신을 닮도록 창조하신 그 생명이 꽃피워지는 것에 얼마나 큰 기대와 열심이 있으시겠습니까. 특별히 연약하고 작고 여린 생명을 향해 가지시는 타오르는 열정과 긍휼은 이루 말할 수 없이 크실 것입니다. 그렇기에 그 마음을 받은 이들 역시 계속해서 열심을 내고 있다는 생각입니다.

주께서 내 내장을 지으시며 나의 모태에서 나를 만드셨나이다 내가 주께 감사하옴은 나를 지으심이 심히 기묘하심이라 (시 139:13-14 상).

한국컴패션과 파이디온선교회는 2018년 함께 한국의 우리 자녀들을 위해 교회에서 사용할 교재를 세상에 내놓았습니다. 컴패션의 "그로잉 252"와 파이디온선교회의 "브링업"입니다. 이 교재의 원자료는 현재 200만 명 이상의 어린이를 양육하고 있는 컴패션의 커리큘럼 자료입니다. 컴패션이 오랜 기간 어린이를 양육하며 수많은 시행착오와 재정립의 과정을 거친 자료입니다. 컴패션 현지에 다녀오신 분들은 후원받는 어린이들의 면면과 또 가난을 이겨내는 모습뿐 아니라, 내면이 변화되어 선한 영향력을 발휘하는 자립 가능한 성인이 되는 것을 보며 감탄합니다. 그 끝에는 결국 "우리 아이들은!"이라는 저절로 터져 나오는 신음이 따릅니다. 그 절절한 마음으로 두 단체가 협력하였습니다. 하나님이 주신 마음이라고 믿습니다. 왜냐하면 아무리 어린이를 향해 같은 사랑과 열정을 가진 단체라고 하여도, 유수한 역사를 가진 두 단체가 힘을 모으고 뜻을 모은다는 것은 정말 많은 헌신과 노력이 필요하기 때문입니다. 이 가슴 뛰지만 지난한 모든 과정을 인내와 믿음으로 가능케 하였던 이들이 장주동 목사님과 연구팀입니다.

예수는 지혜와 키가 자라가며 하나님과 사람에게 더욱 사랑스러워 가시더라(눅 2:52).

우리 어린이들의 교재로 호평을 듣고 있는 "그로잉 252"와 "브링업"의 핵심에는 전인적 양육이 자리하고 있습니다. 전인적 접근은 컴패션의 어린이 양육 전략이기도 하지만 성경이 그 바탕에 있습니다. 하나님이 사람을 어떤 한 영역으로만 보신 것이 아니라, 전인격적으로 보셨기 때문입니다. 어린이를 향한 우리의 관점이 어떠해야 하는지 다시 한 번 생각하게 되는 지점입니다.

전인적으로 양육받아 자립 가능한 성인으로 자라난 이들은 놀라운 영향력을 발휘합니다. 여섯 살이라는 어린 나이에 르완다 학살을 겪은 메소드는 여섯 가족 중 유일하게 살아남았습니다. 이 작은 아이는 난민 캠프의 열악한 환경 속에서 악몽에 시달리며 복수심에 불타올랐습니다. 난민 캠프에 컴패션이 찾아갔고 메소드는 전인적으로 치유하시는 하나님을 만나며 마침내 복수심에서 벗어날 수 있었습니다. 그리고 어른이 되어 내전이 일어났던 두 종족 간의 화해에 앞장서고 있습니다. 슬럼가에서 에티오피아 최고 대학에 들어갔지만 불치병 선고를 받았던 엔다카츄라는 청년도 있습니다. 혼수상태에 들면서도 누군가를 원망하거나 포기하지 않고, 하나님을 지속적으로 소망하며 의지하였습니다. 결국 극적으로 병이 나아 에티오피아 최초로 결핵 환자를 돕는 미디어 회사와 NPO 단체를 설립하여 에티오피아 내 결핵 환자를 돕기 시작하였습니다.

하지만 전인적 양육의 성과는 큰 성공과 엄청난 영향력에 중점이 있는 것이 아닙니다. 그들은 고난과 고통 속에서도 포기하지 않고 일어납니다. 하나님의 사랑을 체험하고 용서하며 화합합니다. 그리고 주변을 하나님께로 이끕니다. 필리핀 슬럼가에서 자신을 성폭행한 사람을 용서하는 한편 여성 인권을 위해 앞장서는 여대생, 중남미에서 마약 범죄로 감옥을 전전하는 아버지를 위해 끊임없이 기도하는 자녀, 그녀를 보며 남편을 용서하고 끝내 회개케 한 여인, 범죄자로 들끓는 중소 도시에서 유명한 조직폭력배의 우두머리가 컴패션에서 양육받는 아들을 보고, 범죄에서 벗어나 교회를 섬기며 예수님의 사랑을 전하고 있는 이야기 등 전인적 회복은 스스로를 변화시키고 변화된 그들을 통해 놀라운 열매들을 거둘 수 있도록 합니다.

엘리야가 그 아이를 안고 다락에서 방으로 내려가서 그의 어머니에게 주며 이르되 보라 네 아들이 살아났느니라 여인이 엘리야에게 이르되 내가 이제야 당신은 하나님의 사람이시요 당신의 입에 있는 여호와의 말씀이 진실한 줄 아노라 하니라(왕상 17:23-24).

"그로잉 252/브링업"을 통해 훈련받던 아이의 부모이자, 주일학교 교사였던 분의 이야기가 생각납니다. 그는 훈련 중 "어린이를 미전도 종족으로 보자"라는 이야기를 듣고 놀랐다고 합니다. 어린이는 사랑스럽고 감탄할 만한 존재이며 무한한 가능성을 가졌습니다. 굉장히 수용성이 넓고 큰 것이지요. 그만큼 무한한 미개척 지대입니다. 어떠한 희생과 노력을 기울여서라도, 조심스럽고 꾸준히 관심을 가져 하나님 품에 안겨드려야 할 땅입니다. 전인적으로 온전히 하나님 품에 올려드려야 할 생명입니다. 자녀들과 다음세대를 향하여 관심을 가지신 모든 분들께 감사합니다. 이 책에 담긴 전인적 회복을 향한 하나님의 관점과 열심을 꼭 발견하고 나누시길 바랍니다.

서정인 목사
한국컴패션 대표

서문

　전인적 양육은 기독교 교육을 꿈꾸는 모든 이들에게 로망*과도 같습니다.

　전인적 양육이란 성경이 말하는 전인적 성장을 이루려는 노력이며, 하나님 형상의 회복과 예수님 닮음이라는 비전을 이루어가는 것이기 때문입니다.

　어머니 한나의 눈물의 기도로 태어나 하나님의 부르심을 받았던 사무엘에 대해 성경은 "아이 사무엘이 점점 자라매 여호와와 사람들에게 은총을 더욱 받더라"(삼상 2:26)라고 기록합니다. 사무엘의 몸과 마음이 자랐을 뿐 아니라, 그가 하나님과의 관계에서도 사람들과의 관계에서도 건강한 성장을 이루었다는 것입니다.

　예수님의 어린 시절을 살펴보더라도 "아기가 자라며 강하여지고 지혜가 충만하며 하나님의 은혜가 그의 위에 있더라"(눅 2:40), "예수는 지혜와 키가 자라가며 하나님과 사람에게 더욱 사랑스러워 가시더라"(눅 2:52)와 같이, 예수님의 성장이 신체적인 면이나 지적인 면뿐 아니라 영적인 면에서, 또한 사회-정서적인 면에서 균형 잡힌 건강한

● 늘 이루려고 했던 일, 꿈꾸어 온 일, 마음을 설레게 하는 일 등의 의미로 사용했습니다.

것이었음을 알 수 있습니다.

우리 아이들이 사무엘처럼 자랄 수 있다면, 예수님처럼 전인적으로 성장할 수 있다면 얼마나 좋을까요?

이 책이 나오기까지 저의 인생 커리큘럼을 계획하시고 필요한 배움과 훈련, 연단의 경험을 허락하신 하나님께 감사드립니다.

다음세대를 향한 관심과 하나님의 사랑을 알게 해준 곳, 그래서 제 인생의 방향을 다음세대 사역자로 기독교 교육가로 세워가게 한 파이디온선교회와 양승헌 목사님, 고종율 목사님 그리고 전인적 양육 커리큘럼 개발이라는 가보지 않은 길을 눈물과 헌신으로 함께해 준 동역자들에게 감사를 드립니다.

오랜 세월 고민했던 문제, "어떻게 하면 우리 다음세대를 예수님처럼 자라게 할 수 있을까?"라는 질문에 전인적 양육이라는 해답의 실마리를 찾게 해준 컴패션의 서정인 목사님과, "전인적 양육을 뒷받침하는 전문적 자료가 있었으면 하는 아쉬움이 늘 있었는데, 전문적이면서도 쉽게 읽히는 이 책을 보며 그간의 저자의 고민과 노력, 기도가 읽히는 듯하여 뭉클하기까지 합니다"라는 따뜻한 격려를 보내준 컴패션과 컴패션의 동역자들에게 감사를 드립니다.

저의 신앙의 뿌리가 되어주신 부모님과 사랑하는 가족들에게 감사를 드립니다.

그리고 이 책이 우리 아이들을 예수님처럼 자라게 하고 다음세대를 세우는 일에 쓰임받는 하나님의 도구가 되기를 기도하며 소망합니다.

2021년 1월 눈 내리는 아침, 장주동 목사

목차

추천사 • 4

서문 • 13

제1장   배움은 전인적이어야 한다

I. 배움이란 무엇인가?

1. 배움을 보는 세 가지 시선 • 29
    1) 경험에 의해 사람들의 행동이 지속적으로 변화되는 것 • 32
    2) 지적인 영역에서의 지속적인 변화, 생각이 변화되는 것 • 39
    3) 정서적인 영역에서의 지속적인 변화, 감정이나 태도가 달라지는 것 • 43
2. 배움을 말하는 핵심어 '변화' • 47
3. 배움에 영향을 주는 요소: 러닝 스타일 • 49
    1) 러닝 스타일(학습 유형)이란? • 53
    2) 러닝 스타일과 티칭 스타일 • 58
4. 배움의 단계와 깊이 • 63
    1) 분석적 접근 • 63
    2) 통합적 접근 • 69

II. 성경이 말하는 진정한 배움

1. 가르침은 배움을 일으키는 것이다 • 88
2. 진정한 배움은 총체적이며, 삶을 변화시킨다 • 91
    1) 배움의 영역: 총체적, 전인적 배움 • 94
    2) 배움의 단계와 깊이: 삶을 변화시킴 • 101

제2장 전인적 양육의 기초

I. 전인적 양육

1. 전인 교육이란 무엇인가? • 111
    1) 정의 • 111
    2) 특징 • 113

2. 기독교 교육에서 말하는 전인 교육 • 119
    1) 왜 기독교 교육은 전인적이어야 할까? • 119
    2) 길러내야 할 '전인'은 누구인가? • 122
    3) 전인적 성장의 모델 예수님 • 133
    4) 전인적 성장을 이루려면 • 144

II. 성경적 세계관

1. 세계관이란? • 150
    1) 정의 • 150
    2) 기능 • 153

2. 성경적 세계관이란? • 155

3. 성경적 세계관의 뼈대: 창조 - 타락 - 구속/회복 • 158

4. 전인적 양육을 통한 성경적 세계관 교육 • 160
    1) 가르쳐야 할 내용: 기독교 세계관 하우스 모델 • 161
    2) 세계관 훈련의 방법 • 186

III. 제자 훈련

1. 제자 훈련과 전인적 양육 • 195

2. 제자 훈련의 본질, 전인성을 살려라 • 201

제3장 전인적 양육을 위한 과정 계획

I. 전인적 양육 커리큘럼
1. 커리큘럼이란 무엇인가? • 207
    1) 네 가지 견해 • 210
    2) 커리큘럼의 종류 • 219
    3) 스코프와 시퀀스(Scope & Sequence) • 224
    4) 커리큘럼의 평가 • 225
2. 전인적 양육을 위한 커리큘럼 • 239
    1) 전인적 양육 커리큘럼 개발의 전제 • 240
    2) 전인적 양육 커리큘럼의 특징: 갖추어야 할 교육적 요소들 • 241

제4장 아이를 전인적으로 양육하라

I. 전인적 양육과 교사
1. 가르침의 중요성 • 268
    1) 쉐마(The Shema) • 268
    2) 대위임 명령 • 271
2. 전인적 양육 사역자로서의 교사 • 273
    1) 정체성 • 274
    2) 역할 • 277
3. 성경의 교사들 • 301
    1) 인류의 교사이신 하나님 • 302
    2) 구약의 교사들 • 305

  3) 최고의 교사 예수님 • 310
  4) 가르치시는 성령님 • 315

II. 전인적 양육과 가정

 1. 부모 됨의 의미와 사명 • 320
  1) 부모 됨은 축복입니다 • 321
  2) 부모 됨에는 고통과 수고가 따릅니다 • 324
  3) 부모에게는 하나님이 주신 사명이 있습니다 • 326

 2. 가정에서의 전인적 자녀 양육 • 329
  1) 가정을 세우신 하나님의 뜻을 기억하라 • 331
  2) 다른 세대가 아닌 다음세대를 세우기 위해 애쓰라 • 333
  3) 배우라: 유대인 가정의 신앙 교육 • 336
  4) 그리스도의 주 되심을 분명히 알게 하라 • 347
  5) 자녀를 전인적으로 양육하라 • 349
  6) 성령님의 도우심을 기도하라 • 360

III. 전인적 양육 과정의 평가

 1. 교육 평가란? • 363
  1) 정의와 기능 • 363
  2) 평가에 관한 성경의 교훈 • 365
 2. 전인적 성장의 평가 • 368

마치며 • 373

주 • 377

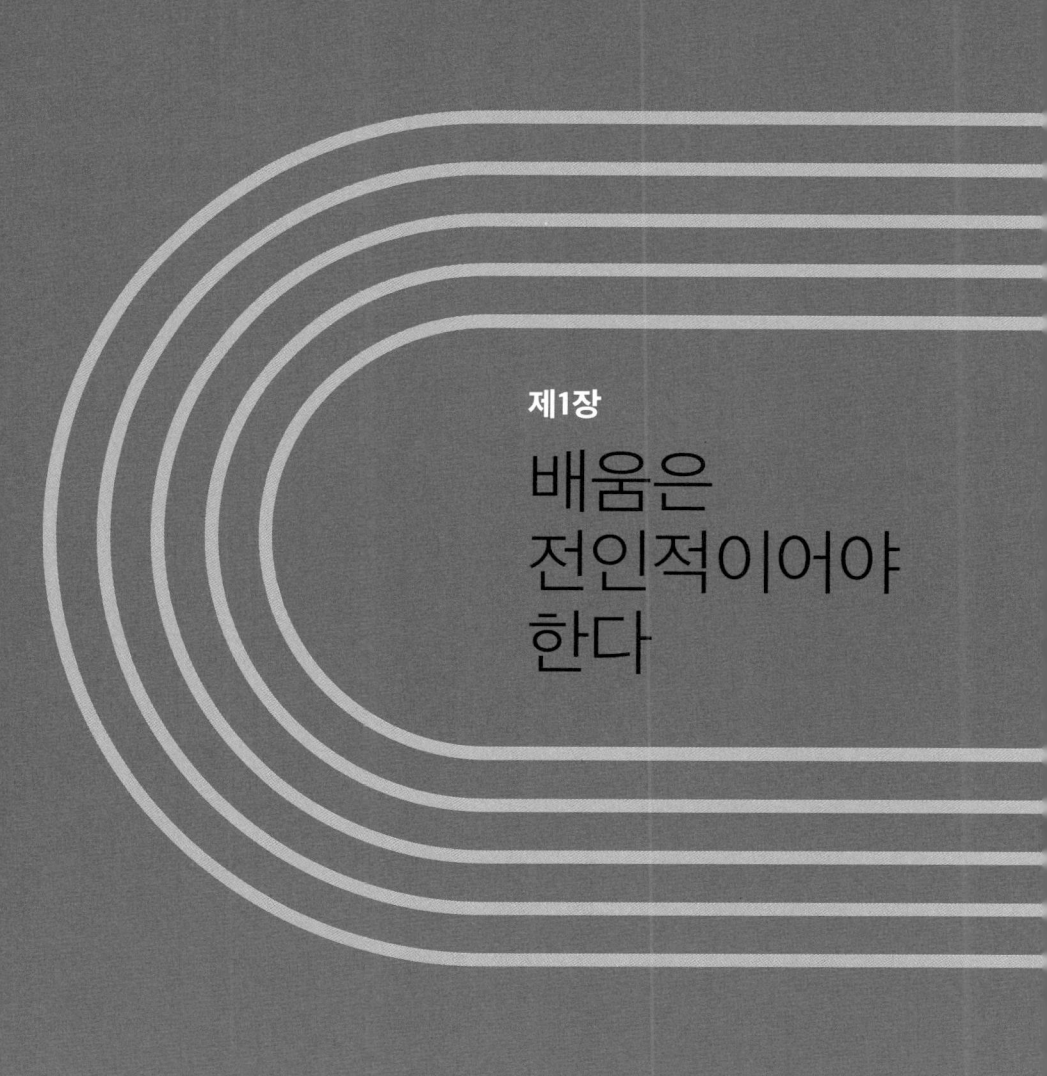

제1장

배움은
전인적이어야
한다

기독교 교육자인 케빈 로슨(Kevin Lawson) 박사는 기독교 교육이란 "사람들로 하여금 하나님과 진정한 관계를 맺게 돕는 노력"[1] 이라고 정의했습니다. 기독교 교육을 단순히 정보를 전달하는 일에 국한시키지 않고, 가르침이라는 방법을 통해서 하나님과의 관계라는 더 큰 목적을 이루는 일로 생각한 것입니다. 맞는 말입니다. 예수님은 승천하시기 전 제자들에게 "너희는 가서 모든 민족을 제자로 삼아 아버지와 아들과 성령의 이름으로 세례를 베풀고 내가 너희에게 분부한 모든 것을 가르쳐 지키게 하라"(마 28:19-20)라고 명령하셨습니다. 바로 이 예수님의 명령을 따라 사람들이 하나님과 올바른 관계를 맺도록 돕는 것, 즉 믿지 않는 이들에게는 복음을 증거 하여 하나님의 자녀가 되게 하고, 믿음의 길로 들어온 이들을 말씀으로 양육하여 하나님을 기쁘시게 하는 선한 일들을 하도록 돕는 것이 바로 기독교 교육입니다. 그러므로 기독교 교육은 본질상 하나님을 알게 하고 예수님처럼 자라게 하는 것, 즉 말씀 안에서 전인적으로 성장하게 하는 것을 목적으로 존재합니다.

주님의 위임을 받은 교회는 이 사명을 감당하기 위해 설립 초기부터 가르치는 사역에 집중했습니다. 초대교회의 성도들은 "날마다 성전에 있든지 집에 있든지 예수는 그리스도라고 가르치기와 전도하기를"(행 5:42) 쉬지 않았습니다. 사도들은 말씀 사역을 자신들이 해야 할 본질적인 일로 생각하고 그 일에 전념할 것을 다짐했습니다(행 6:4). 교회 안에서 생겨난 구제 문제로 인해 행정적인 직무를 담당하기 위해 뽑은 집사들조차도 전도자로서 또 말씀 사역자로서 사명을 감당했습니다(행 6:8-7:60, 8:26-40).

교회는 가르침이라는 이 본질적인 사역을 효과적으로 감당하기 위해 다양한 방법을 발전시켜 왔습니다. 1780년 로버트 레이크스(Robert Raikes)에 의해 시작된 주일학교도 교회가 자신들에게 주어진 교육적 사명을 효과적으로 감당하기 위해 사용한 하나의 전략이었습니다. 영국에서 시작된 주일학교 운동은 이후 전 세계로 퍼져나갔고 미국 남침례 교단의 폭발적인 부흥에 동력이 되기도 했습니다.[2] 하지만 주일학교를 중심으로 하는 기독교 교육의 영향력은 20세기 중후반을 기점으로 점점 감소되어 가는 추세입니다.

통계청이 발표한 2015년도 인구주택총조사 결과에 따르면 2015년을 기준으로 우리나라 국민 가운데 자신의 종교를 개신교라고 응답한 사람이 19.7퍼센트로, 처음으로 불교를 제치고 기독교가 한국의 1대 종교가 되었습니다. 이는 1885년 언더우드와 아펜젤러 선교사가 한국 땅을 밟은 뒤 130여 년 만에 이룬 놀라운 성과입니다.[3] 하지만 한국 교회는 1990년대를 정점으로 하여 지속적으로 신자 수가 감소하고 있고, 50퍼센트 이상의 교회에서 주일학교가 없다고 말할 정도로 주일학교의 쇠퇴도 심각한 지경입니다. 교회의 능력과 세상을 향

한 영향력도 그 어느 때보다 약해진 상태입니다.[4]

무엇이 문제일까요?

교회에 다니는 신자의 숫자가 줄어드는 것도 문제입니다. 주일학교의 참석률이 현저히 떨어져 가는 것도, 주일학교가 없어지는 현상도 문제입니다. 하지만 더 큰 문제는 어느 순간부터 교회가 가르치는 사역에 실패해 왔다는 것입니다. 사실 대부분의 경우 주일학교 교육은 우리 아이들이 성경을 배우는 거의 유일한 시간입니다. 따라서 주일학교 출석률이 떨어졌다는 것과 주일학교 교육이 비효율적이 되었다는 것은, 점점 더 소수의 아이들이 그것도 비효율적인 방법으로 하나님의 말씀과 그들의 영적인 성장에 필요한 훈련을 받고 있다는 것을 의미합니다. 더군다나 예수님처럼 자라게 하는 것을 목표로 삼고 아이들을 전인적으로 양육해야 할 교회는 이런 분명한 비전과 목표의식 아래 총체적이고 지속적인 변화를 일으키는 다음세대 교육을 실천하고 있지 못하는 상황입니다.

"믿음은 들음에서 난다"(롬 10:17)라고 말씀합니다. 말씀을 선포하고 가르치는 일은 교회의 생명력과 직결됩니다. 초대교회 역시 그 생명력의 근원은 교육에 있었음을 기억해야 합니다.[5] 그러므로 생명력을 잃어가는 한국 교회를 바라보며 가장 먼저 돌아보아야 할 문제 역시 교육임이 분명합니다.

어떻게 해야 할까요?

모든 것이 급변하고 뭐라 정의하기 어려운 포스트모던 시대를 살아가는 우리의 다음세대를 예수님을 닮은 아이들로 자라게 하고 하나님의 말씀을 생명력 있게 가르쳐 그들의 삶에 전인적인 변화를 일으킬 수 있는 길은 무엇일까요? 의심의 여지없이 '변화'야말로 그 열쇠가 될 것입니다.

그러면 도대체 어떤 변화가 있어야 할까요? 제 생각에는 교육을 바라보는 관점은 물론이고, 교육 내용, 방법, 환경과 평가 등 전 영역에 걸친 변화가 필요해 보입니다. 그리고 이 모든 영역을 꿰뚫는 변화의 핵심은 '진정한 배움을 일으키는 것'입니다.

Ⅰ. 배움이란 무엇인가?

학창 시절 가끔 친구들과 이런 대화를 나누었습니다.

"이번 학기 동안 뭘 배웠는지 모르겠어….'"

이 말은 한 학기 동안 선생님이 수업을 하지 않았다든가, 수업 시간 내내 놀기만 했다는 뜻이 아닙니다. 실제로는 그 반대로 엄청나게 많은 정보와 지식을 쏟아냈을 수도 있습니다. 문제는 정보가 잘 정리되어 있지 않았거나 학생의 이해의 수준을 넘어섰기 때문에, 혹은 효과적이지 못한 전달 방식 등의 다양한 이유로 그 자리에 학생으로 앉아 있던 나에게 배움이 일어나지 않았다는 뜻입니다.

가르치는 교사는 얼마나 많은 정보를 전달했느냐에 집중하기 쉽습니다. 일반적으로 가르쳐야 하는 내용은 많고 시간은 항상 모자라기 때문입니다. 특히나 우리 주일학교의 현실을 살펴보면 20분 이하[6]의 시간 동안 아이들을 맞이하고 출석을 부르고, 성경 이야기를 전달하고, 주어진 활동까지 해야 하기 때문에 교재에 적힌 내용을 전달하고 소화하는 것만으로도 시간이 부족합니다. 그러다 보니 최대한 많은 정보를 빠르게 전달하기 위해 일방적인 가르침에 집중할 수밖에 없는 현실입니다. 그런데 이런 현상이 가져오는 중요한 문제는 많은 정보를 전달했다고 해서 가르침이 반드시 배움으로 이어지는 것은 아니라는 사실입니다. 도리어 교사가 많이 가르쳤다는 것이 아이들이 많이 배웠을 것이라는 착시 현상을 갖게 할 수 있습니다.

축구 감독은 학벌이나, 현역 시절의 성적, 혹은 어떤 기발한 전술을 개발할 수 있는 능력을 갖추었는가보다, 그 감독과 함께 선수들이 이루어낸 경기 결과로 평가를 받게 됩니다. 마찬가지로 교육에서 가르치는 이는 그가 누구인지, 어떤 교육을 받았는지, 어떤 특별한 교육적인 기술을 가지고 있는가보다 그에게 배운 학생들에게 어떤 변화가 일어났는지에 따라 "잘 가르쳤다" 혹은 "좋은 교사다"라고 평가받는 것이 올바른 일일 것입니다.

누가, 얼마나 가르쳤는지보다 그 가르침이 얼마나 학생들에게 변화를 일으켰는지, 즉 학생이 얼마나 배웠는지가 중요하다는 것입니다.

1. 배움을 보는 세 가지 시선[7]

배움이란 무엇일까요?

배움은 누구나가 알고 있고 경험한 것으로 여겨지는 어떤 것입니다. 사람들은 배움이라는 용어 자체가 매우 친숙하기 때문에 이 말을 잘 알고 있다고 생각합니다. 하지만 막상 이를 한마디로 정의하기는 어렵습니다. 왜냐하면 배움이라는 용어가 광범위한 뜻을 내포하고 있기 때문입니다.

배움은 기본적으로 변화를 말하는 용어입니다. 무언가 달라졌다는 것이, 어떤 변화가 일어났다는 것이 우리가 배움을 말할 때 갖게 되는 기본적인 이해입니다.

KBS에서 방영되었던 예능 프로그램, 개그 콘서트에 〈정 여사〉라는 코너가 있었습니다. 여기에는 안하무인격인 정 여사라는 캐릭터가 등장하는데, 정 여사는 누군가와 한참 말도 안 되는 이야기를 하다가 자신이 불리해지는 순간이 오면 자신의 커다란 개 브라우니에게 상대방을 물라고 이야기합니다.

"브라우니, 물어! 브라우니, 물어!"

그런데 이 장면에서 한 번도 브라우니가 실제로 다른 사람을 무는 일은 없었습니다. 브라우니는 그저 해맑은 표정으로 청중을 바라보고 있을 뿐 목소리, 표정, 움직임에 아무런 변화도 일어나지 않습니다(사실 브라우니는 인형일 뿐이니 당연한 일이긴 하지만 말입니다). 그런데 이 상황은 교육학적인 관점에서 이해하면 아무런 배움이 일어나지 않은 상황입니다. 즉, 배움이 일어나지 않은 상황이란, 무언가를 가르치거나 지시했지만 아무런 변화도 일으키지 못한 상황인 것입니다.

이번에는 달리 생각해서 브라우니가 주인의 명령에 따라 상대방을 물었다고 가정해 봅시다. 무언가를 가르쳤고 지시한 뒤에 그대로 행동했기 때문에 브라우니에게 기대한 변화가 일어났다는 점에서 배움이 일어났다고 말할 수 있습니다. 그런데 여기서 브라우니에게 일어난 배움의 성격은 몇 가지 다른 방식으로 이해될 수 있습니다.

먼저는 브라우니가 "물어!"라는 특정한 소리에 반응하여 이와 연결된 행동을 한 경우입니다. 이 경우 브라우니에게 일어난 변화는 눈으로 관찰할 수 있는 행동의 변화입니다. 즉, 브라우니는 "물어!"라는 '자극'에 대한 '반응'으로 실제로 무는 행동을 했고, 이런 행동의 변화는 직접적인 관찰을 통해 확인이 가능한 것입니다. 그런데 여기서 누군가가 브라우니의 행동이 주인의 말을 진짜로 이해하고 한 행동인가를 묻는다면 그렇지 않다고 하는 편이 맞을 것입니다. 브라우니는 "물어!"라는 말의 의미를 이해하고 행동한 것이 아니라, 주어진 자극에 일정한 방식으로 반응한 것일 가능성이 높다는 것입니다. 이런 경우에 같은 행동을 의도한 말이라고 하더라도 용어를 바꾸어 사용하면 아무런 반응이 일어나지 않습니다. "물어!" 대신 "꼭 씹어!"라고 말하면 전혀 반응하지 않게 되는 것이지요.

두 번째 가능성은 브라우니가 실제로 "물어"라는 단어의 뜻을 머리로 이해하고 행동했을 경우입니다. 이런 경우라면 브라우니의 지

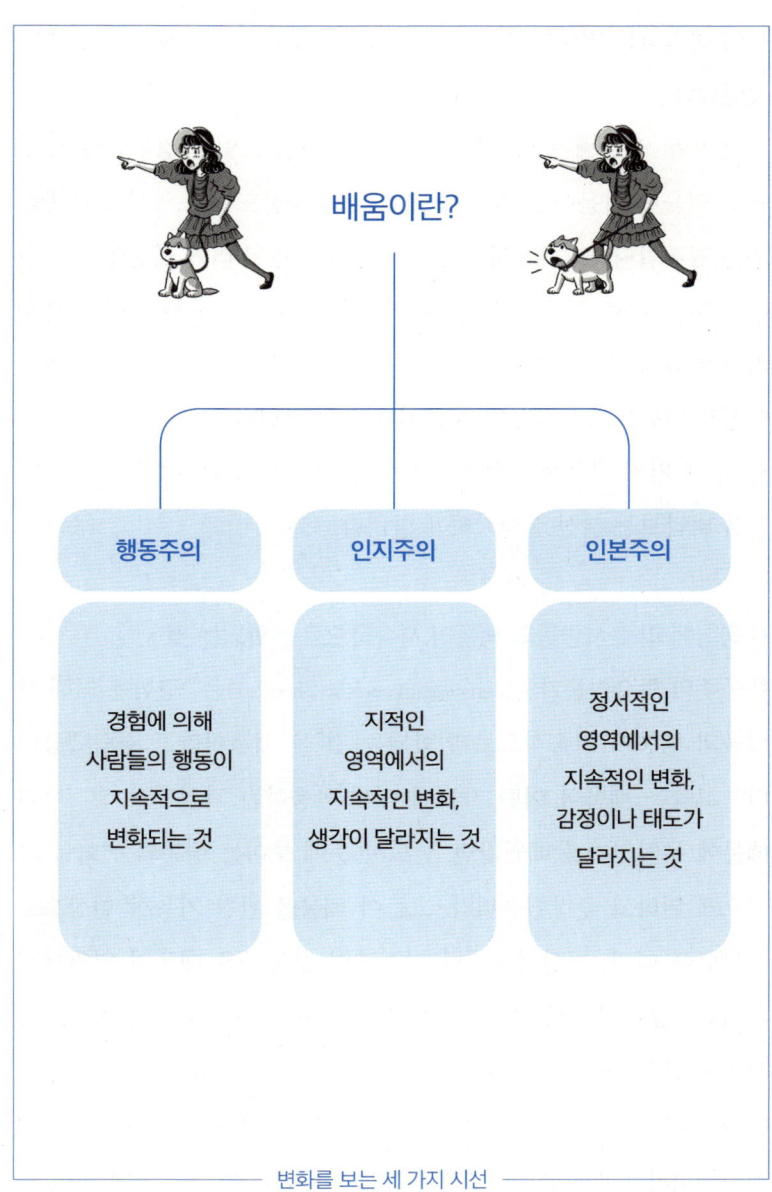

변화를 보는 세 가지 시선

제1장_배움은 전인적이어야 한다

능이 허락하는 범위에서 다른 표현을 써도 역시 같은 행동을 하게 될 것입니다.

마지막 세 번째는 브라우니가 주인의 마음을 읽은 경우입니다. 주인의 억울한 마음에 공감하고 그로 인해 자신도 분노하여 상대방을 무는 경우입니다. 이런 경우라면 귀에 들리는 소리와 상관없이 자신이 느끼는 대로 이해하고 행동하게 될 것입니다. 더 세고 아프게 물거나 약하게 물거나 아예 물지 않는 행동 모두 브라우니가 이 상황을 어떻게 마음으로 느꼈는가에 달려 있다는 말입니다.

이 세 가지 가능성은 행동주의자, 인지주의자, 인본주의자들이 배움을 바라보는 시선을 생각하게 합니다.

1) 경험에 의해 사람들의 행동이 지속적으로 변화되는 것

행동주의 학습이론가들(Behavioral Learning Theorists)은 "경험에 의해 사람들의 행동이 지속적으로 변화되는 것"을 배움이라고 정의했습니다.[8] 그들은 배움이 어떤 자극에 대해 반응하는 과정에서 생겨나기 때문에 무엇인가를 배웠다면, 반드시 눈에 보이는 행동의 변화를 가져오게 된다고 주장했습니다. 그들이 배움을 관찰 가능한 현상으로 국한함에 따라, 정신적이거나 감정적인 활동들은 배움의 영역에서 제외되었습니다. 행동주의자들은 오직 겉으로 드러나는 현상에만 관심을 두었습니다.[9]

배움을 일으키기 위해, 즉 눈에 보이는 행동의 변화를 가져오기 위해 행동주의자들이 사용했던 방법은 "채찍과 당근"입니다. 이반 파블로

행동주의자의 배움

프(Ivan Pavlov)가 개를 훈련하여 일정한 자극이 주어질 때 항상 침을 흘리게 했던 것이나 고대의 전쟁 때 비둘기를 훈련시켜 메시지를 전달하게 했던 것 등에서 볼 수 있듯이, 강화하고 싶은 행동을 했을 때는 상을 주고 없애기 원하는 행동을 했을 때는 벌을 주는 것을 반복함으로써 가르치는 이가 원하는 행동을 하도록 만들어가는 것입니다. 즉, 반복 훈련과 연습을 통해 눈에 보이는 행동을 바꾸는 것이었습니다. 행동주의자들은 환경이 행동을 통제하기 때문에 환경을 통제할 수 있는 사람은 환경에 지배를 받는 인간도 통제할 수 있다고까지 생각했습니다.[10] 그러니까 이들은 당근과 채찍을 적절하게 사용하기만 하면 자신들이 원하는 형태로 사람을 만들어내는 것, 다시 말해 사람을 조작하는 것도 가능하다고 믿었습니다.

행동주의자들의 방법은 교육에 막대한 영향을 주었습니다. 특히 어려운 기술을 가르치기 위해 그것을 작은 단위의 배움으로 나누어 훈련시키는 것이나, 칭찬이나 상 혹은 벌을 사용해서 특정 행동을 강화하거나 약화시키는 것 등은 지금까지도 널리 사용되는 교육 방법입니다.

누가복음 22장 39절에 "예수께서 나가사 습관을 따라 감람 산에 가시매 제자들도 따라갔더니"라는 말씀이 기록되어 있습니다. 예수님께 감람산에 기도하러 가시는 습관이 있었다는 것을 알 수 있는 구절입니다. 여기서 습관이라고 하는 것은 머리가 기억하는 것이라기보다는 몸이 기억하는 어떤 것입니다. 운전에 익숙해지면 우리가 의식하지 않아도 자동적으로 액셀이나 브레이크에 발이 옮겨지는 것처럼 오랜 시간의 반복과 연습을 통해 몸에 배인 행동을 말하는 것입니다. 이렇게 훈련되고 습관이 되어야 하는 부분에서는 행동주의자들의 말처럼, 어려운 기술은 작은 단위의 기술로 나누어 반복 훈련하고, 상과 벌을 적절히 사용하여 특정 행동을 강화시키거나 약화시키는 방법이 필요합니다.

하지만 행동주의 교육 방법을 잘못 사용하면 이로 인한 부작용도 커지게 됩니다.

미국 학교에서 주로 쓰는 훈육 방법 가운데 "타임아웃(Time-out)"이라는 것이 있습니다. 잘못된 행동을 하면 혼자 교실 뒤에 가서 앉아 있게 한 뒤, 다른 아이들의 학습 활동이나 놀이에 참여하지 못하게 하는 것입니다. 대개 아이는 그 자리에서 자기가 무엇을 잘못했는지를 생각하라는 지시를 받게 됩니다. 한동안 이 타임아웃은 매를 들거

나 손을 들고 서 있게 하는 등의 신체에 가하는 체벌과 비교해, 보다 인간적인 훈육 방법으로 평가되어 각광을 받았습니다. 실제로 이 방법을 통해 잘못된 행동이 교정되는 긍정적인 효과를 얻은 경우도 많았습니다. 하지만 이렇게 아이를 그룹으로부터 분리시키는 것은 아이에게 상처를 주기 쉽고, '문제아'라는 낙인이 찍히는 부정적인 효과가 있음도 간과해서는 안 될 것입니다.

교회에서 사용되는 활동 가운데 행동주의적인 특징이 잘 드러나는 활동을 꼽으라면 달란트 시장을 들 수 있습니다. 달란트 시장은 한동안 주일학교에서 아이들의 행동을 즉각적으로 바꾸어주는 효과적인 교육 방법으로 널리 사용되었습니다. 그런데 여기서 곰곰이 생각해 보아야 하는 부분은 달란트를 받는 경우가 대부분 눈에 보이는 행동이라는 점입니다. 즉, 아이들에게 강화하기를 원하는 부분이 내면의 동기라기보다는 겉으로 드러나는 어떤 것이라는 점입니다.

여기 어느 한 교회의 달란트 적립 기준이 있습니다.

구분		달란트
출석		1
헌금		1
요절 암송		2
전도		3
주보		1
출석 우수 반		5
특별 새벽 기도		출석 일수
임원	회장, 부회장	5
	총무, 회계	3

어떤 행동을 했을 때 가장 많은 달란트를 받게 되나요? '전도'와 '출석'입니다. 그 외에도 요절을 외우거나 주보를 모으거나 헌금을 하면 달란트를 받을 수 있습니다. 이 기준에 의해 아이들에게 강화되는 행동이 있다면, 전도를 하는 것, 출석을 하는 것, 헌금을 드리는 것, 주보를 모으는 것 등입니다. 사실 이런 모든 것은 우리의 신앙생활에 유익하고 좋은 것입니다. 하지만 문제는 이런 눈에 보이는 행동들이 내면의 동기나 성숙함을 항상 보여주지는 못한다는 데 있습니다. 하나님을 사랑하는지, 얼마나 사랑하는지, 얼마나 감사한 마음으로 헌금을 드렸는지, 말씀을 듣는 것을 얼마나 사모하는지, 영혼을

사랑하는 마음이 얼마나 큰지 등을 평가하지는 못한다는 말입니다.

만약 우리 아이들이 얼마나 하나님을 사랑하는지, 얼마나 진실한 마음으로 하나님께 기도하는지, 얼마나 마음을 담아 하나님께 예배를 드리고 헌금을 드리는지보다 눈에 보이는 어떤 행동을 했다는 이유만으로 달란트를 얻게 되는 일이 반복되면 어떻게 될까요?

자칫 잘못하면 '달란트와 교회에 나오는 것', '달란트와 신앙적 행동'이 마치 행동주의자들이 말하는 '자극-반작용'으로 연결되어 진정한 의미의 내적인 동력을 잃어버리는 경우가 생길 수 있습니다. 즉, 내면의 기쁨이나 하나님을 향한 열정이 자리해야 할 곳을 달란트가 차지하여 눈에 보이는 보상이 없으면 동기 부여가 되지 않는 심각한 문제를 일으킬 수 있습니다.

원천침례교회 김요셉 목사님의 강의를 들은 적이 있습니다. 지역 도서관을 돕던 목사님은 아이들에게 책을 더 많이 읽게 하기 위해 다독상을 만들고 상품을 내걸었습니다. 이것이 동기 부여가 되어 일정 기간이 지나자 정말 기대했던 것처럼 아이들이 더 많은 책을 읽었습니다. 겉으로 보기에는 소기의 목적을 달성한 것처럼 보였습니다. 하지만 아이들이 읽은 책의 목록을 살펴보던 목사님은 자신의 계획이 실패했음을 깨달았습니다. 다독상이 생기고 나서부터 아이들은 쉽고 얇은 책을 찾아 읽으려고 할 뿐, 깊이 있고 어려운 책은 기피하고 있었음을 알았기 때문입니다. 의도하지는 않았지만 다독상이 진정한 의미에서 독서의 즐거움과 유익을 빼앗아 갔다는 것이지요.

이처럼 행동주의적인 교육 방법은 눈에 보이는 행동의 변화를 가져오는 데는 효과적이지만 그 결과가 최상의 것을 보장하지 못한다는 것과, 아이의 마음에 상처를 줄 수도 있다는 것, 채찍과 당근이라는 수단도 점점 더 그 강도를 강화하지 않으면 일정 시간이 지난 후에는 쓸모가 없어진다는 것이 문제입니다. 또한 자칫 잘못하면 배우는 이의 감정을 무시하게 되고, 사람을 조작하려 하게 된다는 것도 문제점입니다.

그러면 교회에서 행동주의적 교육 방법을 사용하지 말아야 하는 걸까요? 어떤 행동을 한 아이들에게 상을 주는 것이 잘못일까요? 그렇지 않습니다. 칭찬이나 상은 적절히 사용된다면 긍정적인 변화를 일으키는 좋은 도구가 됩니다. 이런 사실은 성경에서 믿음의 선진들이 하나님이 주시는 상을 기대하고 바랐던 것을 통해서도 분명하게 확인할 수 있습니다. 예를 들어, 바울은 디모데에게 보낸 두 번째 편지에서 자신의 죽음을 예견하면서 하나님이 자신을 위해 '의의 면류관'을 예비해 주셨다고 말합니다.

> 나는 선한 싸움을 싸우고 나의 달려갈 길을 마치고 믿음을 지켰으니 이제 후로는 나를 위하여 의의 면류관이 예비되었으므로 주 곧 의로우신 재판장이 그 날에 내게 주실 것이며 내게만 아니라 주의 나타나심을 사모하는 모든 자에게도니라(딤후 4:7-8).

바울은 하늘의 상급을 기대하며 살았습니다. 분명 이런 기대는 그가 예수님의 종으로서 하나님이 맡기신 일을 하면서 어려움을 겪을 때마다 이를 견뎌내게 하는 힘을 제공해 주었을 것입니다. 마치 힘써 경주를 한 뒤에 상을 받는 것은, 고된 경주를 더 잘 뛰게 하고, 인내하게 하는 긍정적인 효과를 가지고 있는 것과 마찬가지입니다. 기독교 교육가인 우리가 기억해야 할 것은 아이들에게 좋은 습관을 갖게 하고 긍정적인 행동의 변화를 일으키기 위해서 외적인 자극보다는 내적인 동기 부여에 더 많이 주의를 기울여야 한다는 것과, 상벌을 사용할 때는 정당한 근거 아래 합당하게 사용해야 한다는 것입니다.

2) 지적인 영역에서의 지속적인 변화, 생각이 변화되는 것

인지주의 심리학자들(Cognitive Psychologists)은 배움을 지적인 영역에서의 지속적인 변화로 규정합니다. 새로운 정보가 입력되고 뇌에 저장되어 우리의 생각에 지속되는 변화가 생겨났을 때 배움이 일어났다고 말할 수 있다는 것이지요.[11] 이들은 이런 배움을 일으키는 원인에 대해서도 행동주의자들과는 다른 생각을 가지고 있었습니다. 행동주의자들이 외부의 자극을 행동의 변화를 일으키는 원인이라고 생각한 데 반해서, 인지주의자들은 눈으로 관찰할 수 없는 내면적이고 정신적인 활동이 밖으로 드러나는 행동의 변화를 일으키는 보다 근본적인 요인이라고 생각했습니다.[12]

저희 집 둘째 아들을 훈육하면서 생긴 일입니다. 어느 날 아이가 잘못된 행동을 하는 것을 보고 불러 매를 들었습니다. 아이는 무서워

인지주의자의 배움

서였는지, 무엇인가 잘못되었다는 분위기를 읽은 것인지, 저를 보자마자 잘못했다고 용서를 구했습니다. 다시는 안 그러겠다고 다짐도 했습니다. 행동주의자들의 말처럼 매라는 외부적인 자극이 주어지자마자 행동의 변화가 일어난 것입니다. 그런데 문제는 무엇을 잘못했냐고 물은 뒤였습니다.

아들은 아빠가 보고 있었다는 것을 모른 채 "네가 그랬지?"라는 물음에 "아니요"라고 거짓말을 했습니다. 저는 "거짓말은 나쁜 거야. 거짓말을 하면 더 혼난다"라고 말했지만, 아빠의 표정과 손에 든 매를 보면서 "죄송해요"라고 말하는 아이가 정작 무엇을 잘못했는지,

무엇이 아빠가 말하는 거짓말인지 이해하지 못하고 있다는 사실을 훈육을 하는 동안 알게 되었습니다. 결국 무엇이 잘못된 행동인지도 깨닫지 못한 채 외부적인 자극에 반응하는 형태로 나타나는 행동들은 아무런 의미가 없다는 것입니다. 인지주의자들이 지적하는 바가 이것입니다. 알지 못하고 이해하지 못하면 그것이 진정한 의미에서 변화로 이어질 수 없다는 것이지요.

이처럼 온전한 의미에서 행동의 변화를 일으키기 위해서는 머리에서 이해되는 일이 선행되어야 한다고 믿었기 때문에, 인지주의자들은 먼저 머릿속에 새로운 정보를 집어넣고 그것을 기억되게 하는 데 많은 힘을 쏟았습니다. 심지어는 당장 이해할 수 없는 정보라 하더라도, 기억된 정보가 있어야 새로운 행동을 하거나 기존의 행동을 수정하는 일이 가능하다고 믿었기 때문에, 가능한 한 많은 정보를 전달하려고 노력했습니다. 따라서 이들은 짧은 시간에 많은 정보를 전달하는 데 효과적인 강의법을 주로 사용했고, 반복적인 정신 활동, 문제 해결(Problem-solving), 암기, 예습과 복습 같은 사고 활동 위주의 교육 방법을 주로 사용했습니다.[13]

인지주의자들의 배움에 관한 이해는 학교 교육에 지대한 영향을 끼쳤습니다. 먼저 커리큘럼을 배치하는 부분에서는 사고 능력을 요하는 언어, 수학 등의 과목이 주요 과목으로 가치를 부여받아 전면에 배치되었고, 체육, 음악, 미술과 같은 예체능 활동들은 상대적으로 경시되는 풍조를 낳았습니다. 평가 부분에서도 주로 암기한 것을 답안지에 적거나, 주어진 문제를 지적인 능력을 사용해 해결하는 것이 중심이 되었습니다.

교회 안에도 인지주의적 교육 방법이 많이 도입되었습니다. 대표적으로는 강의와 같은 형태로 전달되는 설교를 들 수 있고, 또 다른 것으로는 퀴즈 대회, 암송 대회 혹은 성경 고사 대회 등의 교육 활동을 꼽을 수 있습니다. 요즘은 정보 전달 위주의 교육에 대한 반성으로 말씀을 가르칠 때 어린이들을 참여하게 하고, 삶 속에서 적용이 일어나게 하기 위해 새로운 방법들을 사용하기도 하지만, 여전히 이런 교회의 활동은 지식 전달 혹은 성경 지식을 얼마나 기억하고 있는지를 평가하는 경우가 대부분입니다.

퀴즈 대회, 암송 대회, 성경 고사와 같은 활동들은 긍정적인 측면을 많이 가지고 있습니다. 그것은 말씀을 읽고 암송하고 성경 인물들의 이름과 그들이 한 일을 세세히 기억하도록 돕는 것입니다. 특별한 시간을 내어서 말씀을 읽고 연구하며, 방대한 양의 성경 지식을 암기하도록 하여 오래 기억할 수 있게 한 것이 장점입니다. 하지만 이런 인지주의적인 교육 방법이 가진 최대의 약점은 성경 지식을 머릿속에 집어넣어 기억하도록 하는 데 애쓴 만큼 그것을 삶으로 옮겨내는 일에는 소홀했다는 것입니다. 또한 지식을 전달하는 것에 만족한 나머지 소화되지 않은 음식처럼 삶으로 옮겨지지 않은 성경 지식이 삶 속의 그리스도인을 만들어내지 못했다는 것도 큰 아픔입니다.

로마서 12장 2절에서 바울은 "너희는 이 세대를 본받지 말고 오직 마음(Mind)을 새롭게 함으로 변화를 받아 하나님의 선하시고 기뻐하시고 온전하신 뜻이 무엇인지 분별하도록 하라"라고 충고했습니다. 여기서 '마음'은 헬라어 νοός로 사물을 인식하고, 이해하고, 판단하는 능력을 가진 기관을 뜻합니다.[14] 즉 새롭게 해야 할 영역은 지적인 영역입니다. 우리는 생각을 새롭게 하는 일, 즉 지성을 갈고닦아야 합니다. 하지만 이 말이 단순히 지식의 양을 늘리는 것이라고 이해되어서는 안 됩니다. 중요한 것은 크리스천 지성을 갈고닦음을 통해, 하나님의 뜻을 온전히 이해함과 동시에 지적인 영역에서 생겨난 배움이 그분의 뜻을 따라가는 삶의 변화로 이어져야 한다는 것입니다.[15]

3) 정서적인 영역에서의 지속적인 변화, 감정이나 태도가 달라지는 것

칼 로저스(Carl Rogers)와 에이브러햄 매슬로(Abraham Maslow) 같은 인본주의 교육학자들(Educational Humanists)은 배움이 인지적인 과정이라기보다는 주어진 정보에 대해 수용하고, 반응하고, 가치를 두고, 정돈하고, 이를 성품 속에 녹이는 과정, 즉 인간의 정서적인 영역(Affective Domain)에 보다 밀접한 관련이 있다고 생각했습니다. 따라서 이들은 어떤 것에 대해 느끼는 감정이나 태도가 바뀌는 것이야말로 진정한 배움이라고 생각했습니다.[16]

가난한 어린아이를 보고 그 아이의 필요를 채우는 일을 생각해 보십시오. 어떤 사람이 다른 사람의 시선을 의식해서 주머니 속에 있는 천 원을 모금함에 넣었습니다. 이 일을 지켜본 사람들이 그를 칭찬하고 좋아했다면, 그는 다음번에도 사람들의 시선과 칭찬이 따라오는 환경에서는 동일한 행동을 하게 될 확률이 높아집니다. 칭찬이라는

인본주의자의 배움

당근을 통해서 행동이 바뀐 것이지요. 행동주의자들의 관점에서 보면 배움이 일어난 것입니다. 하지만 이 경우 온전한 배움이 일어났다고 보기에는 몇 가지 문제점이 있습니다. 우리는 이 사람이 어떤 생각으로 이 일을 했는지, 이 일의 의미를 제대로 알고 있는지 모르기 때문입니다.

 이렇게 생각해 봅시다. 어느 날 이 사람이 가난한 자를 구제하라는 설교를 들은 뒤, 이 일이 하나님이 기뻐하시는 일이라는 것을 알게 되었다고 말입니다. 그는 그때부터 좀 더 적극적으로 이 일에 참여하기로 결정합니다. 또한 도움이 필요한 아이의 상황도 알게 되어서 구체적으로 무엇이 필요한지 알았다고 말입니다. 똑같이 천 원을 모금함에 넣었지만 이전과는 달리 이 일을 해야 할 이유를 알고 구제에 필요한 지식까지 가진 상태에서 행동한 일이기 때문에, 드러난 행위는 같을지라도 내용적으로는 매우 다른 일이 될 것입니다. 인지주의자들이 생각하는 배움은 여기까지입니다.

그런데 여기서 한 가지, 이 사람의 마음을 들여다보면 어떨까요? 만약 구제하는 일이 하나님이 기뻐하시는 일이고 구체적인 필요를 알기 때문에 헌금을 했다 하더라도 실제로 그 마음속에 그 아이에 대한 사랑이 없다면, 그 아이가 겪는 어려움을 함께 아파해 줄 가슴이 없다면 이 일이 진정한 의미에서 가난한 아이를 돕는 일이 될까요? 인본주의 교육학자들의 강조점은 바로 여기에 있습니다. 아는 것도 중요하고, 어떤 행동을 하는 것도 중요하지만, 보다 더 중요한 것은 그 일 혹은 그 사람에 대한 나의 감정과 태도가 달라지는 것, 즉 내가 그 일이나 그 사람에 대해 가치를 부여하는 일이 먼저 일어나야 진정한 의미의 배움이 일어난다고 생각한 것입니다.

이처럼 인본주의 교육학자들은 사람의 마음(감정 혹은 태도)이 달라져야만 진정한 의미에서 변화에 이를 수 있다고 믿었기 때문에 이들은 무엇보다도 인간의 필요와 관심, 학습자의 정서적인 필요를 만족시키는 것이 중요하다고 생각했습니다. 따라서 교육에 있어서 교사 중심이 아닌 학생 중심, 배움의 촉진자로서의 교사, 학습자 중심의 학습 환경 조성에 대한 강조 등이 자연스럽게 생겨났습니다.[17]

교육에서 '교사 중심(Teacher-centered)'이 아닌 '학생 중심(Learner-centered)'이라는 개념은 이전의 전통적인 교육 방법과는 완전히 다른 새로운 개념의 교육 방법을 탄생시키는 계기가 되었습니다. 열린 교육, 협동 학습, 자기 주도 학습 등 우리에게도 비교적 친숙한 이러한 교육 방법은 교사 중심의 권위적이고 전통적인 교육이 간과해 온 학습자 개개인의 능력과 관심, 러닝 스타일과 학습 속도에 관심을 두게 했고, 학습자의 능동적인 선택의 중요성을 알게 했습니다. 하지만 어떤 의미에서 다소 지나친 학생 중심적인 태도와 접근법은 교육에서 권위와 질서를 약화시키고 아직 준비되지 않은 아이들에게 선택을 하게 함으로써 교육의 효과를 떨어뜨린 측면도 있습니다.

하나님은 "나를 사랑하고 내 계명을 지키는 자에게는 천 대까지 은혜를 베푸느니라"(출 20:6)라고 말씀하셨습니다. 예수님도 율법의 가장 큰 계명으로 하나님을 사랑하라(마 22:37)는 말씀을 주셨습니다. 사랑은 감정과 태도의 문제로서 정서적인 영역과 밀접한 관련이 있습니다. 하나님을 사랑하라는 말씀은 단순히 어떤 행동을 했다고 해서, '혹은 사랑해야 해'라는 당위적인 가르침을 머릿속에 가지고 하나님을 사랑해야만 하는 이유를 암기했다고 해서 실천할 수 있는 것이 아닙니다. 이 말씀을 온전히 실천하려면, 하나님이 누구신지 그 사랑이 어떤 것인지에 대한 지식을 가지는 것뿐 아니라, 이를 가슴으로 느끼고 체험하며, 그것이 사랑의 행동으로 나타났을 때에만 온전한 의미에서 실천할 수 있는 것입니다. 따라서 배움에서 정서적인 영역의 변화는 매우 중요한 부분입니다.

2. 배움을 말하는 핵심어 '변화'

지금까지 우리는 배움이 무엇인지에 대한 서로 다른 세 가지 견해를 살펴보았습니다. 동시에 배움에 대한 생각의 차이가 어떻게 교육의 현장에서 배움을 일으키기 위한 방법의 차이로 이어졌는지도 간단히 살펴보았습니다. 이렇게 학자들마다 배움에 대한 정의가 달라진 이유는 배움의 원인, 배움의 과정 그리고 배움을 평가하는 방식, 배움이 일어나는 영역에 대한 생각의 차이에 기인합니다.[18] 하지만 중요한 공통점이 있습니다. 그것은 바로 배움이 '변화'와 연결되어 있다는 사실입니다. 그러니까 그것이 지적이든, 정의적이든, 신체적이든, 혹은 이 모든 것을 통합한 것이든 관계없이 배우는 이에게 어떠한 변화도 찾아볼 수 없다면 배움이 일어나지 않았다는 것입니다.[19]

그런데 여기서 변화라는 용어를 사용할 때 더 생각해 보아야 할 것이 있습니다. 그것은 어떤 변화를 일으킨 요인이 무엇인가 하는 점입니다. 일반적으로 변화는 크게 두 가지로 설명될 수 있습니다. 하나는 몸의 성장과 같이 시간이 지남에 따라 자연적으로 일어나는 것이고, 다른 하나는 어떤 경험을 통해 후천적으로 습득되는 것입니다. 배움의 핵심어가 '변화'라고 말할 때, 여기서 변화라는 말은 자연적인 성장을 가리키는 것은 아닙니다. 키가 자란 것이나 몸무게가 달라진 것을 가리켜서 배움이라고 부르지 않는 이유가 바로 이것입니다. 배움을 의미하는 변화는 자연적인 성장이 아닌 '경험에 의해 생겨난 변화'여야 합니다.

경험이란 우리 주변에서 일어나는 일들이나, 상호 작용, 사건과 사실들에 대한 관찰 등을 통해 얻어지는 지식, 정보, 느낌 등을 통틀어 일컫는 말입니다. 그것이 자연스러운 것이든 의도된 것이든 관계없이, 사람은 경험을 통해 배움에 이르게 됩니다. 배움을 일으키는 경험은 매우 다양합니다. 예를 들어, 학교에서 수업 시간에 영어를 배우는 것은 배움을 일으키는 경험이 됩니다. 교사에 의해서 의도된 경험이긴 하지만 그 경험을 통해 지식을 얻게 되는 변화가 가능하기 때문입니다. 여행을 하면서 역사적인 유물 앞에 서는 것도 배움을 일으키는 경험이 됩니다. 이전에 보지 못했던 것을 보고 관심을 갖게 되고 지식도 얻게 될 뿐 아니라, 느낌도 갖게 될 테니 말입니다. 열심히 수영 연습을 하다가 팔을 이렇게 움직이면 힘이 덜 든다는 것을 발견했다면 그것도 배움을 일으키는 경험이 됩니다. 새로운 지식이 생겨나고 그것을 활용하는 것도 가능해질 것이기 때문입니다.

   배움을 경험에 의해 생겨난 변화라고 말할 때 한 가지 더 생각해 볼 부분은 지속성에 대한 부분입니다. 예를 들어, 영어 수업을 들었으나 잠시 뒤 모든 것을 다 잊어버린 경우에도 배움이라고 말할 수 있느냐는 질문입니다. 단순히 배움을 경험에 의한 변화라고만 정의한다면 이런 것도 배움이라고 해야 하겠지만, 어느 정도나마 지속성을 갖지 못하는 경우에는 그것을 배움이라고 말하기 어렵습니다. 즉, 좀 더 정확하게 배움을 정의해 본다면 '배움이란 경험에 의해 일어난 어느 정도 지속되는 변화'라고 말할 수 있습니다.[20]

3. 배움에 영향을 주는 요소: 러닝 스타일

그러면 우리의 행동이나 사고, 태도나 감정에 변화를 주어 배움을 더 효과적으로 일어나게 하는 촉매와 같은 것에는 어떤 것들이 있을까요? 어떤 것들이 배움을 방해하는 요소이고, 어떤 것들은 배움을 더 잘 일어나게 만드는 요인이 될까요? 지원이의 이야기를 보면서 한번 생각해 보기로 하겠습니다.

방학을 마치고 개학을 맞은 지원이는 아빠로부터 내일이 개학이니 오늘은 일찍 자라는 말씀을 들었습니다. 방학 내내 늦게까지 게임을 하던 습관 대문인지 방에 불을 끄고 누웠지만 쉽게 잠이 오지 않았습니다. 언제쯤 잠이 들었을까요? 깨어보니 새벽녘입니다. 머리도 아프고 배도 아파와서 지원이는 학교 갈 시간이 될 때까지 몸을 뒤척이기만 했습니다. 등교 시간이 다 되어 지원이는 억지로 몸을 일으켰습니다.

개학 첫날, 첫째 시간은 수학입니다. 수업에 들어온 선생님은 방학 동안 흐트러진 아이들의 마음을 다잡기라도 하시려는 듯 **빠른 목소리**로 공식을 설명한 뒤에 문제를 풀어보라고 하셨습니다. 새로운 개념을 배우는 것도 어려웠지만 아프고 피곤했던 지원이의 머릿속에는 아무것도 들어오지 않았습니다.

이 이야기 속에서 지원이에게 배움이 일어났나요?

어떤 요소가 배움을 일으켰거나 혹은 배움이 일어나는 것을 방해했나요?

학교라고 하는 배움의 공간과 수학 전문가인 선생님의 설명은 배움을 일으키는 요소입니다. 하지만 지원이의 경우에는 배움을 일으키는 요소보다는 이것을 방해하는 요소가 더 컸습니다. 사람은 누구나 몸이 아프거나 피곤함을 느낄 때 새로운 것을 배우고 익히는 일을 힘들어하니까요. 밤새 열이 나고 아파서 잠도 제대로 자지 못한 아이가, 그것도 개학 첫날 긴장한 상태에서 새로운 수학 공식을 이해하고 스스로 문제를 풀 수 있을 정도의 배움을 일으키는 것은, 건강하게 아침을 맞고 평안한 분위기에서 수업을 받은 아이와 비교해볼 때 훨씬 더 어려운 일입니다.

그런데 만약 지원이가 건강하게 아침을 맞았다 하더라도 이런 상황이라면 어떨까요?

> 과학 시간, 지원이는 그룹 활동을 하게 되었습니다. 우리 주위에서 발견할 수 있는 사물들 가운데 과학적 원리를 잘 설명할 수 있는 것을 찾아 그 속에 어떤 과학 원리가 숨어 있는지를 보고서로 작성하는 활동입니다. 지원이는 과충(과학 벌레)이라고 불릴 만큼 과학을 좋아합니다. 하지만 수줍음이 많은 성격 탓에 자기 생각을 표현하는 데 서툽니다. 반면에 같은 그룹원인 하원이는 자기 주장이 강하고 말이 빠른 아이입니다. 지원이는 과학을 좋아했지만 하원이가 활동을 주도하면서 자주 지원이에게 핀잔을 주는 탓에 과학 시간 내내 불편한

마음만 생길 뿐이었습니다.

이 이야기 속에서 지원이에게 배움이 일어났나요?

어떤 요소가 배움을 일으켰거나 혹은 배움이 일어나는 것을 방해했나요?

배움을 일으킨 요소는 과학에 대한 아이의 흥미와 관심이라고 말할 수 있습니다. 하지만 그룹원 사이의 관계 문제 혹은 좀 더 넓게 생각해서 학습 환경은 지원이의 배움을 방해했다고 말할 수 있습니다.

지원이의 예를 통해서 우리는 배움에 다양한 요소가 영향을 미친다는 것을 분명히 알 수 있습니다. 오랜 세월 학자들은 학습자의 건강, 피곤도, 성별, 나이, 혹은 인지 능력과 같은 신체적/물리적 요인과, 경제력, 학급 환경이나 러닝 커뮤니티(Learning Community)[21] 같은 환경적 요소가 배움에 영향을 준다고 말해 왔습니다. 그런데 이런 신체적/물리적 요소나 환경적 요소보다 더 중요하게 고려해야 할 것이 있습니다. 그것은 바로 이 두 가지 요소 모두를 압도하는 내적 요소에 대한 것입니다.

여기서 내적 요소라고 하는 것은 얼마나 배움의 의미를 발견했는지를 말하는 동기 부여(Motivation)와, 얼마나 자기에게 맞는 방식으로 즐겁게 배울 수 있었는지를 말하는 러닝 스타일(Learning Styles)을 들 수 있습니다. 특별히 러닝 스타일은 배움에 영향을 주는 매우 중요한 요소로서 잘 이해하고 활용한다면 가르침의 효과를 높일 수 있습니다.

외적 요소

•

신체적/물리적 요소
건강, 피곤도,
성별, 나이,
인지 능력

•

환경적 요소
경제력, 학급 환경,
러닝 커뮤니티
(Learning Community)

내적 요소

•

동기 부여
(Motivation)

•

러닝 스타일
(Learning Styles)

배움에 영향을 주는 다양한 요소

1) 러닝 스타일(학습 유형)이란?

스타일(Style)은 개개인의 취향이나 성격을 보여주고, 그 사람이 편하게 느끼는 것, 좋아하는 것을 보여줍니다. 예를 들어 패션 스타일은 그 사람이 어떤 옷을 좋아하고 즐겨 입는지, 어떤 색깔과 어떤 디자인을 좋아하고 편하게 여기는지를 보여줍니다. 따라서 "러닝 스타일(Learning Styles)"이라는 말은 '배우는 사람이 어떤 방식으로 배우는지, 그 사람의 배움의 특성이 무엇인지, 어떤 방식으로 배우기를 좋아하고 편안해하는지'를 보여주는 것입니다.

러닝 스타일, 즉 학습 유형에 관한 이론들은 사람들이 외모나 재능뿐 아니라, 그들이 배우는 방식도 서로 다르다는 믿음에 기초하고 있습니다. 사실 교사들은 새로운 정보나 생각을 받아들이거나 그것을 사용하는 데 있어서 학생들 사이에 배움의 속도와 방식에 차이가 있음을 이야기해 왔습니다. 동일하게 학습 유형 연구가들도 배움의 방식에 있어서 사람들 사이에 매우 큰 차이가 있음을 이야기합니다.

역사적으로 학습 유형이라는 개념은 학자들이 개인의 차이에 대해 인식하기 시작하면서부터 등장했습니다.[22] 개인의 차이(Individual Differences)에 대한 인식은 플라톤(Plato), 코메니우스(Comenius), 루소(Rousseau) 등과 같은 초기 서양의 철학자들에게서도 발견되는 개념입니다. 하지만 학습 유형이라는 개념이 독립된 이론으로서 기초가 놓이게 된 것은 20세기에 들어온 이후이며, 특별히 '러닝 스타일' 혹은 '학습 유형'이라는 용어는 1980년대에 들어와서야 대중적인 용어로 사용되기 시작했습니다. 러닝 스타일이라는 개념이 대중화된 것은 그리 오래되지 않았습니다. 그러나 현대 교육에서 이 개념은 교육가들뿐 아니라 부모와 교육 당국에 이르기까지 다음세대 교육을 생각할 때 반드시 고려해야 하는 중요한 요소로 받아들여지고 있습니다.[23]

A. 정의

학습 유형 이론이 널리 받아들여지긴 했지만, 학습 유형이란 여전히 넓고 다소 불명확한 개념으로 남아 있습니다. 사실 연구자들도 학습 유형이라는 용어를 배움에 대한 서로 다른 관점이나 이론적 배경에 기초하여 사용하고 있으며 사고 유형, 인지 유형 혹은 배움의 양상 등의 개념이나 다른 용어들과 교차적으로 사용하기도 합니다.[24] 따라서 학습 유형에 관한 정의 역시 학자들에 따라 매우 다양합니다. 이런 정의들을 몇 개의 유형으로 나누어 정리해 보면 다음과 같습니다.

(1) 인지 방식의 차이

먼저 데이비드 콜브(David Kolb), 버니스 맥카시(Bernice McCarthy), 마를린 르피버(Marlene LeFever)와 같은 학자들은 학습 유형을 "사람이 새로운 정보를 받아들이고 이를 처리하는 방식의 차이", 즉 인지 방식의 차이로 이해합니다.[25] 이들의 주된 관심은 인간의 두뇌 활동과 우리의 배움과는 어떤 연관이 있는지, 뇌가 정보를 인지(Perceive)하고 인지한 정보를 사용(Process)하는 과정에서 보이는 개인 간의 차이는 무엇인지입니다.[26] 예를 들어, 4MAT 이론을 주장한 버니스 맥카시는 새로운 배움의 상황을 만났을 때 경험에 기반해 느낌으로 그것을 받아들이는 사람(Sensor-Feeler)이 있고, 동일한 상황에서 생각을 기반으로 개념화하는 데 더 집중하는 사람(Thinker)이 있다고 주장합니다. 또한 주어진 경험이나 정보를 처리(Process)하는 방식에서도 어떤 사람들은 일단 행동을 해보는 방식(Doing, Acting)으로 배운 것을 사용하지만, 또 다른 사람들은 그것에 대해 반추하고 숙고하는 방식(Reflecting, Watching)으로 이를 처리한다는 것입니다.[27] 그녀는 이런 차이를 기준으로 사람을 네 가지 유형으로 나누었는데, 이런 차이가 바로 그 사람의 러닝 스타일이라고 생각하는 것입니다.

(2) 학습과 관련된 물리/환경적 요인들에 대한 선호도의 차이

리타 던(Rita Dunn)과 케네스 던(Kenneth Dunn)과 같은 학자들은 학습과 관련된 환경적 요인에 주된 관심을 두었습니다. 그들은 빛, 소리, 온도, 음식 섭취, 시간 등 물리적/환경적 요인들이 사람의 배움에 영향을 미친다고 보았습니다. 따라서 그들에게 학습 유형이란 개인이 학습 환경에 반응하는 방식의 차이이자 학습 환경에 대한 개인의 선호도입니다.[28] 학습 환경이 학습 성과에 영향을 준다는 생각은 꽤 오래전부터 사람들이 가져온 생각입니다. 예를 들어, JTBC에서 방영된 〈스카이 캐슬〉이라는 드라마에 등장하는 입시 전문 컨설턴트 김주영 선생은 극중에서 주인공인 예서의 공부방을 찾은 뒤에 "문도 등지지 않고 책상 위치 좋습니다. 메인 책상과 스탠드 책상을 북쪽에 둔 것도 좋습니다. 햇빛이 들지 않아 집중력이 좋아지거든요. 어머니,

이 방에 교실에서 쓰는 책걸상 하나 넣어주세요. 시험 환경과 비슷한 곳에서 실전처럼 연습해야지요. 그리고 아주 잘 보이는 곳에 스톱워치도 붙여주세요. 문제 푸는 시간을 체크해야 되니까요. 습도는 항상 20도에서 23도를 유지해 주시고요" 등과 같은 조언을 늘어놓았습니다.[29] 바로 이런 조언들은 환경이 학습에 영향을 준다는 생각을 잘 보여주는 예가 됩니다. 다만, 우리가 흔히 환경이 학업에 영향을 미친다고 말할 때 가진 생각과 러닝 스타일 학자들의 생각에는 차이점이 있습니다. 학자들은 김주영 선생의 조언처럼 어떤 특정한 방식이 학업의 성취도를 올린다고 일반화해서 주장하기보다는 사람마다 학업 성취도에 영향을 주는 요인에 차이가 있다는 것을 말하는 데 강조점을 둡니다. 그러니까 러닝 스타일 학자들은 어떤 특정한 방식이 동일한 결과를 도출한다고 말하지 않고, 어떤 사람은 A라는 방식으로 가구나 책상을 배치했을 때 학업 성취도가 높아지는 반면, 어떤 사람은 B라는 방식으로 가구나 책상을 배치했을 때 더 효과적인 학업이 가능하다는 식으로 설명한다는 것입니다.

(3) 성격적 요인에 기인한 배움의 방식 차이 혹은 배움과 연결된 강점과 약점

로저 히임스트라(Roger Hiemstra), 버튼 시스코(Burton Sisco), 리차드 펠더(Richard Felder)는 학습 유형을 정의하면서 학습자의 성격에 주된 관심을 두었습니다. 그들은 인간의 성격이야말로 사람이 어떻게 배우고, 어떻게 환경에 적응하는지를 알게 하는 힌트를 제공해 주기 때문에, 학습 유형이란 학습 환경에서 보이는 특정한 "성격이 가진 강점(Characteristic strength)" 혹은 그 "성격을 반영한 방식(Characteristic ways)"이라고 보았습니다.[30] 예를 들어, MBTI와 같은 검사에서는 사람을 내향적인 사람과 외향적인 사람으로 구분하게 되는데, 이런 구분을 학습과 연결해서 생각해 보면 내향적인 사람은 외향적인 사람에 비해 꼼꼼하게 개념을 더 잘 정리할 것으로 생각되고, 반면 외향적인 사람은 여러 사람 앞에서 발표를 더 잘할 것으로 생각됩니다. 즉, 만약 어떤 성격 혹은 성품이 학습과 연결되는 부분에서 강점을 보이거나 특정한 성격을 가진 사람들이 자기 나름의 어떤 방식으로 배움에 임하는 특성을 보일 때, 바로 그것이 그 사람의 러닝 스타일이 된다는 것입니다.

(4) 학습과 관계되는 모든 차이

또 다른 유형은 학습 유형이라는 용어를 성격적, 인지적, 정서적, 심리적 행동을 포함하는 넓은 개념으로 학습자가 학습 환경에 반응하고, 상호 작용하고, 인지하는 것을 돕는 비교적 지속적인 요인들로 보는 것입니다.[31] 이들에게 학습 유형이란 모든 것을 포함하는 개념입니다. 그러므로 이들은 학습자의 속성과 배움에서 발견되는 모든 차이를 학습 유형의 차이로 설명합니다.[32]

물론 학습 유형이라는 것이 진짜로 존재하는지를 의심하는 학자들도 있습니다. 그러나 학습 유형 이론가들은 학습 유형이 존재하고,

모든 사람이 가지고 있으며, 개개인의 학습 유형은 다른 사람의 것과는 다르다고 믿습니다.[33]

2) 러닝 스타일과 티칭 스타일

학습 유형 이론가들은 교사가 학생들에게 어떤 교수법 혹은 연구 방법을 사용하는 것이 효과적인가를 결정하기 전에 개인의 학습 유형을 먼저 알아야 한다고 주장합니다.[34] 그들은 학습 유형의 개념을 이해하는 것과 학생들의 학습 유형을 인지하는 것은 교사와 학생 모두에게 유익한 것이라고 믿습니다. 실제로 학습 유형을 인지하는 것은 배움에 있어서 학생들에게 그들의 강점과 약점을 발견할 수 있도록 돕기 때문에 학문적인 성과를 향상시키는 데 도움을 줍니다. 교사들에게는 가르침의 기술을 향상시키고, 수준 높은 교육을 하게 하는 기회를 제공해 줍니다.[35]

학습 유형이 학습자의 성취도와 관련된 중요한 요소라는 것이 일반적으로 받아들여지기는 하지만, 교사가 자신의 교수 방식을 학생들의 학습 유형에 맞추어야 하는지에 대해서는 많은 논쟁들이 있어왔습니다.[36] 이와 관련하여 맞춤형(Matching), 비맞춤형(Mismatching) 그리고 총체적(Holistic) 접근이라는 세 가지 다른 견해가 존재합니다.

A. 맞춤형 접근(The Matching Approach)

맞춤형 접근을 지지하는 학자들은 학습 유형과 교수 방법이 일치할 때 학생의 성취도와 만족도가 증가하지만, 이 둘이 불일치할 때에는 학생의 불편함이 증가하여 그들의 학습을 방해하게 되고 따라서 긍정적인 교육 결과들이 감소하게 된다고 주장합니다.[37] 그들은 최고의 교수 방법은 교사가 학습자의 학습 유형에 자신의 교수 유형을 맞추는 것이라고 믿었고 맞춤형 교육을 하는 것을 교사의 의무라고 여겼습니다.[38] 그래서 이들은 이 이론을 주장하기 시작한 시점부터 개인의 학습 유형을 구분해 내려는 시도를 계속해 왔습니다.

맞춤형 교육을 해야 한다는 생각은 연구자들로부터 폭넓은 지지를 받아왔습니다. 예를 들어 왕(Wang)과 그의 동료들, 그리고 메이든(Madden), 바하르(Bahar), 칸(Kahn) 등의 연구에 의하면, 교실에서의 교육 환경이든 온라인 학습 환경이든 관계없이 학생들의 학습 유형이 교사의 교수 유형과 맞았을 때 긍정적인 학습 결과가 더 많이 도출되었습니다.[39] 학교에서 낮은 성취도를 보이는 어린이들에게 주안점을 둔 마리에 까르보(Marie Carbo), 리타 던(Rita Dunn)과 케네스 던(Kenneth Dunn)의 연구를 보면, 전통적인 방식의 교실에서 낮은 성취를 보이는 아이들에게 맞춤형 접근이 더욱더 중요하다는 것이 발견되었습니다.[40] 더하여서 레지나 로흐포드(Regina Rochford), 해롤드 파슬러(Harold Pashler), 리타 던(Rita Dunn)은 그들의 연구 결과를 토대로 성인들이라 하더라도 학습 유형에 대한 선호도가 강한 이들과 학문적인 성취도가 낮았던 이들은 맞춤형 접근이 사용될 때 크게 유익을 얻을 수 있는 것으로 보고하였습니다.[41]

맞춤형 접근을 주장하는 학자들은 수많은 연구를 통해 이 방법의 효과성이 입증되었다고 주장하지만, 일부 학자들은 증거가 부족하고 편향된 것이라고 주장하기도 합니다.[42] 맞춤형 접근을 지지하는 결과로 간주되어 온 수백의 연구들을 조사한 뒤에, 파슬러(Pashler)와 그의 동료들은 이 연구들이 진정한 임의 추출(True Randomization)에 근거한 것이 아니기 때문에 맞춤형 접근의 효과에 대한 인과 관계를 말해 줄 수 없다고 지적합니다.[43] 더 나아가 그들은 "어떤 특정한 교수 방법이 어떤 특정한 학습 유형을 가진 이들에게는 유익하지만 동시에 다른 유형을 가진 학습자에게는 해를 끼치는 것을 증명한 연구는 없다"라는 점도 지적했습니다.[44]

B. 비맞춤형 접근(The Mismatching Approach)

비맞춤형 접근을 주장하는 학자들은 의도적으로 교사가 학생의 학습 유형과 다른 교수법을 사용하거나 새로운 교수법을 개발하는 것이 맞춤형으로 접근하는 것보다 더 유익하다고 주장합니다.[45] 그들은 맞춤형 학습이 배움에 미치는 부정적인 효과에 주목합니다. 실제로 학생들은 지속적으로 같은 방식으로 배울 때 지루해하고 자극을 받지 못하는 것이 관찰되었습니다.[46] 또한 매번 맞춤형으로 교육할 때, 학생들은 자신의 학습 유형과 다른 환경 속에서도 배워야 할 중요한 기술들을 발전시킬 기회를 잃게 되고, 이는 결과적으로 학교나 일터에서 학생들의 잠재력을 감소시키는 결과를 초래하게 됩니다. 더 나아가 학생들이 선호하는 배움의 방식이 그들을 위한 최고의 방법을 반영하지 못하는 경우도 있습니다. 즉, 학생들이 선호하는 방식은 아닐지라도 학습자의 성취도를 높일 수 있는 더 나은 방법이 존재할 수 있다는 것입니다. 그러므로 맞춤형 접근은 배움에 있어서 학생의 창의성이 개발되는 것을 방해할 수 있고, 이에 대한 해답은 의도적으로 비맞춤형 접근 방식을 택하는 것이라고 말합니다.[47]

비맞춤형 접근이 학습자의 적응 능력을 높이고 지적으로 성장하게 하며, 보다 통합적인 방식으로 배움에 임하게 할 수 있다 하더라도 교실에서 이런 접근법을 제대로 사용하기란 쉽지 않습니다. 사실 일부 학생들에게는 특별히 자신이 힘들어하는 특정한 과목이나 주제를 배우면서 자신의 학습 스타일을 조정하는 것은 매우 어렵고 힘든 일입니다. 또한 지속적으로 비맞춤형 접근을 사용하는 것은 학습자의 학습 의욕을 잃게 하는 요인이 될 수도 있습니다. 교사들에게도 언제 비맞춤형 접근을 사용하는 것이 적절한 때인지를 판단하는 것은 어려운 문제입니다. 더하여서 대다수의 학자들은 비맞춤형 접근은 학습자의 배움에 비효과적이라고 말하고 있습니다.[48]

C. 총체적 접근(The Holistic or Global Approach)

이미 언급한 대로, 맞춤형 접근을 지지하는 학자들은 맞춤형 학습이 긍정적인 학습 효과를 가져오지만 교수 방식과 학습 유형의 불일치는 교육의 효과를 낮추는 결과를 가져온다고 말합니다.[49] 이와는 반대로 비맞춤형 접근을 주장하는 이들은 맞춤 학습이 학생들의 창의성을 개발하는 것을 방해하기 때문에, 의도적으로 비맞춤형 접근을 사용하는 것도 유익하다고 주장합니다.[50] 그렇다면 맞춤형과 비맞춤형 가운데 어떤 것을 택해 사용해야 할까요? 학자들 중에는 이 문제를 총체적 접근을 사용함으로써 해결할 수 있다고 믿는 이들이 있습니다. 총체적 접근을 주장하는 학자들은 다양한 학습자들의 다양한 필요를 만족시키고 서로 다른 학습 유형을 가진 이들 모두를 유익하게 하려면, 맞춤형과 비맞춤형 접근 모두가 사용될 필요가 있다고 결론짓습니다.[51]

이런 주장에는 두 가지 중요한 이유가 있습니다. 먼저, 두 개의 접근법을 동시에 사용하는 것이 실질적인 해법이라는 점입니다. 모든 학습자들의 학습 유형을 파악하는 것은 불가능한 일입니다. 또한 만약 그것이 가능하다 하더라도, 교사가 모든 유형의 학습자들의 학습 유형을 동시에 만족시킬 수는 없습니다. 따라서 모든 유형의 학습자가 자신의 학습 유형에 따라 배울 수 있는 기회를 제공받기 위해서는 균형 잡힌 교수법을 사용하는 방법뿐이라는 결론이 나옵니다.[52]

둘째, 총체적인 접근을 채택하는 것이 보다 유익하다는 점입니다. 실제로 우리가 사는 세상은 학습자로 하여금 다양한 상황에서 다양한 유형의 사람들과 적응하며 살아갈 것을 요구하고 있습니다. 따라서 학생들에게 자신의 개인적인 선호도와 관계없이 모든 유형의 학습 유형을 아우를 수 있는 기술을 갖게 하는 것은 교육가 모두가 해야 할 일입니다.[53]

4. 배움의 단계와 깊이

1) 분석적 접근
A. 인지 영역

배움을 변화라고 정의할 때 어떤 배움이든지 그 변화의 정도에 따라 배움의 단계를 구분하는 것이 가능해집니다. 블룸(Bloom)은 1956년 인지적인 영역의 배움을 배움의 깊이와 이해의 수준에 따라 여섯 개의 단계로 구분했습니다. 훗날 그는 자신의 이론을 개정하면서 각 단계의 용어를 명사형에서 동사형으로 바꾸고, 최상위 계층의 배움의 순서를 바꾸기는 했지만, 블룸의 구분은 배움의 단계와 깊이를 이해하는 척도로 지금까지도 널리 사용되고 있습니다.

블룸의 텍사노미(Bloom's Taxonomy)라고 불리는 블룸의 단계 구분을 정리해 보면 다음과 같습니다.[54]

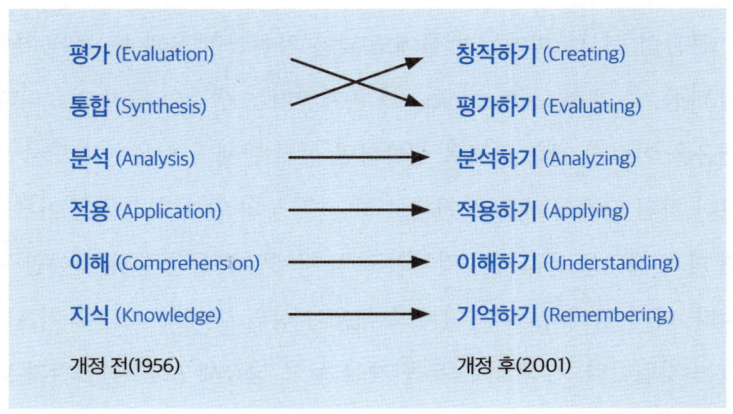

블룸의 인지 영역에서의 배움의 단계

인지적인 영역에서의 배움은 가장 기초적인 "지식" 단계에서 출발합니다. 1단계인 "지식" 단계는 외부의 정보를 받아들이고 머리에 기억하는 단계입니다. 배움은 이렇게 새로운 지식을 받아들여 기억하는 것에서 출발하여 다음 단계로 올라갑니다. 2단계인 "이해"는 주어진 정보를 기억할 뿐 아니라 자신의 말로 그것에 대해 설명할 수 있는 단계입니다. 단순히 기억된 내용을 앵무새처럼 반복하는 것에 그치지 않고, 이해된 말로 설명할 수 있는 단계입니다. 3단계 "적용"은 입력된 정보를 새로운 방식으로 사용할 수 있는 단계입니다. 새로운 환경이나 상황에 맞게 주어진 정보를 바꾸어 쓸 수 있는 단계라는 것입니다. 4단계인 "분석"은 정보를 비교, 대조하거나 분류할 수 있는 단계를 말합니다. 5단계 혹은 6단계인 "평가"는 어떤 기준에 따라 주어진 정보의 가치를 판단할 수 있는 단계이고, "통합" 혹은 "창작"은 다양한 정보를 취합하고 공통점을 찾아낼 뿐 아니라 그것에 기초하여 새로운 것을 만들어내는 단계입니다.[55]

블룸의 텍사노미에는 배움에도 낮은 차원의 배움과 더 높은 차원의 배움, 즉 계층 구조(Hierarchy)가 존재한다는 생각이 담겨 있습니다. 배움을 이렇게 계층 구조로 생각하면 상위 단계의 배움은 반드시 그보다 하위 단계의 배움을 전제로 하는데, 상위 단계의 배움을 이루려면 마치 계단을 올라가는 것처럼 하위 단계의 배움을 통해 가야만 합니다. 다시 말해서, 하위 단계의 배움이 상위 단계의 배움에 기초가 되는 것입니다. 가장 낮은 두 단계를 놓고 생각해 보면, 학습자가 배움의 2단계인 "이해"에 이르려면 그보다 아래 단계인 1단계의 배움,

즉 "지식"이 두뇌에 입력되어 기억되는 일이 반드시 일어나야 한다는 것입니다.

B. 감정/정서 영역

크라스울(Krathwohl)은 감정/정서적인 영역의 배움을 계층 구조로 파악했습니다. 그는 "수용(Receiving)"을 기초로 하여, "반응(Responding)", "가치 두기(Valuing)", "조직화(Organization)" 그리고 "성품화(Characterization)"의 5단계를 제시했습니다.[56]

"수용" 단계는 관심을 보이고 자발적으로 집중하는 단계입니다. "반응"은 말 그대로 주어진 정보에 대한 반응이 말이나 행동으로 표출되는 것입니다. "가치 두기"는 주어진 정보 혹은 일에 대해 가치 있다고 인정하고 그것을 자신의 것으로 받아들이는 것입니다. "조직화"는 새로운 가치를 받아들였기 때문에 자기 자신의 가치관에 변화가 생겨나고 우선순의의 조정이 이루어지는 단계입니다. 마지막 "성품화"는 수용된 가치가 삶 속에서 표출되는 단계입니다.[57]

크라스울도 블룸과 마찬가지로 정의적 영역의 배움에 이런 계층 구조가 존재하며 하위의 배움이 상위의 배움의 기초가 된다고 믿었습니다.

우리가 설교를 시작할 때 사람들의 관심을 이끌어내지 못하면 전달하려고 하는 메시지와 관련된 반응이 나오지 못할 뿐 아니라 사람들의 가치관, 더 나아가 삶이 바뀌는 일이 일어나지 않는 것이 그 좋은 예입니다. 수업을 진행할 때 "주의 집중"부터 시작하는 것도 크라

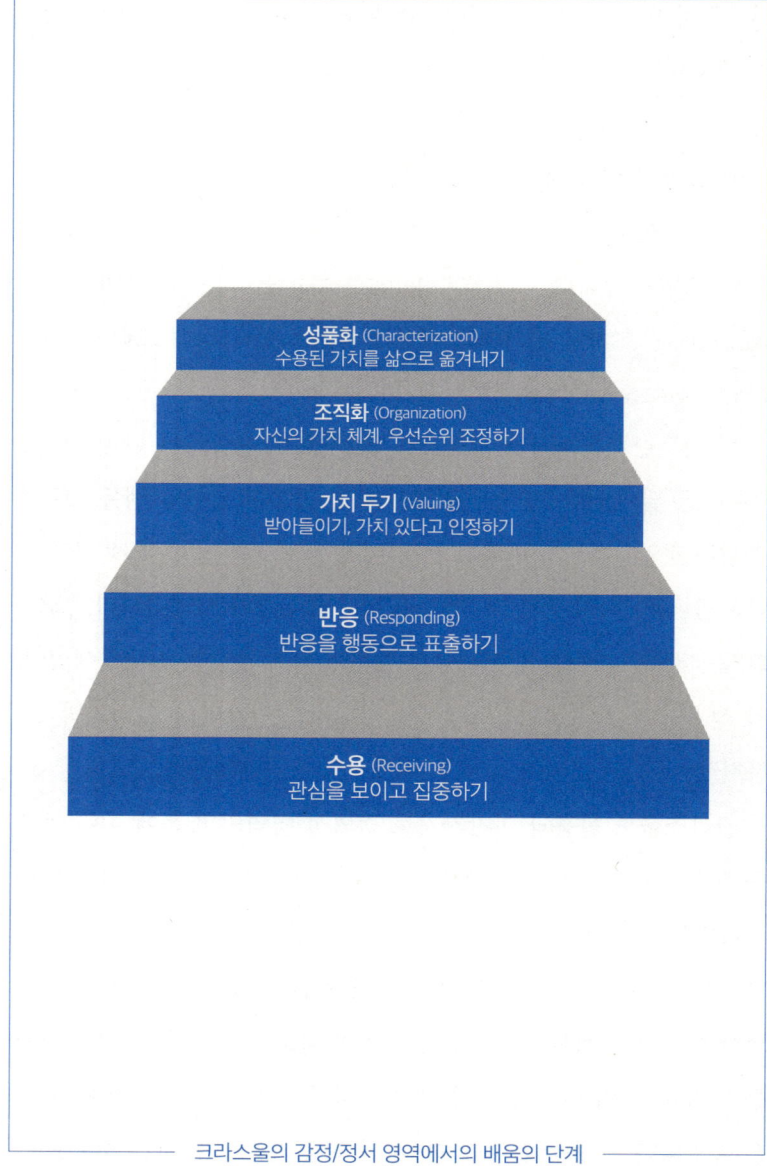

크라스울의 감정/정서 영역에서의 배움의 단계

스울의 주장과 일치합니다.

C. 행동 영역

심슨(Simpson)은 행동(Psychomotor) 영역에서 배움의 단계를 구분해 발표했습니다. 그는 "지각(Perception)", "준비 태세(Set)", "유도 반응(Guided Response)", "기계화(Mechanism)", "복합 외현 반응(Complex Overt Response)", "적응(Adaptation)", "창작(Origination)"의 7단계로 배움을 구분했습니다.[58]

"지각(혹은 인지)" 단계는 감각 기관을 통해 들어온 자극을 받아들이는 단계로 주어진 자극을 알게 되는 것입니다. "준비 태세(Set)"는 자극이 주는 암시를 연결시키는 것으로 어떤 자극에 대해 어떤 반응을 해야 하는지를 알게 되는 단계이고, 어떤 행동을 위한 준비 태세를 갖추는 단계입니다. "유도 반응(Guided Response)"은 복잡한 기능을 배우기 위한 기초 단계로서 모방하거나 따라 하는 것을 말하고, "기계화(Mechanism)"란 어떤 행동이 몸에 익숙해져서 안정적인 행동으로 나타나게 되는 것, 간단한 행동을 스스로 수행하게 되는 것을 말합니다. 그리고 "복합 외현 반응(Complex Overt Response)"이란 복잡하고 기술적인 행동을 스스로 하게 되는 것, 최소한의 에너지로도 신속하고 부드럽게 행동할 수 있게 되는 것을 말합니다. "적응(Adaptation)"은 문제를 해결하기 위해 행동을 수정하는 것, 문제 상황에서 자신의 행동을 적절하게 바꾸어낼 수 있는 것을 말합니다. 마지막 "창작(Origination)"은 새로운 움직임이나 패턴을 만들어내고 창의성을 보이

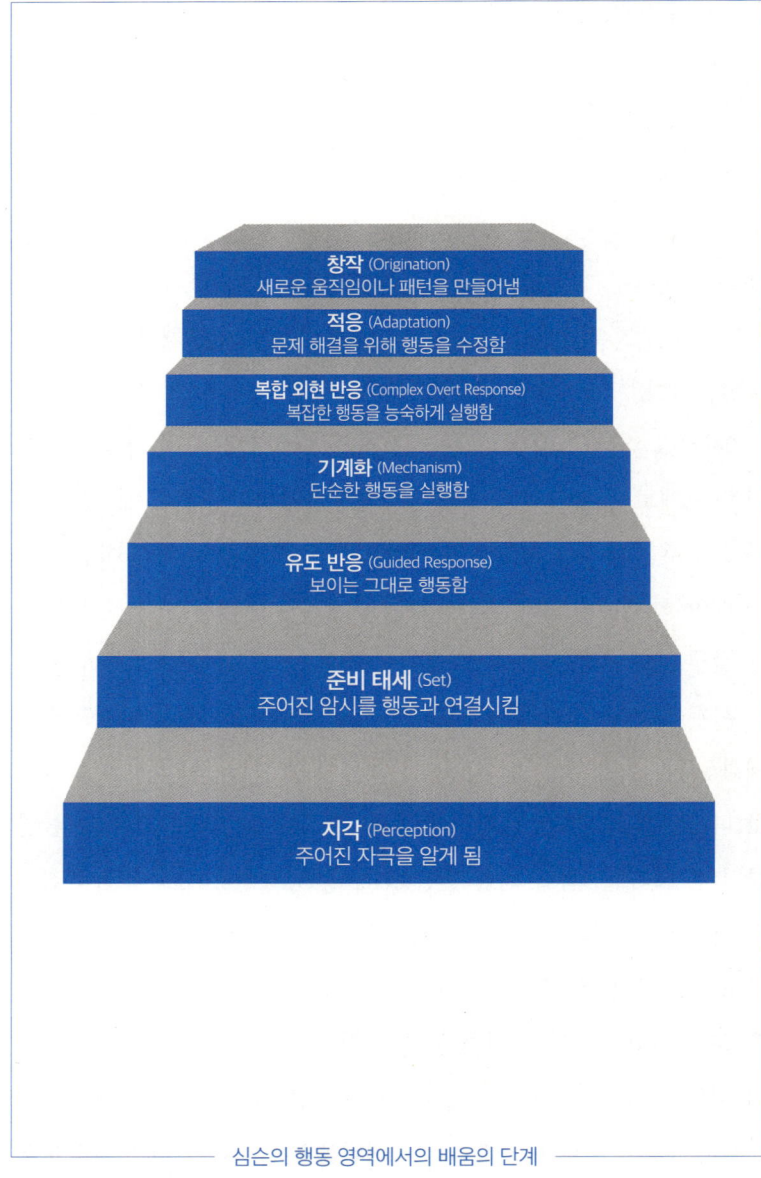

심슨의 행동 영역에서의 배움의 단계

는 단계입니다.[59]

심슨의 이론을 기초로 생각해 보면, 기술을 익히거나 행동을 바꾸려고 할 때 먼저 어떤 자극과 반응을 연결시키는 훈련을 하고, 그 다음에 하기를 원하는 행동의 시범을 보여주고 따라 하게 해보고, 간단하고 단순한 행동부터 스스로 몸에 배도록 도운 뒤, 그보다 더 복잡하고 고등한 기술을 익혀 가도록 하는 것이 필요합니다.

이처럼 배움을 변화라고 정의할 때 그 변화가 일어나는 영역이 어디냐에 따라, 각각의 영역마다 배움이 시작되는 단계와 그보다 더 높은 차원의 단계가 있다는 것이 블룸을 포함한 많은 학자들의 생각입니다.

이렇게 배움의 영역을 구분하는 것은, 수업을 계획할 때 학생들을 더 높은 차원의 배움으로 이끌어가기 위해 선행되어야 할 것이 무엇인지를 알게 해준다는 면에서 큰 장점이 있습니다. 하지만 이런 접근은 기독교 교육을 하는 우리에게 때로 방해가 되기도 합니다. 그 이유는 앞서 언급한 대로 성경이 말하는 배움 자체가 통합적인 성격을 가지고 있기 때문에 순수하게 인지적인 가르침, 혹은 순수하게 행동만을 변화시키기 위한 훈련이 존재하기 않기 때문입니다.

2) 통합적 접근

배움을 인지적, 정서적, 행동적인 것으로 구분하지 않고 이 모든 영역을 통합하는 것으로 보는 학자들 역시도 배움에는 단계와 깊이가 있음을 주장합니다. 경험적 학습(Experiential Learning)을 주장했던 콜브

(Kolb)나 맥카시(McCarthy)와 같은 학자들은 "경험", "회상", "개념화", "행동" 등의 단계를 거쳐야만 완전한 의미에서의 배움에 이를 수 있다고 말했습니다. 이들은 최고의 배움에는 언제나 인식하고 생각하고 행동하고 느끼는 것의 통합이 반드시 필요하다고 생각했습니다.[60]

A. 학습 순환(Learning Cycle) 이론

맥카시는 학습 순환 이론을 바탕으로 배움을 "경험(Experiencing)"에서부터 출발하여 "반추/회상(Reflecting)", "정보 수집/개념화(Conceptualizing)", "행동(Acting)" 그리고 "통합(Integrating)"으로 이어지는 과정이라고 정의했습니다. 따라서 그는 온전한 의미에서 배움이 일어나려면 이 다섯 가지 단계가 모두 이행되어야 한다고 믿었습니다.[61]

먼저, 온전한 배움으로 가는 첫 번째 단계는 "경험(Experiencing)"으로서 새로운 것을 경험하여 그것에 몰입하는 단계를 말합니다. 여기서 말하는 경험이란 배움을 시작하는 의미 있는 경험을 말합니다. 사람은 오감을 통해 우리 주변에 있는 사물과 사건을 인식합니다. 그리고 이런 과정을 통해 새로운 것을 알아가게 됩니다. 이전에 자신 안에 존재하지 않던 지식이 생겨나거나 혹은 이전에 알지 못했던 새로운 것을 이해하게 되고, 새로운 각도에서 사물을 바라보는 일이 일어나게 된다는 말입니다. 그런데 우리에게 찾아오는 수많은 경험이 모두 다 의미 있는 배움으로 우리를 이끌어가지는 못합니다. 그 이유는 우리가 경험한 것에 우리가 푹 빠지게 되는 일, 즉 새로운 것에 몰입하는 일이 항상 일어나지는 않기 때문입니다. 사실 우리가 보고 듣고

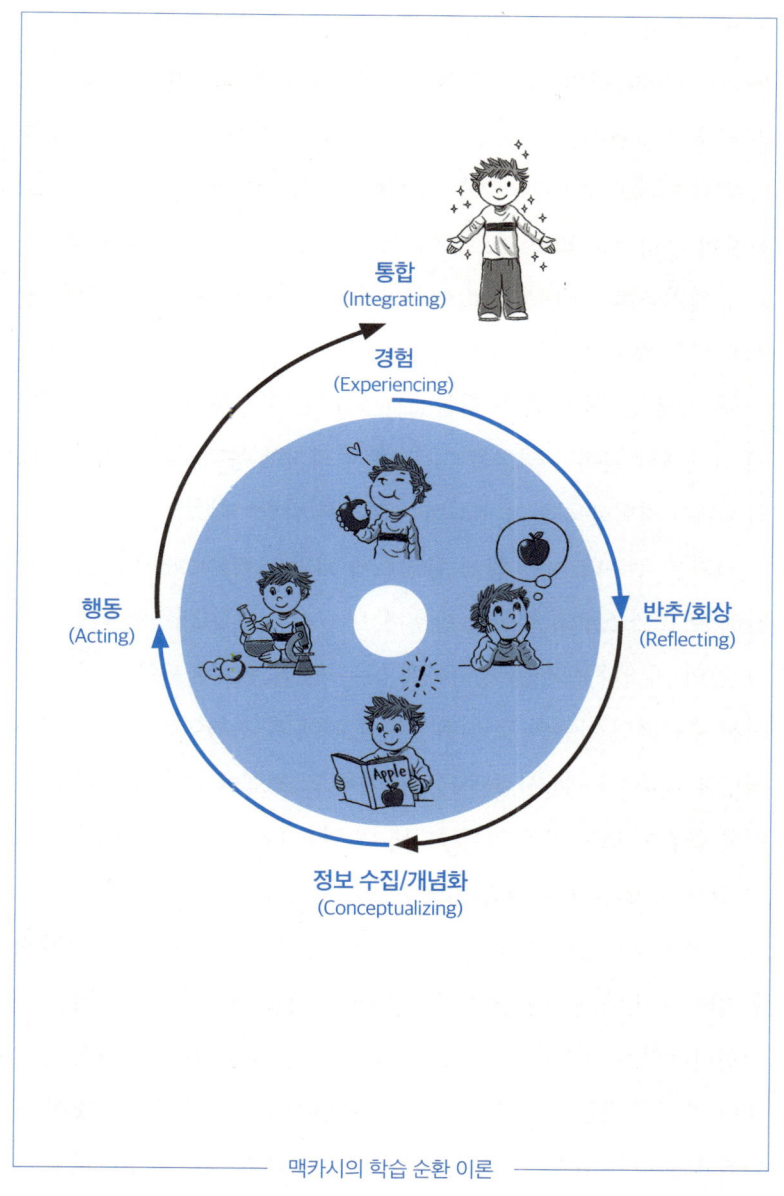

맥카시의 학습 순환 이론

만지고 맛보고 냄새 맡는 많은 것은 대부분 우리의 관심을 사로잡지 못하고 사라져버립니다. 심지어는 그것이 매우 중요한 일이라 하더라도 우리의 관심을 사로잡지 못한 경험들은 잠시 우리 곁을 스쳐 지나갈 뿐 배움으로 이끌어가는 경험이 되지는 못합니다. 그러므로 교육자인 우리는 우리의 가르침이 배우는 이들에게 의미 있는 경험이 되게 하기 위해서, 배움으로 이끌어가는 몰입을 일으키는 경험을 창조해 내는 것이 필요합니다.[62]

두 번째 단계는 "반추/회상(Reflecting)"입니다. 반추/회상은 첫 번째 단계에서 일어난 경험을 '나'라는 여과기에 통과시키는 것, 즉 내 입장에서 경험을 곱씹어 해석하는 단계를 말합니다.[63]

사람은 누구나 어떤 일에 몰입하게 되면 그 일에 대해 곱씹어 생각해 보고 스스로의 경험을 반추해 보곤 합니다. 그러면서 나름대로 그 일의 의미나 생각을 정리하게 되는데, 이 단계에서의 정리는 지극히 주관적인 차원의 것입니다. 조금 전에 한 경험이든 과거의 어떤 경험에 대해서든 한 사람의 마음속에서 그 경험에 대해 생각하고 의미를 곱씹어 보는 일이 일어났다면 이 일은 다음 단계로 넘어가는 의미 있는 경험이 될 수 있습니다.

세 번째 단계는 "개념화(Conceptualizing)"입니다. 개념화란 객관적인 입장에서 내가 경험한 것이나 알게 된 것을 연구하고 정리하는 과정입니다.[64] 이전까지는 내가 경험한 어떤 것에 대해 나 자신의 생각이나 감정을 갖는 정도였다면, 세 번째 단계에서는 주관적인 것이 아니라 객관적인 입장에서 자신이 한 경험에 대한 정보를 쌓아가고 그 경험에 대해 정의하면서, 나름 자신이 한 경험에 대해 개념을 만들어 가게 됩니다. 즉 자신이 한 경험을 객관적인 차원에서 정리하여 하나의 개념으로 완성해 가는 단계입니다.

네 번째 단계는 "행동(Acting)"입니다. 행동이란 내가 이해한 것, 즉 개념화된 내용을 실제로 테스트해 보는 것입니다.[65] 드디어 내 안에 새워진 개념(이론)을 실제로 사용하는 단계에 이른 것입니다. 그런데 행동이라는 이 단계는 배움의 완성, 즉 배움이 온전히 일어났다고 말하기에는 부족한 부분이 있습니다. 크게는 두 가지 이유에서 그러한데, 먼저는 세 번째 단계에서 일어난 개념화가 잘못된 방향으로 일어났다면 이 단계의 행동, 즉 테스트에서 실패가 반복될 것이고 결국 이것은 이전 단계의 개념을 수정하는 일로 이어질 수도 있기 때문입니다. 또 다른 이유는 세 번째 단계의 개념화가 올바로 일어났다 하더라도 그것이 몸에 익숙해지는 일, 즉 연습하고 훈련하여 숙달되는 일이 아직 더 필요하기 때문입니다.

마지막 다섯 번째 단계는 "통합(Integrating)"입니다. 통합이란 주관적인 경험과 객관적인 이해가 하나가 되고, 아는 것과 행하는 것이 일치되는 단계입니다.[66] 어떤 정보가 머리에 입력되어 개념을 형성했다면 그 개념은 서로 다른 상황 속에서도 적용할 수 있도록 숙달되었다는 것이고, 필요한 기술이 온전히 습득되어 익숙하게 사용할 수 있게 되었다는 뜻입니다. 즉, 새로 경험하거나 배운 것을 내면화하여 그것을 토대로 변화된 삶을 살아가게 되는 단계입니다.

이제 예수님을 만난 사마리아 여인의 변화를 기록한 요한복음 4장

3-42절의 말씀을 통해 배움의 이 다섯 가지 단계를 생각해 보겠습니다.

1단계(경험): 사마리아 여인은 우물가에서 자기에게 물을 달라고 하는 유대인 남자를 만났습니다(7절). 유대인과 사마리아인이 서로 상종도 하지 않았던 당시의 문화적 상황을 생각해 보면, 사마리아 여인도 이상하게 여길 말한 특이한 경험이 일어난 것입니다.

2단계(반추/회상): 여인은 예수님과의 대화를 이어가면서 마음속에서 여러 가지 의문점들이 생겨나기 시작했습니다. 먼저 9절에서 그녀는 '유대인은 사마리아인과 상종하지 않는데 이 남자는 왜 내게 물을 달라고 하지?'라고 생각했습니다. 예수님이 이에 대해 대답하시자 그녀는 '물 길을 그릇도 없는데 이 사람이 내게 어떻게 생수를 줄 수 있을까? 기적을 행할 수 있다는 뜻일까?'(11절), '야곱이 이 우물을 우리에게 주었는데, 이 사람은 야곱보다 더 위대한 사람이라는 말인가?'(12절)라는 생각을 품었습니다. 이 특이한 경험에 몰입이 일어났고, 예수님이 하신 말씀 하나하나를 곱씹어 생각하는 일이 일어났습니다.

3단계(정보 수집/개념화): 그러면서 그녀는 예수님에 대한 정보를 모은 뒤 자기 나름대로 개념을 정립해 나갔습니다. 예수님과 대화하며 그녀는 '이 사람은 야곱보다 크다'(12-15절), '이 사람은 모든 것을 알고 있다. 혹시 선지자가 아닐까?'(16-19절)라는 생각을 갖게 되었습니다. 그리고 20-26절을 통해 '이 사람은 신앙에 관한 질문에 막힘없이 답한다. 이 사람은 단순히 선지자가 아니다. 그는 메시야이다'라고 배움을 정리해 갔습니다.

4단계(행동): 일단 자신을 찾아온 유대인 남자, 예수님이 메시야라는 개념화가 일어난 뒤 그녀는 28-29절에 기록된 것처럼 물동이를 버려두고 동네로 돌아가 사람들에게 그리스도를 소개했습니다. 자신이 깨닫고 알게 된 것의 적용이 일어난 것입니다.

5단계(통합): 예수님이 그리스도이심을 깨닫고 동네 사람들에게 증언한 이 여인이 어떻게 되었는지 그 이후의 삶은 성경에 등장하지 않습니다. 하지만 이 일로 많은 사람이 예수님을 믿게 되었다는 기록(39-42절)을 통해, 이 여인에게 일어난 변화가 단회적이고 일시적인 것이 아닌 삶의 변화를 수반했던 것으로 이해할 수 있습니다. 즉, 예수님을 만난 사마리아 여인은 예수님을 알게 되었고 예수님을 믿는 사람으로 변화되었을 것입니다.

그런데 실생활에서 이 다섯 단계는 조금 더 복잡한 방식으로 진행되곤 합니다. 즉, '1-2-3-4-5' 단계를 순차적으로 거쳐 배움이 일어나기보다는 앞의 과정을 반복하는 식으로 배움이 일어나는 경우가 더 많습니다.

여기 한 어린이가 '기도'라는 매개체를 통해 하나님을 믿게 되는 과정을 도식화해 보았습니다.

1단계(경험)
친구를 따라 교회에 갔다.
기도 시간에 옆 친구가
막 울었다. 이상했다.

2단계(반추/회상)
왜 사람들이 울면서 기도하지?
어려운 일이 생겼는데
나도 한번 해볼까?

3단계(정보 수집/개념화)
하나님은 기도를 들으시는
분이시라고 한다.
기도는 어떻게 하는 거지?
언제 하면 돼?
▶성경을 읽어보자.
목사님께 물어봐야지.
아하! 이렇게 기도하는 거구나!

4단계(행동)
손을 모으고 눈을 감고,
입을 열어 말했다. "저기요,
저 좀 도와주세요." 그런데
신기하게 기도가 응답되었다.

1단계(경험)
기도했더니
응답되었다.

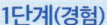

2단계(반추/회상)
진짜일까
우연일까?

**3단계
(정보 수집/개념화)**
성경에 보니까
기도하면 응답해
주신다고 했다.

4단계(행동)
다른 문제를 가지고
기도해보았다.
그렇구나.
기도하면 되는구나!

5단계(통합)
하나님이 기도를 들어주시는 분이라는 것을 알게 되었고
하나님을 믿게 되었다.

결국 맥카시의 이야기를 정리해 보면, 배움은 '나'에서 출발해 '새로운 나'로 이어지는 것입니다. 그리고 이 과정에서 경험, 반추/회상, 정보 수집/개념화, 행동 그리고 통합이라는 단계를 거치는 것입니다.[67]

B. Hook - Book - Look - Took

기독교 교육가인 리처드와 브레드펠트(Richards와 Bredfeldt)는 『창조적 성경 교수법』이라는 책에서 하나님의 말씀을 전달하는 틀로 "Hook - Book - Look - Took"이라는 단계를 소개합니다. 여기서 "Hook"이란 주의를 집중시키고 학습자 스스로 배움의 필요를 아는 단계입니다. "Book"이란 그 주제에 관해 성경이 무엇이라고 말하는지 아는 단계입니다. "Look"이란 배운 것을 적용해 보면서 배움의 유용성을 알고 눈이 뜨이는 경험(Eye-opening Experience)을 하는 단계입니다. 마지막 "Took"은 배우고 연습한 진리를 가지고 삶으로 나아가는 것으로, 결단하고 삶 속에서 적용하기 위해 구체적인 실천 계획을 수립하는 단계입니다.[68]

리처드와 브레드펠트의 HBLT 구조는 맥카시가 말하는 배움의 5단계와 밀접한 연결성을 가지고 있습니다. 맥카시가 말하는 1단계에서 2단계인 "반추/회상"으로 넘어가는 과정이 바로 HBLT 구조의 "Hook"이고, 2단계에서 3단계 "정보 수집/개념화"로 넘어가는 과정이 "Book", 3단계에서 4단계인 "행동"으로 넘어가는 과정이 "Look", 마지막으로 4단계에서 5단계 "통합"으로 넘어가는 과정이 "Took"이라는 단계로 설명될 수 있습니다.

HBLT 구조와 배움의 5단계를 활용하여 교사가 가르칠 때 해야 할 일을 정리하면 다음과 같습니다.

(1) 단계별 진행 과정과 교사의 할 일

Hook - 경험에서 회상까지(1→2단계)

교사는 하나님의 말씀을 가르칠 때, 먼저 아이들이 말씀과 연관된 경험을 할 수 있도록 도와야 하고, 더 나아가 자신들이 경험한 것에 대해 다시금 생각해 볼 수 있는 기회를 제공해야 합니다.

Book - 객관적인 지식을 얻음으로 개념화에 이르기(2→3단계)

아이들이 배움의 이유를 발견하고 생각해 볼 시간을 가졌다면, 스스로 생각하기 시작한 것에 대한 객관적인 지식을 갖게 해주어야 합니다. 즉 자신이 갖게 된 궁금증, 알고 싶은 것, 배움의 필요에 대해 하나님이 무엇이라고 말씀하시는지 성경을 통해 알게 해주어야 합니다.

Look - 적용의 방법을 찾고 연습함으로써 몸에 익히기/내 것으로 만들기(3→4단계)

성경이 무엇이라고 말하는지를 정확히 알고 이해했다면, 머리로 이해한 것을 어떻게 실천할 수 있을지 그 방법을 찾아 실천해 보게 해야 합니다. 아이들은 이 과정에서 말씀을 가지고 자신들이 당면한 문제를 해결하거나(Problem-solving), 하나님의 말씀이 삶 속에 적용될 수 있는 것임을 발견하게 되면서 말씀의 유용성을 알게 되고, 실천을 위한 기술들도 연습하게 됩니다.

Took - 삶 속에서 실천하기(4→5단계)

마지막으로 실천의 방법을 익혔다면 실생활에서 그 말씀대로 변화된 삶을 살아가게 도와야 합니다. 이를 위해 스스로 결단하게 하고, 구체적인 실천 계획도 세우고, 삶의 현장으로 나아가 실천하며 살아가도록 격려해야 합니다.

이렇게 단계를 구분하여 생각하는 것은 교육적으로 매우 큰 유익을 가집니다. 그것은 바로 온전한 배움을 이루기 위해 학습자들에게 부족한 부분이 무엇인지를 알게 하고 이를 평가하여, 교사로 하여금 적절한 도움을 제공하도록 안내하기 때문입니다.

(2) 단계별 배움의 실패와 대책

Hook(1→2단계)의 실패

만약 배우는 이에게 그날의 배움과 관련된 여러 가지 경험이 제공되었음에도 불구하고 몰입이 일어나지 않았다면 배움의 이유를 제공해야 합니다. 즉, 왜 배워야 하는지를 깨닫게 하는 것이 중요합니다. 필요를 발견하게 하는 것이 이 단계의 핵심이기 때문입니다.

필요를 창조하거나 발견하게 하기 위해 에이브러햄 매슬로(Abraham Maslow)의 "필요 혹은 욕구의 단계(Hierarchy of Needs)"를 살펴

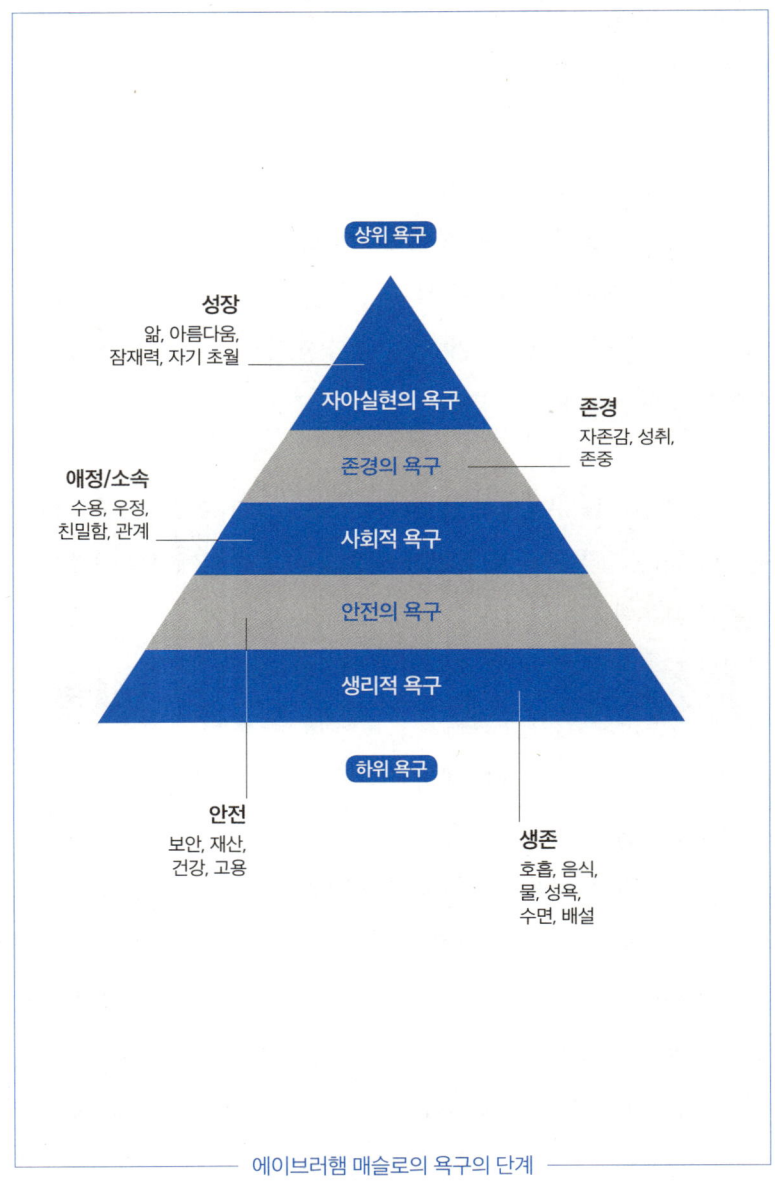

에이브러햄 매슬로의 욕구의 단계

보는 것이 도움이 됩니다. 이 이론을 간단히 설명하면, 사람에게는 누구나 생리적 욕구, 안전의 욕구, 사회적 욕구, 존경의 욕구, 자아실현의 욕구 등이 있는데, 이런 욕구들이 계층적인 구조를 가지고 있다는 것입니다.[69]

매슬로의 이론을 보면 학습자의 동기 부여와 필요를 발견하기 위해 인간의 기본적인 욕구를 이해하는 것이 중요하다는 것을 알 수 있습니다. 또한 누구에게나 있는 이 다섯 가지 욕구와 주어진 여건을 활용하여, 그날의 가르침과 학습자의 필요 사이를 연결해 내는 것이야말로 동기 부여의 핵심임을 알 수 있습니다.

필요의 발견이 동기 부여가 되어 구체적인 행동으로 이어진 사례를 하나 예로 들어보겠습니다.

1996년 예루살렘의 히브리대 카페에 앉아서 창밖을 바라보던 제 눈에 지팡이로 더듬어 길을 걷는 한 사람의 모습이 보였습니다. 눈을 뜨고 있었지만 앞이 보이지 않는 시각 장애를 가진 분이었습니다. 옆자리에 앉아 있던 친구가 저에게 이렇게 물었습니다. "주동아, 이스라엘에 시각 장애인이 많은 이유를 알고 있니?" 머뭇거리는 저에게 그 친구는 이렇게 이야기했습니다. "햇빛이 너무 강해서 그렇대… 사람들이 크고 진한 선글라스를 끼고 다니는 이유가 바로 그거야." 그날 저는 바로 히브리대 상점에서 선글라스를 사서 끼기 시작했습니다.

매슬로우의 이론에 따르면, 그날 저는 친구의 이야기를 통해 안전에 관한 욕구를, 채워야 할 긴급한 필요를 발견하게 된 것입니다. 필요를 느끼게 되었기 때문에 동기 부여가 일어났고, 선글라스를 구입하여 외출할 때마다 끼고 다니는 구체적인 행동의 변화까지 생겨나게 되었다는 말입니다. 따라서 만일 아이들에게 그날의 배움에 대한 몰입이 일어나지 않거나 동기 부여가 되지 않아 다음 단계의 배움으로 제대로 넘어가지 못하는 일이 일어난다면, 인간의 기본적인 욕구 혹은 필요 가운데 긴급한 것들이 채워지지 않음으로 그날의 배움이 방해받고 있지는 않은지를 살펴보아야 합니다. 동시에 하나님의 말씀이 우리 삶의 구체적인 문제들에 해답을 제시하고 있음을 깨닫게 하여, 말씀에 대한 필요를 발견하고 동기 부여가 일어나도록 힘써야 합니다.

Book(2→3단계)의 실패

배우는 이가 배움에 동기 부여는 되어 있지만, 정확하고 객관적인 사실에 근거하여 개념을 형성하는 일에 실패했다면, 배움의 내용을 다시 정리하여 제공해 주어야 합니다. 즉, 하나님의 말씀에 기초하여 정확하고 객관적인 배움의 내용을 제공하고 이를 배우는 이가 기억할 수 있도록 도와주어야 합니다.

우리는 종종 도입 부분에서 창의적인 방법으로 주의를 집중시키고 배움의 동기를 부여했지만, 막상 성경의 핵심 메시지를 전달하는 과정에서는 학습자의 집중도가 떨어지고 배움의 효과도 떨어지는 경우를 보곤 합니다. 한마디로 설교나 가르침을 마친 뒤에 아이들이 기억하는 것은, 그날 했던 예화나 동기 부여를 위해 활용한 것뿐이라고 생각되는 일이 자주 생겨난다는 것입니다.

　배움의 필요를 발견했고 잘 듣고 실천하려는 마음도 있지만 막상 성경의 핵심 메시지를 전달하는 과정에서 학습자들의 집중도가 급격하게 떨어진다면, 그래서 정작 배워야 할 내용을 배우지 못하는 일이 반복된다면 말씀을 맡은 우리가 다시 한 번 돌아보아야 하는 것은 '내용과 방법'입니다.

　분명한 개념화를 일으키기 위해, 우리는 깊이 있게 내용을 살펴보고 똑같은 말이나 똑같은 적용이 반복되지 않도록, 새로운 시각을 제시하고 더 깊이 묵상한 내용을 전달하는 것이 필요합니다. 내용을 구조화하여 잘 정리해서 전달해야 합니다. 말이 주로 사용되기 때문에 언어를 다듬어야 할 필요가 있고, 정리된 내용을 그림이나 도표로 시각화하거나, 적절한 자료와 활동을 통해 효과적으로 전달하기 위해 노력해야 합니다. 이런 모든 노력을 통해서 이루어야 할 핵심은 아이들 속에 그날의 메시지에 대한 분명한 개념화, 즉 그 메시지가 마음에 새겨지는 일임을 기억해야 합니다.

Look(3→4단계)의 실패

　배우는 이가 배운 내용을 기억하고 있고, 그것이 무엇인지 이해하고 있기는 하지만, 배운 내용을 어떻게 적용해야 할지 알지 못한다면, 구체적인 이끎과 가이드가 필요합니다. 쉽게 말하면 연습과 훈련을 통해 배운 내용을 익숙하게 사용할 수 있도록 지도하고 돕는 코치의 역할을 감당해야 한다는 말입니다.

"사회적 학습(Social Learning)"이라는 말이 있습니다. 캐나다의 심리학자 앨버트 반두라(Albert Bandura)가 제시한 용어로, 사람은 다른 사람의 행동을 관찰하고 모방하면서 배운다는 것입니다. 특히나 사회적인 상황 속에서는 굳이 말로 하지 않아도 관찰과 모방을 통해 배움이 일어난다는 것이 이 이론의 핵심입니다.[70] 사람들은 다른 사람과의 관계 속에서 서로 영향을 주고받으며 살아갑니다. 친구나 동료로부터 받는 기대나 압력에 의해, 또는 학교나 일터의 특정한 문화로 인해 행동이 바뀌거나 어떤 특징적인 문화적 현상을 보이는 일도 비일비재합니다. 교사는 이런 배움의 사회적 성격을 깊이 인식할 필요가 있습니다. 특별히 배운 내용을 실천하고 적용하도록 돕기 위해 구체적인 실천의 모습을 보여주어, 배우는 이가 따라하고 익숙해지도록 도와줌으로써 그들의 삶에서 실천이 일어나도록 해야 합니다. 이를 위해 적절한 질문과 답변, 그리고 대화를 통해서 하나님의 말씀이 이렇게 적용되고 실천될 수 있음을 배우는 이가 발견하고 깨달을 수 있도록 도와야 하며, 깨달은 것을 실천하고 삶 속에서 시도해 보도록 용기를 북돋아 주는 일도 감당해야 합니다. 시뮬레이션 등을 통해 배움이 단순히 이론적이거나 이상적인 것에 그치지 않고, 실제로 삶에서 사용될 수 있다는 배움의 유용성에 대한 확신을 갖게 하고 배운 것을 능숙하게 사용할 수 있도록 연습하게 하는 것이 이 단계의 핵심임을 기억해야 합니다.

Took(4→5단계)의 실패

만약 배우는 이의 변화가 삶 속에서는 발견되지 않는다면, 교사는 다시 한 번 배우는 이 스스로 자신의 결단을 표현하게 하고, 스스로 구체적인 실천 계획을 세우도록 도와야 합니다. 또한 이런 결단과 결정이 잘 지켜지는지를 점검하고 격려할 필요가 있습니다. 더하여서 진정한 의미에서의 삶의 변화는 오직 성령의 능력을 통해서만 이루어진다는 것을 기억하고 배우는 이의 삶 속에 성령님이 역사하시도록 기도해야 할 것입니다.

우리는 아이들의 삶에 구체적인 삶의 변화가 일어나고 있는지에 관심을 갖고 실천하기로 결심한 것들을 실제로 행동으로 옮기도록 격려할 뿐 아니라, 그 결과를 관찰하고 점검하는 일에도 게으르지 말아야 합니다. 꾸준한 관심과 격려 그리고 점검하고 관리하는 것, 더 나아가 성령의 초자연적인 역사하심을 위해 기도하는 것이 삶이 변화되지 않는 문제를 해결하는 핵심입니다.

II. 성경이 말하는 진정한 배움

우리는 지금까지 배움에 관한 다양한 견해와 이와 관련된 주제들을 생각해 보았습니다. 우리가 살펴본 대로 행동주의, 인지주의 그리고 인본주의 교육학자 모두 배움을 경험에 의해 생겨난 변화로 보았지만, 배움이 일어나는 영역에 대한 생각이나 강조점은 달랐다는 것도 알았습니다. 배움에 관한 이들의 강조점을 사람의 몸에 비유해 본다면, 행동주의자들은 손과 발에, 인지주의자는 머리에, 인본주의자들은 가슴에 강조점을 둔 것으로 이해할 수 있습니다.

그렇다면 이제 정말 중요한 질문을 던질 차례입니다. 그것은 바로 '이 세 가지 견해 가운데 어떤 것이 성경이 말하는 배움에 해당되느냐?'는 하는 것입니다.

행동이 바뀌는 것일까요?

생각이 바뀌는 것일까요?

태도가 바뀌는 것일까요?

앞서 살펴본 대로 세 가지 견해 모두 제각기 호소력을 지닌 부분이 있습니다. 다만 이들의 잘못이라면 배움에 대해 너무 분석적인 접근을 했다는 것이 아닐까 생각합니다. 즉, 이들은 배움의 영역을 구분하고 어느 하나를 더 강조하여, 이 모두를 아우르는 총체적인 관점에서 배움을 이해하지 못하고 있는 것입니다. 이와는 달리 성경은 배움을 어느 특정한 영역에 국한시키지 않고 행동, 생각, 태도가 바뀌는 것 모두를 중요시합니다. 또한 이런 변화들을 엄격히 구분하거나 전후의 인과 관계를 따지지도 않습니다. 오히려 성경은 이 모든 것을 밀접하게 연결된 하나로 보고 있다고 이해하는 것이 옳을 것입니다.

성경이 말하는 배움이 무엇인지, 어떤 특징을 가지고 있는지, 히브리식 사고의 특징과 함께 변화가 일어나는 영역, 변화의 정도와 깊이, 변화가 지속되는 기간, 변화의 동인 등을 살펴보면서 확인해 보도록 하겠습니다.

1. 가르침은 배움을 일으키는 것이다

성경이 말하는 총체적인 의미의 배움을 이해하기 위해서는 히브리식 사고와 헬라식 사고의 차이를 이해해야 합니다. 먼저 가르침과 배움에 대한 히브리인들의 생각부터 살펴보겠습니다.

히브리어 동사 가운데 배움을 뜻하는 대표적인 동사는 "라마드

(למד)"입니다. 라마드는 기본적으로 '새로운 것을 경험하여 알게 되다'라는 뜻을 가지고 있습니다. 배움이라는 뜻으로 우리가 잘 아는 단어인 탈무드(תַּלְמוּד)나, 배우는 사람 혹은 제자를 뜻하는 탈미드(תַּלְמִיד)라는 단어 등은 모두 라마드 동사에서 파생된 것입니다.[71] 그런데 이 라마드는 '배우다' 혹은 '경험하다'라는 뜻 외에도 '가르치다'라는 뜻을 가지고 있습니다. 얼핏 생각하면 서로 다른 것으로 여겨지는 '배우다'와 '가르치다'라는 의미가 라마드 동사에 동시에 존재하게 된 이유는 무엇일까요? 이 단어의 유래를 살펴보면 그 해답을 유추해 볼 수 있습니다.

라마드라는 단어는 "뽀족한 막대기로 찌르다"라는 뜻에서 유래했습니다.[72] 양이나 가축에게 어떤 행동을 일으키기 위해 자극을 주려는 목적으로 사용된 막대기에서 '가르치다'라는 말이 유래됐고, 이렇게 가르치면 어떤 형태로든 가르침에 따른 반응이 일어나게 되는 것을 보면서 '배우다'라는 뜻도 가지게 된 것으로 보입니다. 사사기 3장 31절에 사용된 삼갈의 "막대기(מַלְמַד)"라는 단어의 어근이 '가르치다/배우다'를 뜻하는 라마드인 것이 그 좋은 예라고 생각됩니다.

성경 안에서 라마드는 문맥에 따라서 가르침의 의미로 쓰이기도 하고 배움의 의미로 사용되기도 합니다. 예를 들어, 성경에서 이 단어가 처음 사용된 신명기 4장 1절에서는 "이스라엘아 이제 내가 너희에게 가르치는 규례와 법도를 듣고 준행하라 그리하면 너희가 살 것이요 너희 조상의 하나님 여호와께서 너희에게 주시는 땅에 들어

가서 그것을 얻게 되리라"와 같이 하나님의 말씀을 가르치는 일을 명령하면서 사용되었습니다. 그런데 이 동일한 단어가 신명기 5장 1절에서는 "모세가 온 이스라엘을 불러 그들에게 이르되 이스라엘아 오늘 내가 너희의 귀에 말하는 규례와 법도를 듣고 그것을 배우며 지켜 행하라"와 같이 배움의 의미로 사용된 것이 보입니다. 여기서 우리가 주의 깊게 생각해 보아야 할 것은, 라마드라는 단어가 가르침의 의미로 번역되든 배움의 의미로 번역되든 가르침과 배움을 하나의 과정으로 보고 있다는 사실입니다. 즉, 신명기 4장 1절에 "내가 너희에게 가르치는 규례와 법도"라는 말은 엄밀하게 말하면 "가르쳐-배우게 하는 규례와 법도"라는 말이 되고, 신명기 5장 1절의 말씀 역시도 "규례와 법도를 듣고 그것을 배우고-가르치며 지켜 행하라"는 의미로 이해되어야 합니다.

이처럼 히브리어 라마드의 어원과 용례를 살펴봄으로써 알 수 있는 것은, 가르침이란 기본적으로 배움을 일으키는 것, 배움을 일으키는 방아쇠(Trigger) 혹은 도구라는 것이고, 가르침과 배움은 각각 독립된 두 개의 행위가 아니라 분리될 수 없는 하나의 과정(Process)으로 이해되어야 한다는 것입니다.

2. 진정한 배움은 총체적이며, 삶을 변화시킨다

히브리인들이 가르침과 배움을 하나의 과정으로 보는 것은 이들이 기본적으로 통합적인 사고를 하고 있기 때문에 생겨나는 일입니다. 통합적인 사고는 분석적인 사고와는 구별되는 생각의 방식으로 히브리식 사고와 헬라식 사고방식을 구분하는 중요한 기준이 됩니다.

이 둘의 차이를 살펴보기 위해 예를 들어보겠습니다.

누군가 우리에게 "어떤 일이 나쁜 일인 줄 알면서도 나쁜 행동을 할 수 있을까요?"라는 질문을 했다고 생각해 보십시오. 좀 더 구체적으로 "여기 신호등이 있습니다. 신호등의 빨간 불이 켜져 있습니다. 빨간 불일 때 건널목을 건너는 것은 나쁜 일입니다. 이 사실을 알면서도 그냥 길을 건널 수 있나요?"라고 질문하면 어떤 대답이 가능할까요?

먼저 가능한 대답은 "네, 지나갈 수 있습니다"입니다. 이는 헬라식 사고를 가지고 답을 한 것입니다. 앞서 언급한 대로 헬라식 세계관은 분석적인 사고를 특징으로 하고 있습니다. 따라서 이 질문의 핵심인 아는 것과 행동하는 것을 나누어 생각하고, 논리적으로 이 둘이 서로 다른 것이기 때문에 구별될 수 있다고 판단하는 것입니다. 즉, 알면서도 다르게 행동할 수 있다는 답변이 나올 수 있는 것이지요.

그런데 유대인 랍비에게 같은 질문을 던진다면 그는 아마도 이렇게 대답했을 것입니다. "만약 그 사람이 빨간 불에 길을 건너는 것

헬라식 사고 vs 히브리식 사고

이 나쁜 행동이라는 것을 정말 알았다면, 그는 건너지 못했을 것입니다." 유대인 랍비의 대답은 히브리식 사고방식에 기초하고 있습니다. 히브리식 사고방식으로 앞의 질문을 바라보면, 기본적으로 앎과 삶은 분리되지 않습니다. 왜냐하면 이 둘은 긴밀히 연결되어 있는 하나의 것이기 때문입니다. 따라서 그것이 나쁘다는 것을 알면서도 나쁜 행동을 하는 사람은 그것이 나쁜 것이라는 사실을 진정으로 알지 못한 사람, 경험하지 못한 사람이라고 생각하는 것이 맞을 것입니다.

앞의 질문을 구체적인 경험과 연결시켜 보면 쉽게 이해가 됩니다. 어느 날 어떤 사람이 차를 몰고 가고 있었습니다. 교차로 앞에서 신호등이 빨간 불로 바뀌었습니다. 주위를 둘러보니 경찰도 없고 또 '무슨 큰 일이 있을까?'라고 가볍게 생각한 그는 브레이크를 밟는 대신 가속 페달을 밟았습니다. 아무 일도 없으리라고 생각했는데 그만 큰 사고가 나고 말았습니다. 그는 이 사고로 크게 다쳤을 뿐 아니라 함께 차에 타고 있던 아이들을 잃고 말았습니다. 만약 그날 그 운전자가 여러분이라면 그날 이후에도 빨간 불을 무시하고 차를 몰 수 있을까요? 그렇지 않을 것입니다. 왜냐하면 신호를 무시한 것이 큰 잘못이라는 것을 깊이 깨달았을 것이기 때문입니다. 이 사람에게 앞서 던진 질문을 던진다면, 그는 아마 이렇게 대답하게 될 것입니다. "만약 그 사람이 빨간 블을 무시하고 운전하는 것이 얼마나 나쁜 일인지를 바로 알았다면 그런 잘못을 하지는 못할 것입니다."

이처럼 히브리식 사고는 통합적인 접근을 그 특징으로 합니다. 즉 알면서도 나쁜 행동을 하는 것이 논리적으로 불가능한 일이 됩니다. 왜냐하면 안다고 말하면서도 나쁜 행동을 한다는 것은 그가 진정으로 알지 못했음을 보여주는 열매이기 때문입니다. 요한일서 3장 9절에는 "하나님께로부터 난 자마다 죄를 짓지 아니하나니 이는 하나님의 씨가 그의 속에 거함이요 그도 범죄하지 못하는 것은 하나님께로부터 났음이라"라고 기록되어 있습니다. 하나님의 자녀라면 죄가 없으신 하나님을 닮아 죄를 짓지 않는 것이 당연하다는 것입니다. 하나님의 자녀라고 말하면서도 계속해서 죄를 짓는다는 것은 어불성설이라는 말이지요.

성경이 말하는 배움은 헬라식 사고가 아닌 히브리식 사고의 틀 안에서 이해되어야 합니다. 즉 성경이 말하는 배움은 아는 것, 느끼는 것, 행동하는 것으로 각각 따로 구별되거나 독립적으로 존재하는 것으로 이해될 수 없습니다. 도리어 이 모든 것은 온전한 배움의 한 면을 보여주는 것으로서 종합적인 관점에서 이해되어야 합니다. 또한 가르침이란, 배움을 일으키는 행위로서 배움과 분리되지 않는 행동입니다. 따라서 어느 한 영역에만 국한된 배움이 성경이 말하는 진정한 의미의 배움이 아닌 것처럼, 변화가 일어나지 않는 가르침, 헬라식으로 생각해서 배움과는 분리되어 독립적으로만 존재하는 가르침은 진정한 의미에서 가르침이라고 말할 수 없습니다.

1) 배움의 영역: 총체적, 전인적 배움

성경은 배움에 관하여 총체적인 관점을 지니고 있습니다. 다시 말해서, 지식, 감정 그리고 행동을 모두 갖추었을 때 성경이 말하는 진정한 의미의 배움이 일어난다는 것을 잊지 말아야 합니다. 배움에 관한 총체적인 관점을 믿음에 적용해 생각해 보면, 구원 얻는 '참된 믿음'과 그렇지 않은 '가짜 믿음'을 쉽게 구별할 수 있습니다.

야고보서는 믿음의 실천적인 측면이 강조된 서신서입니다. 특별히 2장에는 성경학자 위어스비(W. Wiersbe)가 "죽은 믿음", "사단적인 믿음" 그리고 "역동적인 믿음"이라고 명명한 세 가지 종류의 믿음의 특성이 등장합니다.[73]

먼저 "죽은 믿음(Dead Faith)"은 15-17절에 기록된 형태의 믿음입니다. 야고보는 형제나 자매가 헐벗고 일용할 양식이 없는 상황에서 "평안히 가라, 덥게 하라, 배부르게 하라 하며 그 몸에 쓸 것을 주지 않는 것"이 행함이 없는 죽은 믿음의 극명한 예라고 말합니다. 야고보의 이야기는 이런 것입니다. 눈앞에서 누군가가 먹을 것과 입을 것이 없어 고통스러워하고 있는 것이 보입니다. 하지만 이 사람의 마음속에는 이 사실에 대한 동정심이나 관심이 없습니다. 사랑이 없습니다. 그는 다만 이 상황을 보면서 이렇게 중얼거립니다. "왜 저렇게 살지? 일 좀 해라. 먹어야 배부르지, 밥 좀 먹어. 떨고 있지 말고 옷 좀 사다 입고…." 이 사람의 말에는 문제를 해결하는 정답이 들어 있습니다. 이론은 다 맞습니다. 하지만 이 사람에게 없는 것은 관심, 동정, 사랑입니다. 또한 그 문제를 해결하는 데에 자기 자신이 헌신하는 부분, 즉 구체적인 도움을 주는 행동이 없다는 점입니다. 배움으로 말하면 이런 형태의 배움은 머리로만 이해할 뿐, 그 앎이 마음의 깊은 느낌이나 가슴 저미는 공감은 형성하지 못했을 뿐 아니라 실제로 행동에 이르게도 하지 못한 것입니다.

둘째는 "사단적인 믿음(Demonic Faith)"입니다. 19절 말씀은 귀신들도 하나님이 한 분이신 줄을 믿고 그 앞에서 떤다고 지적합니다. 사단에게도 하나님에 대한 지식이 있고, 그분에 대한 두려움(감정)이 존재한다는 것입니다. 마태복음 8장 29절에는 귀신 들린 자들이 예수님을 하나님의 아들로 알아보고 "때가 이르기 전에 우리를 괴롭게 하려고 여기 오셨나이까"라고 소리치는 장면이 등장합니다. 사도행전 16장 17절에서도 바울이 복음을 증거 할 때, 귀신 들린 사람이 쫓아와 바울과 그 일행들을 "지극히 높은 하나님의 종으로서 구원의 길을 너희에게 전하는 자"라고 일컫기까지 했습니다. 이런 성경의 증거들을 보면 적어도 귀신에게는 하나님에 대한 지식, 예수님에 대한 지식, 궁극적인 심판에 대한 지식과 두려움이 있었다는 것을 알 수 있습니다. 하지만 '회개한 귀신'이 세상에 존재하지 않는 것이 증명해 주는 것처럼, 이들의 지식과 감정이 삶의 변화로 이어지지는 못했습니다. 즉 진짜인 것 같아 보이지만 가짜라는 것입니다.

위어스비가 말하는 사단적인 믿음의 형태는 출애굽 당시 여리고 성 사람들의 모습에서 매우 극명하게 볼 수 있습니다. 여호수아 2장 8-24절의 말씀에는 여리고 성에 파견된 정탐꾼들이 경험한 일이 기록되어 있습니다.

정탐꾼들이 기생 라합의 집에 들어갔을 때, 거기서 그들은 라합으로부터 여리고 성 사람들이 들은 소식에 관한 이야기를 전해 듣습니다. 라합은 정탐꾼들에게 이렇게 말합니다.

> 여호와께서 이 땅을 너희에게 주신 줄을 내가 아노라 우리가 너희를 심히 두려워하고 이 땅 주민들이 다 너희 앞에서 간담이 녹나니 이는 너희가 애굽에서 나올 때에 여호와께서 너희 앞에서 홍해 물을 마르게 하신 일과 너희가 요단 저쪽에 있는 아모리 사람의 두 왕 시혼과 옥에게 행한 일 곧 그들을 전멸시킨 일을 우리가 들었음이니라 우리

가 듣자 곧 마음이 녹았고 너희로 말미암아 사람이 정신을 잃었나니 너희의 하나님 여호와는 위로는 하늘에서도 아래로는 땅에서도 하나님이시니라(수 2:9-11).

여기서 라합은 자기 자신뿐 아니라 여리고 성 사람들 모두가 하나님이 이스라엘을 위해 행하신 일을 소문으로 들었다고 말합니다. 그러면서 그들 모두에게 마음이 녹고 정신을 잃을 정도로 깊은 감정적인 변화도 있었다고 말합니다. 하나님이 누구신지, 어떤 분이신지, 어느 정도의 능력을 갖고 계시는지를 알고 나서 전의를 상실할 정도로 낙심해 있는 여리고 성 사람들의 모습에 대해 이야기했다는 말입니다. 여리고 성 사람들은 배움으로 말하면 충분한 지식과 감정의 변화까지도 일어난 상태였습니다. 그런데 문제는 이런 지식과 감정이 하나님께 자신의 인생을 맡기는 결단과 행동으로 이어진 사람은 라합뿐이었다는 사실입니다. 라합은 알았고(9절), 간담이 녹는 경험을 한 후에(9절), 정탐꾼을 선대(12절)하는 행동을 했습니다. 반면 여리고 성 사람들은 듣고(11절), 마음이 녹았으며(11절), 하나님이 어떤 분이시라는 생각도 가졌지만(11절), 하나님께 자신의 삶을 맡기는 결단과 행동은 하지 못했습니다.

많은 경우 사람들은 지식이 감정과 결합되어 나타날 때, 강한 느낌을 갖게 되기 때문에 진짜라고 생각하기 쉽습니다. 수련회에 가서 말씀을 듣고 펑펑 눈물을 쏟으며 회개 기도를 드렸다면 그것이 진짜 회개라고 생각되는 것처럼 말입니다. 하지만 곰곰이 생각해 보면 이는 착각이 아닐 수 없습니다. 왜냐하면 회개는 잘못된 행동에서 돌이키는 것을 포함하기 때문입니다. 즉 잘못인 줄 알고(지적), 눈물을 흘리며 통회하고 자복했을지라도(감정/정서적), 그 행동에서 돌이키는 삶(행동적)이 없다면 그것은 가짜이면서도 진짜인 것처럼 보이기 때문에 사단적인 것이고, 거기서 만족해 버리고 참된 회개에 이르지 못하도록 우리의 눈을 가릴 수도 있다는 점에서 사단적인 것입니다. 여리고 성에서 구원받은 이는 하나님이 하신 일에 대해 알고 그 앞에서 두려워했던 여리고 성의 사람들이 아니라, 하나님 앞에 목숨 걸고 반응했던 라합과 그의 가족뿐이었습니다. 배움에서 어느 하나가 부족할 때 온전한 배움이라 말할 수 없는 것처럼 믿음도 아는 것, 느끼고/가치를 두는 것, 행동하는 것 가운데 어느 하나라도 부족하다면 참된 믿음이 될 수 없다는 것을 기억해야 합니다.

마지막으로 구원받는 유일한 믿음은 위어스비가 "역동적인 믿음(Dynamic Faith)"이라고 명명한 형태의 믿음입니다. 이 믿음은 믿음의 내용이 있을 뿐 아니라, 야고보서 2장 24절에 기록된 것처럼 행동으로까지 이어지는 것입니다. 머리로 아는 것뿐 아니라 가슴으로 받아들이고 이를 실천하는 것을 말합니다.

탕자의 비유가 등장하는 누가복음 15장에는 우리가 종종 나쁜 인간이라고 욕했던 탕자에게 온전한 회개가 일어나는 장면이 등장합니다. 탕자는 아버지를 떠나 타국에 가서 아버지의 재산을 탕진한 뒤 궁핍한 생활을 합니다. 그는 돼지를 치면서 돼지가 먹는 쥐엄 열매로

배를 채우려고 하지단 그나마도 여의치 않은 극심한 어려움을 경험하게 됩니다. 그러던 어느 날 그는 아버지의 집을 생각하며 그곳에서의 삶이 복되고 행복했음을 깨닫게 됩니다.

그는 이렇게 고백합니다.

> 이에 스스로 돌이켜 이르되 내 아버지에게는 양식이 풍족한 품꾼이 얼마나 많은가(17절).

영어 성경은 탕자가 돌이켰다는 부분을 "When he came to his senses"(NIV)라고 번역합니다. 이 말은 둘째 아들이 고통을 통해 다시 정신을 차렸다는 뜻이고, 그에게 하나님이 주셔서 원래 있어야 했던 감각이 다시 돌아왔다는 것입니다. 즉 그에게 잊고 있었던 것에 대한 깨우침이 생겨났고 판단력이 회복되었다는 뜻입니다.

그리고 이어지는 구절에서 그는 자신의 결단을 "I will set out and go back to my father and say to him…", 즉 "일어나… 가서 ~하리라"(18절)라고 표현합니다. 아버지 집에 대한 지식, 그의 깨달음이 이제는 구체적인 의지적 결단으로 바뀌고 있는 것입니다.

탕자는 더 나아가, 그의 깨달음과 결단을 행동으로 옮겼습니다.

20절 말씀을 보면, 그는 실제로 일어나서 아버지께로 돌아갔습니다("So he got up and went to his father"). 그리고 자신의 잘못을 고백하고 용서를 구했습니다(21절).

이전에 알고는 있었지만 깨닫지 못했던 '아버지와 함께 있는 것이 행복하다'라는 사실을 고통을 통해 깨닫고, 다시 돌아가기로 결단했을 뿐 아니라, 실제로 아버지 집으로 돌아가는 구체적인 행동으로 이어진 것입니다. 그에게 '지식 + 감정/태도 + 행동'이 어우러진 온전한 변화가 일어났음을 알게 하는 대목입니다.

그렇습니다. 결국 정리해 보면 "죽은 믿음(Dead Faith)"과 "사단적인 믿음(Demonic Faith)"은 전인격적인 변화를 수반하지 않기 때문에 가짜입니다. 하지만 "역동적인 믿음(Dynamic Faith)", 즉 구원 얻는 살아 있는 믿음은 지성, 감정은 물론 행동의 영역에까지 총체적인 변화를 일으키는 믿음으로 이것만이 유일하게 진짜인 것입니다.[74] 배움도 마찬가지입니다. 성경이 말하는 배움이란 사람의 행동, 생각, 태도 전부를 아우르는 총체적이고 전인적 변화를 의미합니다.

하나님은 우리가 마음을 다하고 성품을 다하고 뜻을 다하고 힘을 다하여 하나님을 사랑하라고 말씀하십니다(신 6:5, 마 22:37). 단지 올바른 것을 아는 것만으로는 부족합니다. 지식이 없이 그저 느껴지는 어떤 감정이나, 종교적인 행위를 하는 것으로도 충분하지 않습니다. 하나님을 사랑하되 그분에 대한 바른 지식을 가지는 것은 물론, 그분을 향한 경외감과 그분을 섬기기에 합당한 행동을 가지고 사랑해야 합니다. 하나님을 향한 바른 태도와 바른 지식이 바른 행위로 이어져야 합니다. 총체적이고 전인적인 변화만이 성경이 우리에게 요구하는 배움입니다.

2) 배움의 단계와 깊이: 삶을 변화시킴

성경에는 배움의 수준 혹은 배움의 단계를 생각해 보게 하는 표현들이 존재합니다. 예를 들어, 사도 바울은 고린도전서 13장 11절에 "내가 어렸을 때에는 말하는 것이 어린 아이와 같고 깨닫는 것이 어린 아이와 같고 생각하는 것이 어린 아이와 같다가 장성한 사람이 되어서는 어린 아이의 일을 버렸노라"라고 기록합니다. 바울은 여기서 어린아이는 장성한 사람과 비교해 볼 때, 말하는 것이나 생각하는 것, 깨닫는 것 모두 부족한 사람이라고 말합니다. 배움에 있어서 장성한 사람과는 차이가 있다는 뜻입니다. 히브리서 기자도 "젖을 먹는 자마다 어린 아이니 의의 말씀을 경험하지 못한 자요 단단한 음식은 장성한 자의 것이니 그들은 지각을 사용함으로 연단을 받아 선악을 분별하는 자들이니라"(히 5:13-14)라고 기록합니다. 배움에 있어서 장성한 사람과 어린아이를 구별하여 기록한 것입니다. 히브리서 기자가 말하는 배움에 있어서 어린아이의 모습은 '의의 말씀을 경험하지 못한 것'입니다. 반면에, 장성한 자의 모습은 '지각을 사용함으로 연단을 받아 선악을 분별하는 것'입니다. 이런 구분들을 생각해 볼 때 성경은 우리가 어린아이의 수준에 머무르지 말고 지속적인 성장을 이루어 갈 것을 요구하고 있음이 분명합니다.

그러면 어느 정도 수준의 배움이 우리에게 일어나야 하는 것일까요?

에베소서 3장 18-19절을 보면, 바울이 에베소 교회 성도들을 위해 기도하면서 그들이 '그리스도의 사랑을 알고 그 너비와 길이와 높이와 깊이가 어떠함을 깨닫게 되기를' 구하는 장면이 등장합니다. 여기서 "안다"라는 말은 헬라어 까따람바노(καταλαμβάνω)를, "깨닫는다"라는 말은 헬라어 기노스코(γινώσκω)를 번역한 것입니다. 그런데 이 말들은 단순히 지식을 얻는 것뿐 아니라 이해하고 느끼고 경험하여 사로잡히는 상태를 의미합니다.[75]

즉, 바울은 에베소 교회 성도들이 그리스도의 사랑에 사로잡히기를, 그리스도의 사랑의 '너비, 길이, 높이, 깊이'까지를 온전히 배우기를 바랐던 것입니다. 사실 그리스도의 사랑은 광대한 것이므로 인간 스스로가 이를 완벽하게 다 이해한다는 것은 불가능한 일입니다. 그렇기 때문에 바울은 그리스도의 사랑에 관한 이들의 배움이 표면적인 것에 머물지 않고 깊이 있는 것이 되기를, 강도에 있어서도 아주 강력한 것이 되기를, 궁극적으로는 삶을 변화시키는 것이 되기를 바랐고 성령을 의지하여 기도했던 것입니다.[76]

그런데 여기서 이런 삶을 변화시킬 정도의 강력한 변화, 즉 성경이 말하는 배움에 관해 한 가지 더 생각해 보아야 할 것은 이런 총체적이고 전인격적인 변화를 단회적이고 단기적인 것으로 생각하기보다는 '지속적이고 장기적인 관점'에서 보아야 한다는 것입니다. 베드로 사도는 베드로후서 3장 18절에서 "오직 우리 주 곧 구주 예수 그리스도의 은혜와 그를 아는 지식에서 자라 가라"라고 부탁했습니다. 사도 바울 역시도 에베소서 4장 15절에서 "오직 사랑 안에서 참된 것을 하여 범사에 그에게까지 자랄지라 그는 머리니 곧 그리스도라"라고 권면했습니다. 여기서 "자라다"라는 말은 모두 헬라어 아욱사노(αὐξάνω)를 번역한 것인데, 지속적인 성장을 가리키는 뜻으로 사용된 단어입니다. 그렇습니다. 예수 그리스도의 은혜와 그를 아는 지식에는 한계가 있을 수 없습니다. 또한 모든 일에 예수 그리스도에게까지 자라기 위해서 그리스도인들에게는 끝없는 배움이 요구될 것입니다. 따라서 성경이 요구하는 배움의 수준에 이르기 위해서 우리는 배움을 평생의 과제로 삼지 않으면 안 될 것입니다.[77]

정리해 보면 배움은 변화입니다. 기독교 교육가인 우리가 추구해야 할 배움은 성경이 말하는 대로 전인격적인 것이어야 하는 동시에 삶을 변화시킬 만큼 강력한 것이어야 합니다. 더불어 이 배움은 지속적인 성장과 성숙을 가능케 하는 것이어야 합니다. 따라서 이런 배움은 가르치는 교사인 우리가 하나님과 동역함으로, 다시 말해서 성령님의 도우심과 함께하심을 통해서만 이루어질 수 있습니다.[78]

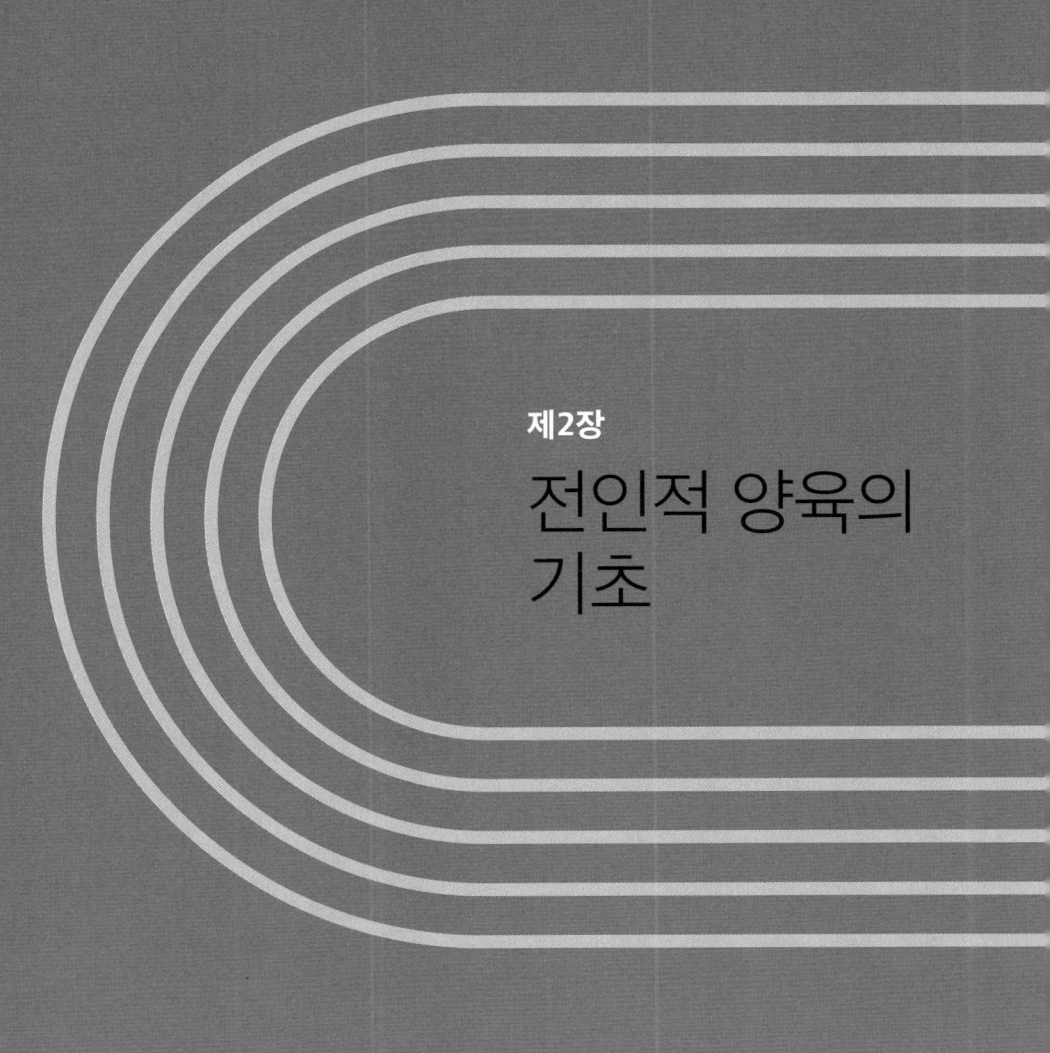

제2장

전인적 양육의 기초

1장에서 우리는 진정한 배움이란 머리, 가슴 혹은 손과 발 어느 한 두 영역의 변화에 그치지 않고 이 모든 것을 아우르는 전인적인 것이며, 성경은 하나님의 말씀을 배우는 우리에게 전인적인 변화를 요구하고 있다는 것을 살펴보았습니다. 이런 배움의 총체적인 성격에 대한 이해는 자연스레 전인적 양육의 기초가 되고, 핵심 개념인 전인적 성장이라는 교육 목표와 연결됩니다.

　사실, 일반 교육이든 기독교 교육이든 상관없이 교육의 목표는 매 순간 의도된 배움을 일으키는 것입니다. 예를 들어 영어 시간에 수업을 마치고 돌아가는 아이들에게 오늘 수업 시간을 통해 알게 된 지식이 머리에 새겨지고 의미 있게 받아들여져서, 실제로 유익하게 사용할 수 있게 되었다면 좋은 배움이 일어난 것입니다. 분반 공부를 마친 아이들에게 하나님의 말씀에 대한 지식과 사랑이 생겨나고, 배운 말씀대로 살아가는 삶의 변화가 일어난다면 정말 좋은 배움이 일어난 것입니다. 그런데 이런 다양한 형태의 수많은 교육을 통해 궁극적으로 이루고 싶은 목적, 즉 완성된 배움의 모습이 무엇인가를 생각해 보면 그것은 온전한 사람(전인)을 길러내는 것, 즉 '전인적인 변화를 일으키는 것'임을 알 수 있습니다.

I. 전인적 양육

언젠가 EBS의 한 교육 다큐멘터리 프로그램을 통해 도덕성에 대해 실험한 내용을 본 적이 있습니다.[79]

어른들과 어린이들 가운데 도덕성 지수가 높은 이들을 대상으로 한 실험이었습니다.

먼저, 어른들에게 물건을 사고 거스름돈을 받았을 때, 내가 받아야 할 것보다 더 많이 받았을 경우 어떻게 할 것인가를 물었습니다. 모두 "거스름돈을 잘못 받았을 경우 더 받은 만큼을 돌려준다. 찾아가서라도 돌려줄 것이다"라고 답했습니다.

얼마의 시간이 흐른 뒤, 이들에게 전화를 걸어 아르바이트 비용으로 10만 원을 주겠다고 약속합니다. 그리고 실제로 아르바이트가 끝난 뒤, 모른 척 봉투에 15만 원을 넣어주면서 "15만 원 맞으시죠?"라고 물었습니다. 어떤 일이 벌어졌을까요? 실험에 참여한 11명의 어른 가운데 무려 7명의 사람이 "네, 맞아요. 감사합니다"라고 대답하고 15만 원이 든 봉투를 그냥 받아 갔습니다.

다음은 어린이들을 대상으로 게임의 규칙을 설명한 뒤 눈을 가리고 게임을 진행해 보았습니다. 이기기 위해 반칙을 쓰는 것은 나쁜 일임을 알고 있었지만, 막상 주변에 아무도 없는 것을 알게 되자 눈가리개를 살짝 올리고 주변을 살피는 아이부터, 아예 눈가리개를 벗어버리고 출발선을 넘어가서 게임을 하는 아이까지, 아이들은 온갖 방법으로 이기기 위해 다른 사람을 속이는 행동을 보여주었습니다.

머리로는 다 알지만, 또 도덕성 지수 검사에서는 높은 점수를 받았지만, 실제 삶의 현장에서는 다른 모습을 보이는 어른들과 어린이들을 보면서 우리의 교육이 무언가 잘못되었다는 것을 모두가 느낀 시간이었습니다.

여기서 우리 모두가 받은 느낌은 '분리되었다'는 것입니다. 알지만 그대로 행하지는 않는다는 것입니다. 이 말을 다른 말로 바꾸어보면 온전하지 않다. 즉 전인적이지 않다는 것이 됩니다. 그러니까 다큐멘터리를 지켜본 우리 모두가 느낀 것은, 우리의 교육이 사람을 전인적으로 성장시키지 못했다는 반성입니다.

그렇다면 도대체 전인적으로 사람을 교육한다는 것은 어떤 것일까요? 먼저 우리가 흔히 사용하는 전인 교육이라는 용어부터 정의해 보도록 하겠습니다.

1. 전인 교육이란 무엇인가?[80]

1) 정의

전인 교육을 생각할 때 가장 먼저 떠오르는 것은, 인간이 전인적인 존재라는 것과 아울러서 이런 전인적인 존재로서의 인간을 온전하게 성장시키는 교육을 전인 교육이라고 한다는 생각일 것입니다.[81]

쉬운 말로 사람을 머리, 몸, 팔다리로 구분할 수는 있지만, 머리 혹은 팔과 다리만을 따로 떼어 사람이라고 말하지 않는 것처럼, 사람을 이루고 있는 요소 모두를 온전히 갖춘 사람, 즉 전인적인 사람을 길러내기 위한 교육을 한다는 것이 전인 교육이라는 생각입니다.

이런 생각은 전인 교육이 가진 인간에 대한 특정한 이해와 교육 철학을 엿보게 합니다. 실제로 전인 교육을 말하는 학자들은 인간에게는 다양한 측면이 있고, 이 모든 영역이 균형 있게 잘 발달한 온전한 인간, 즉 전인(Whole Person)을 기르는 것이 교육의 목적이라고 이야기합니다.[82] 예를 들어, 오영재는 전인 교육이라는 말의 사전적인 의미 자체가 "전인을 양성하는 교육"임을 지적하면서, 어떤 인간을 전인이라고 보느냐의 차이일 뿐 전인 교육은 기본적으로 전인을 길러내는 교육이라고 말합니다.[83] 김양분 등도 전인 교육을 정의하면서 가장 먼저 "인간의 모든 측면, 즉 지정의 혹은 지덕체 등이 조화롭게 발달한 전인을 양성하는 교육"이라고 정리했습니다.[84] 안병영도 "전인 교육은 지정의가 조화롭게 도야된 인간을 양성하는 교육"이기 때문에 "학생 개개인의 지적, 신체적, 사회적, 도덕적 발달에 고르게 관심을 피력하며 인간성의 어떤 특정한 부분만이 아니라 전면적인 교육을 지향하는 것"이라고 말했습니다.[85] 그뿐만 아니라 북미 지역의 대표적인 전인 교육 이론가인 밀러(Miller)는 "인간의 지적, 감정적, 신체적, 사회적, 감각적, 그리고 영적인 발달을 이루려는 교육"을 전인 교육이라고 말하고 있습니다.[86] 전인 교육에 관한 밀러의 정의에서 특별한 점은 그가 전인 교육의 한 요소로서 영적인 발달을 이야기한다는 점입니다. 그는 전인 교육을 이야기하면서 영적인 발달을 자주 간과되거나 언급되지 않는 필수적인 요소로 보았고, 영적인 발달(Spiritual Development)을 지향한다는 점이야말로 전인 교육을 기존의 다른 교육과 구별 짓는 가장 큰 차이점으로 보았습니다.[87] 이은성 역시 전인 교육은 학습자 개인의 신체, 정신, 영혼을 발달시켜 개인의 잠재력을 최대한 끌어내려는 대안 교육의 한 형태로, 학습자가 하는 모든 교육적 경험이 학습자의 균형 잡힌 발전을 이루기 위한 것이 되어야 한다는 사고에 기초를 둔 교육이고, "인본주의 교육의 사고방식에 영적인 사고들이 결합한 형태의 교육학적 패러다임"이라고 정의했습니다.[88]

정리해 보면, 전인 교육이란 인간에게는 다양한 측면이 있다는 생각과 인간의 모든 영역이 균형 있게 성장해야 한다는 믿음에 바탕을 둔 교육이며 인간의 모든 측면의 균형 있는 발달을 이루고, 인간에게 잠재된 가능성 모두를 이끌어내는 교육을 통해 학습자를 전인적으로 성장시켜 모든 것을 갖춘 온전하고 균형 있는 인간, 즉 전인을 길러내려는 교육이라고 말할 수 있습니다. 그런데 온전한 인간이 되기 위해 다루어야 할 영역, 혹은 인간의 다양한 측면을 어떻게 정의하느냐에 따라, 인간의 인지적인 면, 정서적인 면, 의지적인 면, 신체적인 면의 균형 잡힌 성장을 이루려는 교육, 혹은 이에 더하여서 영적인 면까지를 포함한 성장을 이루려는 교육을 전인 교육이라고 말할 수 있습니다.[89]

2) 특징

전인 교육이 인간을 다양한 측면을 가진 하나의 존재, 즉 전인적인 존재라고 생각하고 어느 한 가지 면에 치중한 것이 아니라 균형 잡힌 성장을 추구하기 때문에, 전인 교육은 '상호 연결성, 전체성, 관계성, 포함성' 등과 같은 특징을 갖게 됩니다.[90]

먼저, 전인 교육은 환원주의적인 세계관을 거부하고 상호 연결성(Interconnectedness)과 전체성(Wholeness)을 강조합니다. 전인 교육은 인간을 하나의 통합적인 존재로 보고, 그 성장 발달 역시도 서로 떼어놓고 생각할 수 없을 만큼 통합적이라는 인식에 기초하고 있습니다. 따라서 부분을 통해 전체를 이해할 수 있다고 믿고 어떤 실재를 작은 조각으로 나누어 연구하고 이해하려는 환원주의적인 사고를 거부하고 인간의 모든 측면을 분리되지 않는 전체로 보며, 인간의 삶의 모든 경험 역시도 서로 연결되어 있음을 전제하고 있습니다.[91]

밀러에 따르면 "전인 교육은 부분의 조합이 아닌 전체로서의 인간을 교육하는 것이고, 가족, 학교, 이웃, 사회, 문화 그리고 우주의 전체성이라는 총체적인 콘텍스트 안에서 인간을 교육하는 것"입니다.[92]

전인 교육의 특징 이해

김양분 등도 전인 교육은 인간의 모든 측면 사이의 상호 관련성을 중요시하는 교육적 특징을 가지고 있는데, 이는 교육의 목적 자체가 지정의 혹은 지덕체로 표현되는 인간의 모든 측면이 조화롭게 발달한 전인을 양성하는 교육이기 때문에 생겨나는 필연적인 것으로 이해했습니다.[93] 따라서 전인 교육을 지향한다고 하면서, 인간의 지덕체 혹은 그 이상의 측면들을 서로 분리될 수 있는 것으로 보고 별개의 교육 영역으로 생각해 서로 다른 교육을 제공하는 것은 전인 교육을 잘못 이해하고 적용한 것입니다.[94] 실제로 인간의 다양한 측면을 날카롭게 구분하여, 순수하게 지성 혹은 감성만을 발달시키는 교육을 하는 것은 맞지 않을 뿐 아니라 가능하지도 않습니다. 그러므로 전인 교육을 한다는 말은 지적인 발달에 치중된 지식 전달 중심의 교육을 한다거나 직업을 위한 특정한 기술 습득에 주안점을 둔 교육을 하는 것이 아니라 인간의 지적, 정서적, 의지적, 신체적 요소를 모두 고려한 의미 있는 교육을 한다는 뜻입니다.[95]

정통파 유대인들은 토라와 탈무드를 교재로 하여 자녀들에게 통합적인 교육을 하는 것으로 유명합니다. 어느 날 방송사의 한 기자가 정통파 유대인들의 교육 현장을 찾아 유대인 선생님에게 물었습니다. 아이들이 나가서 살아야 하는 세상에는 다양한 지식이 필요한데, 토라와 탈무드만을 가르치는 것으로는 부족하지 않겠냐는 것이었습니다. 그때 유대인 선생님은 이렇게 답했습니다.

"토라와 탈무드 안에는 우리가 살아가는 데 필요한 지혜가 담겨 있습니다. 우리는 토라와 탈무드를 통해 인간관계를 배우고, 경제를 배우고, 수학을 배웁니다. 물론 우리 아이들은 각자 자신의 진로에 따라 특정한 지식을 더 배워야 할 필요가 있습니다. 하지만 토라와 탈무드를 통해 먼저 지혜를 배운 아이들은 사회에 나가서도 더 뛰어난 사람이 될 수 있습니다."

인터뷰 내용을 보면서 이런 생각을 해보았습니다.

우리는 학교에서 수학을 배우고, 국어를 배우고, 사회, 자연, 물리, 체육, 도덕 등을 배웠습니다. 그런데 이때 배운 지식이 시험을 치르기 위해서 사용되는 경우가 아니면, 그다지 쓸모 있어 보이지 않은 경우도 많았습니다. 그나마도 각각 독립적인 하나의 지식으로 존재할 뿐 서로가 연결되어 있음을 느끼게 하지는 못했습니다. 통합적으로 배우고 삶에 적용하는 측면을 간과해 왔던 것입니다. 반면에 유대인의 교육은 지식의 다양성을 인정하면서도 그것들을 통합적으로 배우기 때문에 아는 것과 삶이 분리되지 않은 전인적인 교육이 일어난다는 생각을 가져보았습니다.

둘째, 전인 교육은 '관계성(Relationship)'에 기초하고 있습니다. 전인 교육을 주장하는 학자들은, 인간은 고립되거나 혼자서는 살아갈 수 없는 존재로서 자신과의 관계, 이웃과의 관계, 자연과의 관계, 공동체 및 세계와의 관계, 우주와의 관계 등 수많은 관계 속에서 살아가는 존재이기 때문에 학습자에게 관계성을 가르치고, 그들이 공동체라는 보다 큰 콘텍스트 안에서 주어진 정보를 이해하고 받아들이며, 삶의 중요한 결정들을 내리도록 도와야 한다고 믿습니다.[96]

예를 들어 큰소리로 노래를 부르고 악기를 연주하는 것은 음악을 공부하는 학생들에게 꼭 필요한 것입니다. 그러므로 큰소리로 노래하거나 악기를 연주하는 것은 음악을 공부하는 사람에게는 기본적으로 좋은 일입니다. 하지만 이러한 행동을 이웃이나 자신이 속한 공동체와의 관계에서 생각해 볼 때, 여기에는 보다 종합적인 이해가 생겨납니다. 나에게 필요하고 좋은 것이라 하더라도 때와 장소에 따라서 제한되거나 절제되어야 하기도 하고, 오케스트라와 같이 함께 음악을 연주해야 할 경우에는 다른 사람의 소리를 돋보이게 하거나 화음을 맞추기 위해 나의 소리를 줄여야 할 때도 있다는 것을 말입니다. 따라서 전인 교육 안에서는 개별적인 학습뿐 아니라 그룹 활동, 협동학습과 같은 다른 사람과의 관계를 중요하고 여기고, 경쟁보다는 협동을 통해 일하며 공동체 의식을 갖도록 하는 방법을 사용하여 교육하는 것이 중요합니다.[97] 또한 "전인 교육은 그 실천 과정에서 가정, 학교, 사회가 함께 유기적으로 연동되어야" 합니다.[98] 전인성을 펼쳐 가야 하는 공간과 개개인이 살아가는 삶의 환경이 다양하기 때문입니다.

셋째, 전인 교육은 학습자 개개인을 존중하고 다양한 학습자가 진정한 의미의 배움에 이를 수 있도록 돌봄과 양육을 제공하는 '포함성(Inclusion)'을 특징으로 합니다. 포함성이란 인간의 다양한 측면을 수용하려는 학습자 중심의 사고방식을 말합니다. 즉, 학습자 개개인을 존중하고 다양한 학습자가 진정한 의미의 배움에 이를 수 있도록 돌봄과 양육을 제공하려는 것을 말합니다.[99] 밀러는 전인 교육에서는 학습자 개개인의 필요에 대한 관심과 학습자의 다양한 학습 방식에 대한 존중을 매우 중요하게 생각하는데, 이는 개개인이 자신의 정체성과 삶의 의미와 목적을 발견하기 위해서는 공동체와의 관계나 자연 세계와의 연결이 필요하고, 아카데믹(Academic)한 커리큘럼이 아니라 다양한 배움의 길을 통해 이런 깨달음에 도달하게 된다는 것을 전인 교육이 인정하고 있기 때문이라고 말했습니다. 따라서 그는 전인 교육의 가치를 구현하기 위해 "경쟁보다는 협동을 통해 교사들은 학생들이 연결되었다는 느낌을 주고, 실제 삶의 경험이나 현재의 이벤트, 다양한 예술과 생생한 지식의 원천들을 활용해 아이들이 배움 자체를 즐기도록 도와야 하며, 단순한 암기보다는 반응과 질문을 하도록 격려하고 학습자 개개인의 다양성을 최대한 존중해야 한다"라고 주장했습니다.[100]

전인 교육은 매우 다양한 형태의 교육적인 실천 형태를 보이기 때문에, 그 특성 또한 매우 다양합니다. 하지만 앞서 언급한 상호 연결성과 전체성, 관계성 그리고 포함성이라는 요소는 전인 교육에서 공통적으로 발견되는 것으로, 전인 교육을 특징짓는 요소라고 할 수 있습니다.[101]

2. 기독교 교육에서 말하는 전인 교육

한국 사회에서 흔히 쓰이는 전인 교육이라는 용어가 기존의 학교 교육에 성품 교육을 가미한 것으로 인식되는 것과는 달리, 일반 교육에서 말하는 전인 교육도 많은 부분에서 성경이 말하는 전인적인 양육과 비슷한 측면을 가지고 있는 것이 사실입니다. 예를 들어 인간을 전인적인 존재로 보는 것이나, 지식 전달 위주의 교육이 아닌 삶을 변화시키는 교육을 해야 한다는 점, 학습자 개개인의 다양성을 존중하고 그들 스스로가 배움에 이르게 도와야 한다는 점, 경쟁보다는 협동을 통해 배우게 하고 자기 자신만을 생각하는 사람이 아니라 더 큰 관계성 속에서 자신을 볼 줄 아는 사람으로 길러야 한다는 점 등은 기독교적인 시각으로 보아도 '참 이상적이다'라는 생각을 갖게 합니다.

그래서일까요, 기독교 교육가들도 오래전부터 침체된 교회 교육을 새롭게 하기 위한 대안으로서 기존의 지식 전달 위주의 교육에서 벗어나 전인적인 교육을 해야 한다고 주장해 왔습니다.

그런데 도대체 기독교 교육이 전인적이 되어야 하는 이유는 무엇일까요?

우리가 무의식적으로 당연하게 받아들이는 이 말은 어떤 성경적인 근거가 있는 말일까요?

1) 왜 기독교 교육은 전인적이어야 할까?[102]
기독교 교육이 전인적이어야 하는 이유는 먼저, 기독교 교육의 근간이 되는 성경에 하나님이 하나님의 형상대로 사람을 창조하셨다고 선언되어 있으며, 하나님의 형상대로 창조된 인간의 모습은 전인적이었기 때문입니다.

성경은 인간을 영적, 사회-정서적, 지적, 신체적인 영역을 가진 존재로 인식합니다. 예를 들어, 구약의 교육 명령인 신명기 6장 5절을 보면 "너는 마음(Heart)을 다하고 뜻(Soul)을 다하고 힘(Strength)을 다하여 네 하나님 여호와를 사랑하라"라고 기록되어 있습니다. 여기서 마음, 뜻, 힘은 인간성의 여러 요소를 가리키는 말입니다. 따라서 이 말은 하나님을 사랑하는 것이 전심으로 하는 행위여야 하며, 인간 존재와 삶의 모든 면을 다하여 행해지는 일이어야 한다는 의미입니다.[103] 누가복음 10장 27절에서 예수님도 무엇을 해야 영생을 얻을 수 있느냐고 묻는 율법 교사에게 "네 마음(Heart)을 다하며 목숨(Soul)을 다하며 힘(Strength)을 다하며 뜻(Mind)을 다하여 주 너의 하나님을 사랑"하라고 말씀하셨습니다. 예수님의 이 말씀 역시도 인간이 다양한 측면을 가진 존재임을 전제로 하여, 인간의 정서적, 의지적, 신체적, 지적인 모든 요소를 다해 하나님을 사랑하라고 말씀하신 것입니다.[104] 이처럼, 성경은 하나님이 만드신 인간에 대해 전체론적인 이해를 가지고 있습니다. 따라서 기독교 교육이 전인적인 교육이 되어야 함은 마땅한 일입니다.

기독교 교육가인 이은성은 "기독교 교육은 신자의 영적인 성장에 매우 중요한 역할을 한다. 또한 기독교 교육은 전 생애에 걸친 신앙 형성의 과정이며, 학습자의 지적, 감정적, 행동적인 모든 요소의 총체적인 발달에 관심을 가지고 있다. 따라서 기독교 교육은 전인적이어야만 한다"라고 주장했습니다.[105] 최진경 역시 "교육학에서는 인간의 인격을 형성하는 중요한 요소를 지, 정, 의라고 보고 있으며 이것들은 유기적인 몸속에서 자유롭게 상호 연결되어 한 인격체를 형성한다고 본다. 기독교 신앙 또한 나누어지지 않은 전 인격체에서 나오는 신뢰를 하나님께 두는 것이다. 기독교 신앙에서는 지적인 믿음, 정적인 신뢰, 의지적 행동으로서의 신앙이 다 포함되어 있기 때문에 신앙은 전인적 요소가 있으며, 따라서 전인적 교육이 요구된다"라고 말했습니다.[106]

둘째, 기독교 교육이 전인적이어야 하는 이유는 "성경이 말하는 진정한 배움의 특징이 전인격적인 것"이기 때문입니다.[107] 우리가 이미 살펴본 대로 배움이란 기본적으로 변화를 가리키는 말입니다. 배움이 변화이기 때문에 행동주의 학파는 행동의 변화를, 인지주의 학파는 인지적 영역의 변화를, 인본주의 학파는 정서적 영역의 변화에 초점을 두고 배움을 정의해 왔습니다. 하지만 성경은 어느 한 부분의 변화가 아니라, 이 모든 요소를 포함한 진정한 의미의 변화가 일어났을 때를 배움이라고 이야기합니다. 즉, 배움을 인지적인 것으로만 이해한다든지, 정서적-감정적인 것으로만 이해한다든지, 혹은 눈에 보이는 행동의 변화로만 보지 않고 도리어 이 모든 영역이 통합된 배움을 추구한다는 말입니다. 실제로 신명기 6장 4-9절은 하나님을 사랑하라는 명령을 교훈하면서 하나님에 대한 지식만을 강조하거나, 사랑의 감정을 갖는 것 혹은 특정한 어떤 행위를 하는 것을 강조하지 않고, 이 모든 것을 통합한 총체적인 사랑을 교훈하고 있습니다. 하나님은 이스라엘을 향해 하나님을 향한 지식, 경외감, 하나님을 섬기기에 합당한 행동을 가지고 하나님을 사랑할 것을 요구하셨습니다.[108]

마지막으로, 기독교 교육이 전인적이어야 하는 이유는 기독교 교육 자체가 단순히 그리스도인을 대상으로 하는 교육이거나, 기독교 신앙과 관련된 지식과 정보를 전달하는 것이 아니라, "사람들로 하여금 하나님과 진정한 관계를 맺을 수 있도록 돕는 노력"이고[109] "영적인 새 생명으로 태어나게 돕는 과정"이기 때문입니다.[110] 그런데 하나님과의 올바른 관계 형성과 영적인 새 생명으로 태어나고 그리스도를 닮은 모습으로 자라가기 위해서는 하나님의 말씀에 대한 연구뿐 아니라 평생 지속되는 배움의 과정이 필요하고, 이런 과정을 지지해 주고 서로를 돌보아 주는 공동체가 있어야 합니다.[111] 따라서 기독교 교육은 전인적이어야 합니다.

2) 길러내야 할 '전인'은 누구인가?

그렇다면 기독교 교육을 통해 길러내야 할 온전한 인간, 즉 전인은 누구일까요? 성경이 말하는 온전한 인간은 일반 교육이 지향하는 온전한 인간의 모습과 어떻게 다를까요?

일반 교육에서 전인이란 말은 모든 자질을 두루 갖춘 결함이 없이 완벽한 사람을 가리키는 말입니다. 우리가 흔히 말하는 지정의 혹은 진선미를 모두 갖춘 인간, 어느 특정한 면에서 만이 아니라 인간으로서 갖추어야 할 모든 기본적인 자질과 특성을 지닌 사람이 바로 전인이라는 말입니다. 따라서 일반 교육에서 전인 교육을 한다고 할 때 이 말은 지성, 감성, 의지 모두를 아우르는 교육을 통해, 모든 면에서 온전한 사람을 길러낸다는 의미를 가지고 있습니다.[112] 하지만 기독교 교육에서 전인 교육을 말할 때에는 지정의, 진선미, 지덕체와 같은 단어로는 설명될 수 없습니다. 기독교 교육에서 말하는 전인은 코메니우스(Comenius)의 생각처럼 "하나님의 형상으로서 온전한 사람"을 가리키기 때문입니다.[113]

A. 전인: 회복된 하나님의 형상[114]

마태복음 5장 48절을 보면, 예수님은 제자들을 향해 "하늘에 계신 너희 아버지의 온전하심과 같이 너희도 온전(τελειος)하라"라고 말씀하셨습니다. 성경의 기록 목적을 밝히고 있는 디모데후서 3장 17절에도 하나님이 성경을 주신 이유는 "하나님의 사람으로 온전(ἄρτιος)하게 하며 모든 선한 일을 행할 능력을 갖추게 하려 함이라"라고 기록되어 있습니다. 여기서 "온전하다"라고 번역된 헬라어는 "목적을 이루게 하다, 완성되다, 온전하다, 완벽하다"라는 뜻의 τελειόω(텔레오스)와 "철저하다, 완전하다, 완벽하다"라는 뜻의 ἄρτιος(아르티오스)입니다.

하나님은 하나님의 자녀들이 온전하기를 원하십니다. 하나님이 지으신 그 모습 그대로의 완벽한 존재, 하나님의 창조 목적을 이루기에 합당한 존재가 되기를 바라십니다. 예수님이 제자들에게 온전하라고 말씀하신 것은 이런 하나님의 뜻을 분명하게 드러내신 것입니다. 또한 성경은 그 목적상 신자의 성숙, 즉 하나님의 사람으로 온전하게 하기 위해 하나님이 주신 것입니다. 따라서 기독교 교육의 목적은 전인(全人), 즉 온전한 사람을 길러내는 것입니다. 그렇다면 구체적으로 성경은 어떤 사람을 온전한 사람이라고 말하고 있을까요?

식물의 성장을 담은 〈어메이징 네이처〉(Amazing Nature)[115]라는 다큐멘터리를 보면, 씨앗이 땅에 떨어져 뿌리를 내리고 싹이 돋고 줄기가 세워지고 잎이 생겨나고 마침내 꽃이 피는 과정을 생생하게 살펴볼 수 있습니다. 저는 영상을 보는 내내 '예쁘다', '아름답다'라는 느낌을 넘어 '신기하다', '경이롭다'라고 생각했습니다. 우리가 흔히 보는 꽃들 하나하나, 이름도 잘 모르는 들풀 하나하나까지 너무 완벽하고, 아름답고, 잘 디자인되었다는 생각이 들었습니다.

성경이 말하는 온전함은 우리가 자연을 보며 갖는 이런 느낌들을 모두 담고 있습니다. 창세기 1장에는 하나님이 말씀으로 만물을 지으신 뒤 "좋았다"라고 말씀하신 것이 기록되어 있습니다. 특별히 하나님은 사람을 지으신 뒤에 "지으신 그 모든 것을 보시니 보시기에 심히 좋았더라"(31절)라고 말씀해 주셨습니다. 여기서 "좋았다"라는 말은 히브리어 토브(טוב)로 '좋다, 선하다'는 뜻인데, 마음의 행복과 기쁨을 표현한 단어입니다. 즉, 하나님이 만드신 모든 것을 보시고 정말 기쁘셨다는 의미입니다. 왜 하나님은 지으신 것들을 보시고 좋다, 선하다, 기쁘다라고 말씀하셨을까요? 그 이유는 지으신 모든 것이 하나님이 계획하시고 뜻하신 대로 되었기 때문입니다. 다시 말해 하나님은 만물이 하나님이 디자인하신 대로 되었기 때문에 아름답다, 좋다, 완전하다라고 말씀하신 것입니다.

이렇게 생각해 보견, 온전함이란 하나님이 디자인하신 그 모습 그대로를 가리킵니다. 하나님이 디자인하신 모습 그대로일 때 좋다, 아름답다, 선하다, 정말 잘 디자인되었다라는 말을 할 수 있는 것입니다.

그렇다면 하나님이 디자인하셨던 사람의 온전한 모습은 어떤 것일까요? 창세기 1장 26절을 보면 하나님이 사람을 지으실 때 어떻게 짓기 원하셨는지를 알 수 있습니다. "하나님이 이르시되 우리의 형상을 따라 우리의 모양대로 우리가 사람을 만들고 그들로 바다의 물고기와 하늘의 새와 가축과 온 땅과 땅에 기는 모든 것을 다스리게 하자 하시고."

하나님은 사람을 하나님의 형상으로 창조하기 원하셨습니다. 따라서 온전한 사람이란 이런 하나님의 뜻대로 지어진 사람, 즉 하나님의 형상을 소유한 존재임을 말해 줍니다.

죄가 들어오기 전까지 첫 사람 아담은 하나님의 형상으로서 온전함을 갖춘 사람이었습니다. 창세기 1장 31절에서 하나님이 하나님의 형상대로 사람을 지으신 뒤, 그 지으신 모든 것을 보시고 "심히 좋았다"라고 말씀하신 겻은 하나님의 창조가 "죄와 타락으로 얼룩지지 않았을 뿐 아니라 고유의 미적 가치를 지니고 있었고" 하나님의 의도를 반영한 온전한 것이었음을 말해 줍니다.[116] 특별히 인간은 하나님의 뜻과 계획에 따라 지어졌으며, 하나님의 형상대로 지어져 "생각할 수 있는 이성과 느낄 수 있는 감성 그리고 선택할 수 있는 의지, 더하여서 하나님을 알고 예배할 수 있는 영성"을 가진 존재였습니다.[117] 그는 하나님이 주신 영과 육을 가진 존재로서 피조물을 다스리고 정복하라고 하신 하나님의 명령을 수행하기에 필요한 모든 것을 갖춘 존재였습니다. 창세기 2장에 기록된 대로 아담이 에덴동산을 경작하고 관리한 일이나, 동물들에게 각각 그 특성에 맞게 이름을 지어준 것은 하나님이 지으신 사람이 하나님과 교제하며 하나님이 맡기신 일을 감당하는 사람으로서 온전한 존재였음을 잘 보여줍니다(15절, 19-20절).

B. 전인: 관계 속에서 온전한 존재[118]

사람의 온전함을 살펴볼 수 있는 또 다른 측면은 하나님, 자신, 이웃, 세계와의 관계에서 온전한 존재였다는 것입니다.

하나님이 만드신 사람은 하나님과의 관계가 어땠을까요? 어떤 동사와 형용사로 하나님과 사람의 관계를 표현할 수 있을까요?

> 좋았다. 친했다. 같이 있고 싶은 존재였다.
> 만날 때마다 설레었다.

하나님과의 관계에서 사람은 창조주인 하나님을 섬기고, 하나님과 교제하며 기쁨을 누리는 존재였습니다. 하나님이 지으신 모든 피조물 가운데 사람만이 하나님과 직접 교제할 수 있을 정도로 하나님과의 관계가 특별했습니다.

자신과의 관계는 어떠했을까요?

좋았다. 바른 정체성과 자존감이 있었다.

하나님이 만드신 사람이 이런 생각을 했을까요? '나는 너무 뚱뚱해. 나도 내 모습이 싫어….' '나도 내가 무섭다. 죽고 싶어.' 그렇지 않습니다. 하나님이 만드신 사람은 하나님이 만들어주신 나의 모습 그대로를 아름답게 여겼고, 스스로에게 만족했으며, 사랑받고 있음을 느낄 수 있었습니다. 하나님이 원래 지으셨던 사람은 하나님의 자녀라는 분명한 정체성을 가지고 있었고, 건강한 자존감도 소유하고 있었습니다. 사랑받고 사랑할 줄 알았고, 자신을 부끄러워하지 않았습니다. 남자로서 혹은 여자로서 하나님이 만드신 그 모습 그대로를 아름답게 여기는 존재였습니다(창 2:25).

하나님이 나를 얼마나 사랑하시는지 알고, 그 사랑을 느끼며 하나님이 나를 만드신 그 모습 그대로를 기뻐하는 것이 온전한 사람의 모습입니다. 그런데 왜 사람들은 자기 자신에 대해 부정적인 생각을 가지고 낮은 자존감 때문에 힘들어하게 되었을까요? 그것은 죄가 들어온 이후 하나님이 아닌 다른 것을 정체성과 자존감의 근거로 삼았거나, 남과 비교하면서 나의 모습에 대해 아름답지 않다, 불만족스럽다 등의 잘못된 생각을 가졌기 때문입니다. 따라서 나 자신과의 관계가 선하고 아름답게 유지되려면 하나님과의 관계가 먼저 회복되어야 합니다. 하나님과의 관계가 온전한 사람만이 자기 자신과의 관계도 바로 세워갈 수 있습니다.

다른 사람과의 관계는 어땠을까요? 첫 사람 아담과 하와의 관계를 표현할 수 있는 단어들은 어떤 것이 있을까요?

> 배려한다. 도움이 된다. 나눈다. 힘이 되어준다.
> 함께한다. 사랑한다.

실제로, 하나님이 처음 만드셨던 사람은 남을 배려하고 이해하며 도움이 되어주고 서로를 존중하며 함께 일할 줄 아는 존재였습니다. 하나님은 사람을 혼자 살아가는 존재가 아니라 더불어 살아가는 존재로 지으셨습니다. 그것은 사람이 혼자 사는 것이 하나님이 보시기에 좋지 않는 일, 즉 하나님이 원래 의도하셨던 바가 아니었기 때문입니다. 하나님은 아담에게 더불어 살아갈 수 있는 존재를 허락해 주셨습니다. 사람은 서로를 아끼고 사랑했으며 돕는 배필(עזר כנגדו), 즉 서로가 서로에게 꼭 필요한 도움(창 2:18)이 되어주었습니다.● 아담과 하와는 서로를 사랑하고 섬겼으며 아름다운 가정을 이루었습니다.

세상과의 관계는 어떠했을까요? 이 말은 사람이 하나님이 만드신 세상에서 어떤 존재였는지를 생각해 보면 쉽게 유추해 볼 수 있습니다. 하나님은 세상을 완전하게 지으셨습니다. 하나님이 만드신 세상

● 돕는 배필로 번역된 히브리어 에제르 크네그도(עזר כנגדו)를 직역하면 '상응하는 도움'이라는 뜻입니다.

은 그 자체로도 정말 아름답고 완전했습니다. 그런데 하나님은 이 세상을 다스릴 존재로 사람을 지으셨습니다. 그리고 모든 자연 만물을 정복하고 다스릴 책임을 부여해 주셨습니다. 하나님이 만드신 세상에 사람이 창조되자 세상은 하나님이 보시기에 더 아름다워졌습니다.

하나님은 하나님이 만드신 세상에서 사람이 해야 할 일을 주셨습니다. 그리고 사람이 그 일을 잘 감당할 때 세상이 더 아름다워지도록 해주셨습니다. 오늘날도, 사람이 하는 일들을 통해 하나님이 만드신 세상이 더 아름다워지는 일이 일어납니다. 또한 동시에 사람이 하는 어떤 일들 때문에 하나님이 만드신 세상이 나빠지는 경우도 있습니다. 사람이 하는 일 때문에 하나님이 만드신 세상이 온전함을 잃고 나빠지는 경우는 죄의 영향력으로 일어난 것입니다. 죄가 들어오기 전 사람은 하나님이 맡기신 세상을 잘 관리하고 다스렸을 뿐 아니라, 청지기로서의 책임도 잘 감당했습니다. 하나님의 만드신 자연을 잘 돌보고 관리하며 해치지 않았습니다. 이처럼 죄가 들어오기 전 사람의 모습은 하나님이 맡기신 일을 하기에 온전했고, 하나님과의 관계에서, 자신과의 관계에서, 이웃과의 관계에서, 또한 세계와의 관계에서 온전한 존재였습니다.

C. 죄로 인해 생겨난 일

하지만 죄가 들어온 이후 하나님의 형상으로서 지음받은 사람의 온전했던 모습들은 깨어져 버렸습니다. 죄로 인해 사람은 하나님과 멀어졌고, 하나님의 자녀로서의 정체성을 잃었으며, 이웃과의 관계,

세상과의 관계도 깨졌습니다.[119]

첫 사람 아담이 범죄 한 이후 사람과 하나님과의 관계가 깨어졌음을 보여주는 구체적인 모습은 그들이 하나님의 소리를 듣고 '하나님의 낯을 피하여 숨은 것'(창 3:8)이었습니다. 죄가 들어오기 전까지 사람과 하나님은 함께 있고 싶고, 친밀하고, 좋은 관계였습니다. 그러나 죄로 인해 '피하고 싶고, 도망가고 싶고, 부담스럽고, 어색하고, 무섭고, 꺼려지고, 그분 앞에 당당히 나설 수 없는' 관계로 변했습니다.

죄는 자기 자신에 대해 벌거벗었다는 생각과 수치감을 가져다주었습니다(창 3:7). 그들은 자신들의 몸에 대해 갑자기 의식하기 시작했고, 부끄러움을 느끼고 즉시 나뭇잎을 엮어 옷을 지어 입었습니다. 죄가 들어오기 전에는 자신의 몸에 대한 부정적인 인식이 전혀 없었던 것과 비교해 보면, 한 번도 갖지 못한 이런 생각을 가졌다는 것을 통해 자신의 정체성과 자존감에 변화가 생겼음을 미루어 짐작해 볼 수 있습니다.

다른 사람과의 관계에도 변화가 생겨났습니다. 하나님의 말씀을 거역한 죄를 짓게 된 이유를 자기 자신에게 찾지 않고, 다른 사람의 잘못으로 돌리는 일이 생겨났습니다. 하와는 뱀의 꼬임을 원인으로 꼽으면서 자신을 변명했습니다. 아담은 이보다 한 차원 더 나아가 "하나님이 주셔서 나와 함께 있게 한 여자"를 탓함으로써(창 3:12), 범죄의 원인이 하와뿐만 아니라 더 근본적으로는 그 하와를 주신 하나님께도 있다는 식으로 자신을 변명하고 말았습니다.

특별히 하나님의 주례로 맺어진 결혼 관계 안에서 벌거벗었으나 부끄럽지 않았을 정도로 친밀했던 아담과 하와는 서로를 전적으로 신뢰할 수 없는 관계가 되어버렸습니다. 또한 아담과 하와의 후손인 가인의 제사에서 볼 수 있듯이 사람은 그것이 비록 친동생이라 하더라도 다른 사람과 비교하면서 분노하게 되었고, 심지어 시기와 질투에 눈이 멀어 다른 사람의 생명을 빼앗는 일까지 생겼습니다.

죄는 세상과의 관계에서도 깨어짐을 만들어냈습니다. 먼저는 사람의 죄로 말미암아 하나님이 땅을 저주하시는 일이 일어났습니다(창 3:17). 비옥하고 살기 좋았던 땅이 거칠고 황폐해졌습니다. 좋은 풀과 열매, 좋은 나무들이 자라던 세상에 가시와 엉겅퀴가 생겨났습니다. 사람의 수치를 가리기 위해 동물이 죽임을 당하는 일이 생겨났습니다(창 3:21). 서로 평화롭게 지내던 동물들 사이에 평화가 깨어졌고, 사람과 동물들 사이의 질서와 평화도 깨어졌습니다.

이사야는 사막에 샘이 솟아나고 꽃이 피어 향기를 날리는 세상, 독사 굴에 어린이가 손을 넣고 장난쳐도 물지 않는 세상, 어린 양과 사자가 함께 뒹구는 평화로운 세상을 꿈꾸며 노래했습니다(사 11:6-9). 그가 꿈꾸었던 이런 세상은 죄가 들어오기 전 하나님이 원래 만드셨던 세상의 모습이고, 언젠가 주님이 다시 오시면 회복될 세상의 모습입니다. 죄는 이렇게 아름다운 세상을 깨뜨리고 말았습니다.

D. 회복의 필요성

이처럼 죄로 인해 모든 관계가 깨졌기 때문에, 깨어진 관계들을 회복하는 일, 하나님의 형상으로서의 온전함을 되찾는 일이 필요했습니다.

그런데 깨어진 관계를 다시 회복시키는 일은 오직 예수님의 십자가를 통해서만 이루어질 수 있습니다. 십자가만이 죄로 인해 죽을 수밖에 없는 우리를 회복시키시고, 하나님과의 깨어진 관계를 온전하게 회복시키시며, 그 회복된 하나님과의 관계를 통해 자신을 이해하고 이웃을 바라보며 세상과의 관계를 다시 세워가게 하실 수 있습니다. 따라서 기독교 교육은 하나님과의 진정한 관계를 회복하고 영적인 새 생명으로 태어나게 돕는 일, 하나님의 사람으로서 온전하게 되도록 세워가는 일이며, 기독교 교육의 가장 큰 목표는 하나님의 형상을 회복하도록 돕는 것, 즉 '예수님을 자신의 구주를 믿고 고백하게 하고 예수님을 닮은 사람으로 자라게 하는 것'이라고 말할 수 있습니다.

최진경은 "기독교 교육의 토대가 되는 성경은 지정의의 전인적 인간 이해를 가지고 있고 인간의 전인성 회복에 관심을 갖고 있다… 따라서 기독교 신앙 교육의 목표는 전인적 인간상, 즉 하나님의 형상에로 모든 사람을 회복시키는 데 있다"라고 말합니다.[120] 존 웅(John Wong)도 성경은 인간이 하나님의 형상대로 지음받은 전인적인 존재임을 말하고 있고, 하나님은 예수 그리스도의 구속을 통해 인간이 "완전한 전체로서 인간의 모습을 회복하는 것"을 기대하고 있다라고 주장했습니다.[121] 로날드 하버마스(Ronald Habermas) 역시 모든 신자의 삶과 사역의 목적은 전인적이고 성경적인 회복에 있다고 말하며 기독교 교육가인 우리가 해야 할 일은 바로 삼위 하나님의 최고의 소망

인 온전히 전인적이고 온전히 그리스도를 닮은 사람을 만들어내는 일이라고 주장했습니다.[122]

정리해 보면 기독교 교육에서 말하는 전인 교육이란, 죄로 인해 깨어진 하나님의 형상을 온전하게 회복해 가는 과정을 돕는 일로써 전인적인 성장을 이루는 일이라고 정의할 수 있습니다. 그런데 온전함을 회복해 가는 과정을 돕는 일은 지식 전달과 같은 일반적인 의미의 교육 차원을 넘어서는 것으로 양육이라는 용어로 더 잘 설명될 수 있습니다. 양육은 "성장, 변화, 학습을 특징으로 하며 변화되어 가는 과정"을 말하는 용어입니다.[123] 또한 이 용어는 에베소서 6장 4절에서 부모가 자녀를 하나님의 말씀으로 길러낸다는 의미로 사용된 것으로 전인적인 성장을 돕는 일을 잘 표현하고 있다고 생각됩니다. 따라서 기독교적 전인 교육이란 잃어버린 하나님의 형상을 회복해 가는 과정을 돕는 일로써, 전인적 양육을 제공하는 것이라고 말할 수 있습니다.[124]

3) 전인적 성장의 모델 예수님[125]

누가복음 2장 52절에는 예수님의 성장이 이렇게 기록되어 있습니다.

> 예수는 지혜와 키가 자라가며 하나님과 사람에게 더욱 사랑스러워 가시더라.

여기서 "지혜"라는 말은 헬라어 σοφία(소피아)를 번역한 것으로, 예수님께 다양한 문제에 대해 적절하게 지식을 사용하는 능력, 넓고 완전한 지능이 있었음을 말해 줍니다.[126] "키"라고 번역된 헬라어 ἡλικία(헬리키아)는 예수님이 신체적으로도 그 나이에 맞게 자라나셨다는 것을 의미합니다.[127] 더하여서 성경은 예수님이 하나님과 사람에게 사랑받으며 자라셨다고 기록합니다. 예수님의 성장은 영적, 사회-정서적, 지적, 신체적인 모든 면을 아우르는 전인적 성장이었습니다.

예수님은 영적으로 건강한 성장을 이루셨습니다. 하나님을 아버지로 모시고 깊은 교제를 나누셨습니다. 하나님의 말씀을 잘 알았고, 하나님의 뜻을 따라 살아가셨습니다. 하나님은 이런 예수님을 향해 "내 사랑하는 아들이요 내 기뻐하는 자"(마 3:17)라고 말씀해 주셨습니다.

예수님은 사회-정서적으로 건강한 성장을 이루셨습니다. 예수님께는 하나님을 아버지로 여기는 건강한 정체성과 자존감이 있었습니다(눅 2:49). 또한 예수님은 부모님께 순종하며 부모님을 잘 받드는 모습을 보여주셨습니다(눅 2:51). 예수님은 사랑받으며 자라셨고 이웃에게 사랑을 나누어주셨습니다.

예수님은 지적으로 건강한 성장을 이루셨습니다. 특별히 열두 살이 되어 성전을 방문하셨을 때, 성전에 있는 학자들과 하나님의 말씀을 두고 토론한 일은 예수님이 지적으로도 건강하게 자라셨음을 보여주는 증거입니다(눅 2:46-47).

마지막으로 예수님은 신체적으로도 건강한 성장을 이루셨습니다. 열두 살의 나이에 갈릴리 나사렛에서부터 예루살렘까지 직선거리로

만 104킬로미터나[128] 되는 먼 거리를 걸어서 여행할 만큼의 체력과 건강이 있었습니다.

A. 자라야 할 영역

예수님의 성장을 기록한 이 말씀을 통해, 우리는 기독교 교육이 목표로 삼고 있는 온전한 인간을 길러내는 일, 다시 말해 하나님의 형상을 회복하고 예수님 닮음(Christ-likeness)을 이루기 위해서는 자라가야 할 영역들과 회복되어야 할 관계들이 있음을 알 수 있습니다.

먼저 자라야 할 영역이란 예수님의 성장에서 보이는 영적, 사회-정서적, 지적, 신체적인 영역을 말합니다.

(1) 영적인 영역에서 자라야 합니다.

예수님이 하나님께 더욱 사랑스러워 가셨던 것처럼, 그리스도인인 우리는 어제보다 오늘이, 오늘보다 내일이, 하나님이 보시기에 더 아름다운 모습으로 변화되어야 합니다.

영적인 영역에서 자란다는 것은 하나님을 알아가는 일, 하나님의 말씀을 깨닫고 실천하는 일, 예수님을 구원자로 믿고 의지하는 일, 하나님을 섬기고 예배하는 모습 등에서 전보다 더 하나님이 기뻐하시는 모습으로 변화되어 가는 것을 말합니다.

그러면 영적인 영역에서의 성장을 보여주는 변화에는 어떤 것들이 있을까요?

이렇게 생각해 보십시오. 어느 날 아이가 이런 이야기를 했다고 말입니다.

- 엄마, 예수님이 내가 지은 죄를 용서해 주셨어요. 예수님이 너무 좋아요.
- 기도할 줄 몰랐는데 목사님을 통해 기도를 배웠어요. 배운 대로 열심히 기도해 볼게요.

아이의 입을 통해 나온 이런 고백들은 우리로 하여금 영적인 영역에서 아이가 자랐다는 생각을 갖게 합니다. 사실 영적인 영역에서의 성장을 드러난 말이나 행동들을 통해서 알아간다는 것은 불완전하며 잘못된 판단을 하게 될 가능성도 있습니다. 하지만 "아이일지라도 그 행동으로 자신들의 깨끗함과 옳음을 나타낸다"(잠 20:11, 쉬운성경)라는 잠언의 말씀이나, 행함이 없는 믿음은 죽은 것(약 2:26)이기 때문에 행함으로 믿음을 보이라는 야고보의 말처럼, 아이들의 말이나 행동에서 혹은 아이가 보여주는 태도의 변화에서 우리는 영적인 성장이 일어났음을 알 수 있습니다. 그러므로 하나님이 누구신지 몰랐던 아이가 "하나님은 우리를 지으신 분이세요"라고 고백했다면, 그 아이는 영적으로 자란 것입니다. 예수님이 누구신지 몰랐던 아이가 "예수님은 하나님의 아들이세요", "예수님이 나를 위해 십자가를 지셨어요"라고 고백했다면, 그 아이는 영적으로 자란 것입니다. 부모님 때문에 마지못해 교회에 나오던 아이가 스스로 예배를 준비하는 아이로 변화되었다면, 그 아이 역시 영적인 영역에서 자란 것입니다.

(2) 사회-정서적인 영역에서 자라야 합니다.

사회-정서적인 영역에서의 성장은 정체성, 자존감, 커뮤니케이션과 리더십, 이웃 사랑, 섬김과 나눔이라는 관점에서 긍정적인 변화를 말합니다. 사회-정서적인 영역에서 자란다는 것은 하나님의 자녀로서 건강한 정체성과 자존감을 갖게 되는 것, 건강한 모습으로 이웃과 소통하고 이웃 사랑을 실천하는 것을 말합니다.

사회-정서적인 영역에서 성장을 보여주는 변화들은 어떤 것이 있을까요?

- 엄마, 엄마는 우리가 하나님의 형상대로 지음받았다는 걸 알아요?
- 나는 하나님의 자녀예요. 나에게는 나만의 특별한 점이 있어요.
- 하나님이 나를 너무 사랑하고 계세요.

죄가 이 세상에 들어온 후부터 우리는 늘 남과 자신을 비교하면서 정체성과 자존감을 세워왔습니다. 공부를 잘한다는 것, 남보다 뛰어난 외모를 가졌다는 것, 좋은 직장에 다닌다는 것, 높은 지위에 있다는 것 등등, 사람들은 다른 사람들과의 비교를 통해 자신의 정체성과 자존감을 찾으려 합니다. 그런데 문제는 남과의 비교를 통해 얻은 정체성과 자존감은 쉽게 상처받고 무너질 수 있다는 것입니다. 예를 들어 자신의 정체성과 자존감의 근거를 공부에 둔다면 자기보다 더 공부를 잘하는 아이들을 만날 때 정체성과 자존감이 무너지는 경험을 하게 됩니다. 외모나 타인으로부터 받는 사랑, 인기가 정체성과 자존감의 근거인 아이는 어느 순간 이런 것들이 사라질 될 때 극심한 혼란과 나락에 빠지는 경험을 하게 됩니다. 외모, 학벌, 직업, 돈 등 세상이 말하는 다른 것에 자신의 정체성과 자존감의 근거를 두고 있는 사람은 흔들릴 수밖에 없습니다. 남과의 지나친 경쟁과 시기, 질투 등은 우리가 우리의 정체성과 자존감의 근거를 남보다 뛰어난 어떤 것에서, 남보다 더 많이 가진 것에서 찾으려 하기 때문에 드러나는 모습입니다.

하지만 하나님과의 관계가 회복된 사람은 정체성과 자존감의 근거를 하나님과의 관계에서 찾게 됩니다. 베드로전서 2장 9절에는 우리가 하나님이 택하신 족속이고 왕 같은 제사장들이며 거룩한 나라요 하나님의 소유가 된 백성이라고 기록되어 있습니다. 요한복음 3장 16절에는 하나님이 우리를 너무나 사랑하신 나머지 그의 아들 예수님을 보내 우리 죄를 대신하여 십자가에 죽게 하셨다고 기록되어 있습니다. 이러한 하나님의 말씀과 하나님의 사랑이 변하지 않기 때문에 하나님과의 관계에 기초하고 있는 사람은 어떤 상황에서든지 자기 자신과의 관계가 깨지지 않습니다. 그리스도인인 우리는 우리가 하나님이 택하신 하나님의 백성이며 하나님의 자녀라는 분명한 정체성과, 그렇기 때문에 내가 무엇보다도 존귀한 사람이라는 건강한 자존감을 가지고 있어야 합니다.

사회-정서적인 영역에서 우리가 성장해야 할 또 다른 부분은 커뮤니케이션과 이웃 사랑의 부분입니다.

- 엄마, 친구가 저한테 화를 냈는데, 저는 화내지 않고 착하게 말했어요.
- 옆집에 사시는 할머니가 많이 편찮으시대요. 제가 기도해 드릴 거예요.

성경은 커뮤니케이션과 관련하여 우리가 타인의 말을 경청해야 하고 바른 말을 사용해야 하며, 내 생각을 명확하게 전달하여 의사소통의 문제로 어려움이 생겨나지 않게 해야 한다고 말씀합니다. 그리스도인인 우리는 건강한 모습으로 이웃과 소통하고, 이웃 사랑을 실천할 줄 알아야 합니다. 잘 듣고 배우며, 바르게 말하고, 문제가 생겼을 때 건강하게 이를 해결해 가는 능력을 길러야 하고, 남을 이해하고 배려하며 섬김을 실천할 줄 아는 사람이 되어야 합니다. 또한 우리 안에 하나님이 심어주신 거룩한 성품을 잘 개발하고 발전시켜 나아갈 수 있어야 합니다.

(3) 지적인 영역에서 자라야 합니다.

지적인 영역에서 자란다는 것은 하나님이 만드신 세상에 대한 이해, 성경적 세계관을 가지고 세상을 바라보는 일, 학문을 연마하고 지혜를 키워가는 일에서 자라가는 것을 말합니다.

- 엄마, 제가 왜 열심히 공부하는지 알아요? 그건 바로 하나님이 만드신 세상을 잘 이해해서, 더 좋게 만들려고 그러는 거예요.
- 하나님이 이걸 더 좋아하시는 것 같아요. 성경이 그렇게 말씀하고

있거든요.

그리스도인인 우리는 기독교 지성을 발전시켜 나아가야 합니다. 먼저 우리는 하나님이 만드신 세상을 탐구하고 연구하여 잘 이해할 수 있어야 합니다. 우리가 학문을 연구하는 이유는 그것이 하나님이 만드신 세상을 이해하는 데 도움을 주기 때문입니다. 또한 잘 이해해야만 미지의 영역들을 정복하고 더 잘 다스릴 수 있기 때문입니다.

하나님이 만드신 세상에는 하나님의 창조의 지혜들이 담겨 있습니다. 이 세상은 하나님이 디자인하시고 하나님의 능력으로 온전하게 만들어졌기 때문입니다. 그리스도인인 우리는 하나님이 주신 이성과 지적인 능력들을 통해 새로운 것을 배우고 익힘으로써 하나님이 만드신 세상에 대해 알아가야 합니다.

그리스도인인 우리는 성경적 세계관을 가지고 세상을 바라보고 이해할 수 있어야 합니다. 성경적 세계관이란 하나님이 계신다는 것을 인식하는 것에서 출발하여 하나님과 바른 관계를 맺고, 하나님이 주신 말씀을 통해 하나님, 나, 이웃, 세계와의 관계를 이해하고 바라보는 것을 말합니다. 또한 이런 모든 과정을 통해 지혜를 키워가는 일에도 게으르지 말아야 합니다. 지혜는 하나님이 주시는 것입니다. 하나님과의 분명한 관계 속에서 하나님의 말씀을 온전히 붙잡을 때에만 우리는 올바른 판단력을 갖게 되고, 삶의 다양한 문제를 이해하고 해결하는 능력을 기를 수 있게 됩니다. 또한 적응력도 키워갈 수 있을 것입니다.

(4) 신체적인 영역에서 자라야 합니다.

하나님은 우리의 몸이 성장하도록 우리를 디자인해 주셨습니다. 하지만 우리가 우리의 몸을 잘 돌보고 관리하지 못하면 건강한 성장을 이룰 수 없습니다. 그러므로 신체적인 영역에서 자란다는 것은 몸을 잘 돌보고 관리하여 육체적으로 건강한 성장을 이루는 것을 말합니다. 이에 더하여서, 하나님이 만드신 세상을 잘 돌보고 관리하는 일, 즉 청지기로서의 모습도 자라가는 것을 말합니다.

- 엄마, 몸을 튼튼하게 하는 것도 하나님을 기쁘시게 하는 일이에요. 편식하지 않고 운동도 열심히 할게요.
- 환경을 깨끗하게 하고 물도 아껴 쓸게요. 하나님이 만드신 세상을 잘 돌봐야 하니까요.

그리스도인인 우리는 하나님이 지으신 모든 만물을 우리에게 맡겨 주셨다는 것을 인식해야 합니다. 또한 '땅을 정복하라, 다스리라'는 하나님의 명령에 순종하기 위해 환경을 오염시키거나 파괴하지 않고 우리가 하는 일들을 통해 자연을 더 아름답게 가꾸는 노력을 게을리하지 말아야 합니다.

B. 회복되어야 할 관계

앞에서 살펴본 네 가지 영역에서의 성장은 죄로 인해 깨어진 하나님, 나 자신, 이웃, 세계와의 관계 회복과 긴밀히 연결되어 있습니다.

영적인 성장은 하나님과의 관계 회복 없이는 일어날 수 없습니다. 따라서 영적인 성장이 이루어졌다는 말은 예수님을 나의 구원자, 나의 주님으로 믿고 고백함으로써 하나님과 화목하게 되었다는 말입니다. 또한 하나님의 말씀을 가까이하고 묵상하며 그 말씀에 순종하는 삶을 살아가게 되었다는 뜻입니다. 즉, 깨어진 하나님과의 관계가 회복되어 예수님처럼 '하나님께 사랑받는 존재'가 되었음을 말해 줍니다. 하나님께 사랑받는 존재가 된다는 것은 다른 모든 관계의 회복을 가져다주는 가장 중요한 요소로, 전인적 성장의 기초이며 전인적 성장에 관한 모든 것을 포함하는 요소입니다.[129]

사회-정서적인 영역의 성장은 자신과의 관계 회복은 물론 이웃과의 관계 회복과 연결됩니다. 하나님과의 관계가 온전했던 아담과 하와가 자기 자신에 대해 만족하고 서로의 다름을 받아들이면서 온전히 하나가 되었던 것을 생각해 보면, 우리가 하나님의 자녀라는 분명한 정체성과 자존감을 가지고, 하나님이 나를 사랑하신다는 것을 느끼게 되면, 왜곡되거나 잘못되었던 자신에 대한 이해로부터 자유로워지고 회복될 수 있습니다. 또한 하나님의 자녀다운 모습으로 변화되어 거룩한 성품을 가지고 하나님의 말씀에 따라 이웃을 대하고 섬김과 사랑을 실천한다면, 이웃과의 관계도 회복될 것입니다.

그런데 만약 우리가 하나님의 말씀, 하나님의 사랑이 아닌 다른 것을 자신의 존재 이유와 근거로 삼는다면 그것이 무너질 때 정체성과 자존감이 무너지는 것을 경험하게 됩니다. 그러므로 우리는 영원하신 하나님의 말씀과 변함없는 하나님의 사랑을 정체성과 자존감의 근거로 삼아야 합니다. 하나님의 말씀을 받아들이고 하나님의 사랑을 깊이 체험해야 합니다.

지적이고 신체적인 영역에서의 성장은 하나님이 만드신 세상에 대한 이해를 넓혀 주고, 하나님이 만들어주신 자연에 대한 청지기적인 자각과 책임감을 갖게 합니다. 우리가 하나님이 만드신 자연법칙과 하나님의 만드신 생명체들의 특성을 잘 알면 알수록 우리는 하나님이 만드신 세상을 하나님이 원하시는 대로 더 아름답게 하며, 하나님이 주신 문화 명령을 더 잘 성취해 나갈 수 있을 것입니다. 이렇게 우리가 하나님이 만드신 세상을 하나님의 말씀에 따라 관리하고 다스리고 발전시켜 나아가면 세상과의 관계도 회복될 것입니다.

이처럼 사람은 하나님의 형상으로 지어진 영적, 사회-정서적, 지적, 신체적 영역을 가진 존재이며, 예수님의 성장을 통해 우리가 이러한 모든 영역에서 자라가야 한다는 것을 알 수 있습니다. 동시에 이런 성장은 "하나님과의 관계 회복, 자신과의 화평과 이웃과의 화평, 환경에 대한 존중의 개념"을 포함하는 것임도 알 수 있습니다.[130]

정리해 보면, 전인적 양육이란 전인을 길러내는 교육, 전인적 성장을 이루는 교육을 말합니다. 그리고 성경이 말하는 온전한 인간의 모델이 예수님이심을 생각할 때, 예수님처럼 자라도록 돕는 교육, 예수님을 닮은 어린이를 길러내는 일이라고 말할 수 있습니다. 따라서 전인적 양육이란 예수님을 닮아 영적, 사회-정서적, 지적, 신체적인 영역에서 건강하게 자라고, 하나님과의 관계, 나 자신과의 관계, 이웃과의 관계, 세계와의 관계에서 온전하도록 사람을 세워가는 것을 말합니다.

4) 전인적 성장을 이루려면

그런데 기독교 교육의 목적이 온전한 사람을 길러내는 것, 예수님 닮은 성장을 이루는 것이라고 할 때 깊이 고민해야 할 것이 있습니다. 그것은 '과연 범죄 한 인간이 이렇게 전인적으로 자랄 수 있느냐?' 하는 것입니다.

전인적 성장이 정말 가능할까요? 성경이 말하는 전인적 성장을 이루는 것은 타락한 인간 스스로의 힘으로는 불가능한 일입니다. 왜냐하면 바울의 고백처럼 죄를 범한 인간은 죄와 사망의 권세 아래 있어서 깨닫는 일이나, 하나님을 찾는 일, 선을 행하는 일이 불가능하기 때문입니다(롬 3:11-12). 하지만 하나님은 우리가 힘써 하나님을 알기를 원하시고(호 6:3), 구주 예수 그리스도의 은혜와 그를 아는 지식에서 자라가기를(벧후 3:18), 즉 전인적으로 성장하기를 기대하고 계십니다.

그러면 어떻게 이 일이 가능한 것일까요?

A. 예수님의 능력으로

그 비결에 대해 베드로는 이렇게 이야기합니다.

> 그의 신기한 능력으로 생명과 경건에 속한 모든 것을 우리에게 주셨으니 이는 자기의 영광과 덕으로써 우리를 부르신 이를 앎으로 말미암음이라 이로써 그 보배롭고 지극히 큰 약속을 우리에게 주사 이 약

속으로 말미암아 너희가 정욕 때문에 세상에서 썩어질 것을 피하여 신성한 성품에 참여하는 자가 되게 하려 하셨느니라(벧후 1:3-4).

베드로 사도는 "생명과 경건에 속한 모든 것"이 예수님의 능력으로 우리에게 주어졌다고 이야기합니다. 또한 예수님이 우리에게 주신 약속 때문에, 우리가 "신성한 성품에 참여하는 자"가 될 수 있었다는 것도 지적하고 있습니다.

그렇습니다. 우리가 하나님의 성품에 참여하는 것, 즉 하나님의 형상을 회복해 가는 일이나, 예수님처럼 자라가는 일은 예수님이 십자가에서 이루신 놀라운 성취에 의해, 예수님의 능력이 우리에게 주어질 때에만 가능한 일입니다.

따라서 성경이 말하는 전인적 성장의 출발점은 예수님을 믿음으로 죄 사함과 구원의 은혜를 경험하는 것입니다. 하나님과의 관계 회복은 예수님 외에 다른 길이 없습니다. 또한 나 자신과의 관계, 이웃과의 관계, 자연과의 관계를 온전히 회복하는 일 역시 마찬가지입니다. 그러므로 전인적 성장의 출발점은 어린이들이 하나님을 알고 예수 그리스도를 통한 죄 사함과 구원의 은혜를 경험하는 것임을 기억해야 합니다.

B. 말씀을 통해

그런데 하나님을 아는 일, 예수 그리스도를 통한 죄 사함과 구원의 은혜를 경험하는 일은 말씀을 통해서 일어납니다. 그뿐만 아니라 선한 일을 행할 수 있는 능력을 갖추는 것도 오직 말씀을 통해서만 가능한 일입니다.

바울은 자신의 영적 아들인 디모데에게 보낸 편지에서 말세에 있을 일 가운데 하나로 악한 사람들과 속이는 사람들이 더욱 악해지고 속이며 속는 일들이 많아질 것이라고 경고합니다. 그러면서 디모데에게 "배우고 확신한 일에 거하라"(딤후 3:14)라고 권면했습니다. 그 이유는 하나님의 말씀인 성경이 하나님의 감동으로 된 것으로서, 무엇이 하나님의 뜻인지 알게 해주고, 잘못을 알게 하여 돌이켜 바른길을 걷게 하며, 하나님이 기뻐하시는 길을 끝까지 가도록 우리를 도와주어서, 하나님의 사람으로 온전하게 하고 하나님이 기뻐하시는 일을 행할 능력을 갖도록 도와주기 때문이라고 말했습니다.

> 모든 성경은 하나님의 감동으로 된 것으로 교훈과 책망과 바르게 함과 의로 교육하기에 유익하니 이는 하나님의 사람으로 온전하게 하며 모든 선한 일을 행할 능력을 갖추게 하려 함이라(딤후 3:16-17).

따라서 전인적 성장을 이루기 위해서는 하나님의 말씀을 알고, 이해하고, 그 말씀을 통해 변화되는 것이 필요합니다. 이를 위해서 교사인 우리는 성령님의 조명 아래 신구약 성경 전체를 충실하게 가르치고, 모든 적용이 말씀을 통해서 이루어지게 하는 것이 필요합니다.

당연히 전인적 양육의 모든 활동이 말씀을 분명하게 드러내고 적용을 훈련하는 데 적합해야 합니다.

C. 성경적 세계관을 갖게 함으로

더하여서 이 일을 위해 성경의 지식을 전달하는 것보다 성경적 세계관을 심어주는 것이 중요합니다. 따라서 단순히 성경 이야기를 들려주는 데에 그치지 않고, 스스로 의미를 발견하도록 돕고 묵상하도록 하여, 성경을 통해 세상을 바라보게 하고 성경적인 가치관을 갖게 하는 노력을 해야 한다고 믿습니다. 그러므로 다음세대의 전인적 성장을 꿈꾸는 모든 이들은 무엇이 성경적 세계관이고, 어떻게 가르쳐야 아이들이 성경적 세계관을 갖게 될지를 깊이 고민해야 합니다.

II. 성경적 세계관

　우리는 앞에서 성경적인 전인적 양육이 가능한 이유가 바로 예수님이 십자가에서 이루신 성취 때문임을 이야기했습니다. 그리고 이런 성장을 이루기 위해, 다시 말해 예수님처럼 자라게 하기 위해 말씀을 배우고 익히며 성경적 세계관을 훈련하는 일이 반드시 필요하다는 것도 나누었습니다. 그렇다면 전인적인 양육이라는 방법을 통해 성경적 세계관을 세운다는 것은 어떤 의미일까요? 어떻게 해야 성경적 세계관을 갖도록 훈련할 수 있을까요?
　먼저 세계관이 무엇인지, 어떤 성격을 가지고 있는지부터 생각해 보도록 하겠습니다.

1. 세계관이란?

1) 정의

사람은 누구나 저마다의 철학이나 생각을 가지고 세상을 바라봅니다. 안경을 쓴 사람들이 렌즈를 통해 세상을 바라보는 것처럼, 사람은 누구나 세상을 바라보고 이해하는 자신만의 틀을 가지고 있습니다. 실제로, 동일한 사물을 보거나 동일한 사건을 경험하더라도 사람마다 느끼고 반응하는 것이 다른 이유는 바로 세상을 바라보고 이해하는 안경, 즉 세계관이 다르기 때문입니다.

"세계관"이란 세상을 바라보는 틀, 세상을 이해하고 해석하는 인식의 통로를 말합니다. 세계관을 영어로 Worldview라고 하는데, 세계라는 뜻의 World와 관점, 즉 어떤 시각을 가지고 바라본다는 의미의 View가 붙어서 말 그대로 세계를 보는 시각, 세계를 보는 관점을 의미합니다.

그런데 세계관이 우리가 세상을 보는 시각이나 관점이라는 말은 다른 말로 하면 '틀'이라고 표현할 수 있습니다. 알버트 월터스(Albert M. Walters)는 세계관을 "한 사람이 견지하고 있는 원칙들, 또는 이상들의 전체"로 "한 사람이 사물들에 대해 갖고 있는 기본적 신념들의 포괄적인 틀"이라고 정의했습니다.[131] 여기서 틀이란 우리 곁에서 일어나는 사건이나 상황, 주변 세계에 대해 큰 그림을 갖게 해주고, 그것에 대해 특정한 방식으로 인식하게 하거나 판단하게 해주는 것을 말합니다. 마치 집안에서 밖을 바라볼 때 창이라고 하는 틀을 통해

세계관(Worldview)

세상을 바라보는 것처럼, 눈에 보이지는 않지만 세상을 향해 나 있는 창을 세계관이라고 부르는 것입니다.[132]

　세계관을 관점(View) 혹은 틀(Frame)이라는 말로 이해할 때, 기본적으로 우리는 시각적인 심상만을 떠올리기 쉽습니다. 하지만 세계관은 단순히 시각적인 정보를 통해 얻어지는 이해만을 말하는 것은 아닙니다. 세계관이란 삶과 실재에 대한 기본적 신념 및 가정들의 집합이고,[133] 인간의 모든 감각을 통해 얻는 세계에 관한 이해 전부를 말합니다.[134]

　사람들은 자신이 특정한 방식으로 사건이나 사물을 이해하고 인식하게 하는 세계관을 가졌다는 것을 잘 인식하지 못합니다. 마치 모든 사람이 동일한 하나의 눈이 아닌, 자신의 눈으로 세상을 보면서도 서로 다르게 인식할 수 있다는 것을 거의 의식하지 못하고 사는 것처럼 말입니다. 실제로 우리는 무엇인가를 나와 다르게 보는 사람이 있다는 사실에 놀라기도 하고 이상하게 생각하기도 합니다. 하지만 우리가 보는 모든 것이 눈이라는 렌즈를 통해 전달된 이미지라는 것을 곰곰이 생각해 보면, 나와 다른 눈을 가진 이들에게 다른 이미지가 전달될 수 있다는 것은 충분히 가능한 것이기도 합니다.

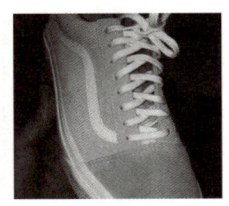
2017년 10월 12일, 알리시아 마리에(Alicia Marie)가 자신의 SNS를 통해 한 장의 사진을 올렸습니다. 그녀는 자신이 올린 신발의 색과 신발 끈의 색이 무엇이냐고 질문을 던졌는데, 이를 두고 사람들 사이에 갑론을박이 벌어졌습니다. 어떤 사람에게 신발색은 회색이고 신발 끈은 민트색으로 보였지만, 다른 사람들에게는 흰색 신발에 분홍색 끈으로 보였기 때문입니다.[135]

왜 이런 현상이 생기는지는 정확하게 알지 못하지만, 이 한 장의 사진을 통해 많은 사람이 놀랐던 것은 내 눈에 분명히 '회색-민트색'으로 보이는 것이 다른 사람들에게는 '흰색-분홍색'으로 보인다는 사실이었습니다.

세계관도 이와 마찬가지입니다. 많은 사람이 자기가 어떤 세계관을 가지고 살며, 자신의 말이나 행동이 어떤 세계관을 반영한 것인지 의식하지 못한 채 살아갑니다. 하지만 분명히 알아야 할 것은 모든 사람이 저마다의 세계관을 가지고 있고, 그 세계관에 따라 사물과 사건을 인식하고 판단하고 있다는 것입니다. 또한 세계관은 바꾸거나 고칠 수는 있어도 벗어버릴 수는 없기 때문에 아무도 세계관을 통하지 않고는 세상을 볼 수 없다는 사실도 기억해야 합니다.[136]

2) 기능

세계관은 우리의 삶에서 매우 중요한 기능을 합니다. 먼저 세계관은 세상을 특정한 방식으로 인식하게 합니다. 이런 세계관의 기능은 안경(혹은 렌즈)에 비유될 수 있습니다. 일단 우리가 안경을 착용하게 되면, 우리는 세상을 안경을 통해서 보게 됩니다. 당연히 내 눈에 착용된 안경은 내가 세상을 바라보는 데 절대적인 영향을 미치게 됩니다. 마치 선글라스의 색깔과 편광 유무에 따라 보이는 색상이나 범위가 달라지는 것처럼, 우리는 세계관이라고 하는 안경을 통해 세상을 인식하고 있다는 뜻입니다.

둘째, 세계관은 삶의 인도자 기능을 합니다. 세계관은 세계에 대한 인식과 판단에 근거를 제공해 주기에 어떤 것이 의미 있는지 혹은 없는지 판단하는 것 역시 세계관에 달려 있습니다. 사람들은 저마다의 의미를 찾아 행동하고, 자신이 가치 있게 여기는 것을 추구합니다. 따라서 세계관은 그것을 소유한 사람의 사고와 행동을 안내하고 방향을 지시해 주는 역할을 합니다.[137] 월터스(Walters)는 "세계관은 그것이 의식되지 못하고 구체화되지 않았을 때조차도 나침반이나 약도의 역할을 한다. 그것은 세계 속에서 우리에게 큰 방향을 제시해 주고 우리 앞의 사건과 현상들의 혼란 속에서 위아래가 어디인지, 무엇이 옳고 그른지를 감지하게 해준다"라고 지적했습니다.[138] 올바른 사

고와 행동의 뿌리에는 올바른 세계관이 있습니다.[139]

셋째, 세계관은 나의 신앙 정체성을 보여줍니다. 세계관은 사람들이 가진 눈에 보이지 않는 렌즈로서 세상을 바라보고 이해하게 하는 틀을 제공해 줍니다. 사람들이 저마다 자신의 세계관을 통해 사물이나 사건을 인식하고 이해하고 중요한 것을 결정하며 어떤 것에 가치를 부여한다는 것은, 한 사람이 가진 세계관이 무엇이냐에 따라 그가 누구인가를 알게 된다는 의미이기도 합니다. 즉, 한 사람이 가진 세계관을 보면, 그의 정체성을 알 수 있게 됩니다.

영어의 "크리스천(Christian)"이라는 단어는 '그리스도인'이라는 명사적인 의미와 함께 '기독교적'이라는 형용사적 의미를 지니고 있습니다. 이 단어는 예수님을 뜻하는 Christ에 '-에게 속한, -집안의 사람'을 뜻하는 접미어 -ian이 붙어서 만들어졌습니다. 사도행전이 기록하는 것처럼 예수님을 믿지 않던 사람들이 안디옥 교회 사람들을 보면서 '저들은 예수님(Christ) 집안의 사람들(-ian)로서 예수님께 속하여 있다'라는 뜻으로 이런 명칭을 붙여 주었습니다. 이 말은 곧 기독교인이 된다는 것은 기독교적이 된다는 의미임을 짐작게 합니다. 다른 말로 하면, 내가 진정으로 기독교를 받아들인다는 것은 성경의 세계관을 채택하는 신앙인이 된다는 것을 의미합니다.[140] 기독교적이라는 말은 결국 성경의 시각으로 세상을 바라보는 사람이 된다는 것을 의미하고, 이것이야말로 바로 그리스도에게 속한 사람들의 공통적인 특성이자 문화이기 때문입니다. 이런 의미에서 예수님께 속하여 예수님처럼 자란다는 전인적 성장은 예수님을 자신의 주와 그리스도로 믿고 고백하는 일과 아울러서, 성경적 세계관을 가진 사람이 된다는 것을 의미합니다. 따라서 성경적 세계관을 갖는 일은 예수님처럼 전인적으로 자라가는 데에 필수적인 요소입니다. 예수님의 사람이 되는 것과, 예수님의 사람답게 살아가는 것은 분리될 수 없는 하나이기 때문입니다.

2. 성경적 세계관이란?

그렇다면 성경적 세계관이란 어떤 것일까요?

"성경적 세계관"이란 "하나님의 말씀의 원리에 입각해 이 세계와 인생과 문화 전체를 인식하고 이해하고 그에 따라 삶의 자세를 확립하는 기독교적 안목"입니다.[141] "안목"이라는 말은 무엇인가를 본다는 것을 전제하고 있습니다. 그러니까 성경적 세계관이란 이 세상에 존재하는 모든 것을 성경의 시각으로 보는 마음의 자세를 말합니다.[142] 여기서 존재하는 모든 것이란 우리의 눈에 보이는 자연 세계뿐 아니라 우리 주변에 일어나는 사건들과 사람들 사이의 관계, 더 나아가서는 영적인 세계를 포함합니다. 즉, 그것이 자연 세계에 대한 것이든, 사람들 사이에 생겨나는 일이나 관계이든, 영적인 현상들이든, 무엇이든 관계없이 그 모든 것을 성경의 시각으로 보는 것을 성경적 세계관이라고 말할 수 있습니다.

이승구는 성경적 세계관을 이야기하면서 그것이 거듭난 사람들,

즉 하나님의 자녀로 부르심을 입은 사람들이 가진 영적인 세계관이라고 말했습니다.[143] 앞서 언급한 것처럼, 그리스도인이 되었다는 것은 기독교적이 되었다는 것이고, 이것은 곧 성경적 세계관을 가진 사람이 되었다는 뜻이기 때문입니다.

성경적 세계관은 몇 가지 중요한 특징을 가지고 있습니다.[144] 첫째, 성경의 진리, 즉 하나님의 말씀에 따라 세상을 본다는 것입니다. 성경적 세계관을 가진 사람은 성경을 하나님의 권위 있는 말씀으로 믿고 따릅니다. 성경은 정확 무오한 하나님의 말씀입니다. 진정한 의미에서 그리스도인이 된다는 것은 하나님의 말씀인 성경을 삶의 기준으로 삼고 살아간다는 의미입니다. 따라서 세계관이 성경에 기초하고 있다는 말은 사물을 인식하고 자신의 삶과 세상을 이해하는 틀로 성경을 사용한다는 뜻이며, 성경 말씀의 이해를 통해 발견된 가치와 기준을 갖는다는 것을 말합니다. 성경을 "삶의 영적 차원을 위한 틀뿐만 아니라 삶의 윤리적, 심미적, 경제적, 사회적, 지적, 심리적, 신체적 차원을 위한 틀을 제공해 주며, 사고와 언어 및 행동을 인도해 주는 것"으로 믿는다는 것입니다. 브루멜론(Brummelen)은 하나님의 말씀을 권위 있게 여기고 삶의 기준으로 삼는 것이 기독교 세계관과 그에 따른 여타의 기독교적 교육 과정의 출발점이라고 말했습니다.[145]

둘째, 성경적 세계관은 하나님의 존재에 대한 믿음을 근거로 하여 그분에 대한 바른 이해를 중요한 기초로 하고 있습니다. 한 분이신 하나님, 우리를 지으시고 온 우주 만물을 지으신 창조주가 계신다는 것과 그분이 다스리시고 통치하신다는 것을 믿는 것, 그리고 하나님의 말씀을 통해 하나님이 누구이신지, 어떤 성품을 가지고 계신 분인지를 알고 하나님을 경외하는 것이야말로 그리스도인의 가장 중요한 덕목입니다.

셋째, 성경적 세계관은 우리의 인생 과정을 관계 회복에 두고 있습니다. 그리스도인은 하나님과의 관계에 있어 삼위 하나님을 자신의 하나님으로 믿고 고백하는 것이 필요합니다. 자신을 이해함에 있어서, 자신이 하나님의 형상을 닮은 소중한 존재이며 하나님의 자녀라는 확신이 필요합니다. 이웃과의 관계 속에서는 섬김을 실천해야 하고 세상에서는 청지기로서 살아가야 합니다.

넷째, 성경적 세계관은 세상을 이해하는 기본 틀로 "창조-타락-구속/회복"의 구조를 가지고 있습니다. 즉, 구속사적인 관점에서 세상을 보는 것입니다. 성경적 세계관이 구속사적 세계관이라는 말은 이 세상을 하나님의 구원 계획이라는 큰 틀 속에서 보고 이해한다는 것을 말합니다. 즉, 창조와 타락, 구속 그리고 회복이라는 큰 틀 속에서 세상을 이해하는 것을 말합니다.[146]

신국원은 성경의 근본 진리를 창조, 타락, 구속의 세 요소로 이해하면서, 이것이야말로 "세상을 바로 이해하게 하는 성경의 삼중 렌즈"라고 말했습니다.[147] 특별히 이 세 가지 요소가 정확하게 자리 잡고 제대로 기능해야만 세상에 대한 통일된 관점을 가질 수 있다고 보았습니다. 만약 창조의 진리만 강조된다면 자연신론이나 이신론에 근접한 세계관을 갖게 될 것이고, 타락만 강조한다면 속세를 떠나 해탈에 이르는 것을 목표로 삼는 불교와 같이 세상을 부정하는 관점을 갖게 될 것이고, 구속만 강조한다면 "세상의 존재 이유나 역사의 의미를 제대로 읽어내지 못할 것"이라는 것이 그 이유입니다.[148]

3. 성경적 세계관의 뼈대: 창조 – 타락 – 구속/회복

성경적 세계관이 하나님의 말씀에 기초한 것이고 구속사적이라는 말은, 성경적 세계관을 가진 사람이라면 "창조-타락-구속/회복"이라는 하나님의 구원 계획의 큰 틀을 이해하고 말씀에 입각한 균형 잡힌 시각으로 세상을 바라보아야 한다는 것을 의미합니다.

성경은 하나님이 어둡고 공허한 세상을 향해 "빛이 있으라"라고 말씀하심으로 세상이 시작되었다고 기록합니다. "창조"란 성경에 기록된 대로, 하나님이 온 우주를 창조하시고 통치하시며 그분의 선하신 뜻을 이루어가신다는 것을 믿는 것입니다. 창조는 '나는 누구이며 어디에서 왔는가?', '인간의 본질, 사명 그리고 목적은 무엇인가?', '내가 살고 있는 세상과 우주의 본질은 무엇인가?'라는 우리 존재의 근본에 관한 질문에 대한 해답입니다.[149]

"타락"이란 하나님이 만드신 인간이 하나님께 불순종함으로써 범죄 하게 되었고, 범죄의 결과로 죽음과 고통이 찾아오게 되었다는 것입니다. 타락 즉, 하나님이 선하게 창조하신 인간이 사탄의 유혹에 넘어가 하나님께 불순종함으로써 세상에 악이 존재하게 되었다는 사실은 '무엇이 잘못되었는지, 개인적으로나 사회적으로 우리는 왜 완전에 훨씬 미치지 못하고 있는지, 고통과 악은 어디에서 유래한 것인지' 등 사람을 이해하는 것뿐 아니라, 세상을 이해하는 데 중요한 기초를 제공합니다.[150]

"구속"이란 죄로 인해 죽을 수밖에 없는 인간을 구원하시기 위해 예수님이 오셨고, 십자가에서 피 흘려 대신 죽으심으로써 인류의 죄를 용서하셨다는 것을 믿는 것입니다. 구속은 '타락으로 생겨난 모든 문제의 치유책은 무엇인가?', '우리는 인간의 곤경에 대한 해답을 어디서 발견하는가?', '우리가 회복을 향해 나아가는 것이 어떻게 가능한가?'를 알게 해줍니다. 더 나아가 구속의 결과로 이루어질 "회복", 즉 새 하늘과 새 땅을 기대하게 합니다.[151]

하나님은 예수님을 통해 범죄 한 인간을 위한 구원의 길을 열어놓으셨을 뿐 아니라, 언젠가는 죄로 인해 파괴된 모든 관계를 다시 회복시켜 죄와 죽음이 없는 온전한 회복을 이루실 것입니다.

우리는 하나님이 만드신 세상에 대한 이해와 창조의 의미를 기억해야 하고, 창조 속에서 하나님이 우리에게 기대하셨던 사명을 발견함으로 삶의 의미를 찾아가야 합니다. 우리는 우리가 범죄 한 인간임을 기억하고 인간 스스로의 힘으로 세상을 낙원으로 바꾸어갈 수 있다고 믿거나, 인간이 선과 악을 판단하는 주체가 되려고 하거나, 인간의 이성으로 모든 것을 판단하려고 하는 잘못에서 벗어나야 합니다. 또한 예수 그리스도를 통해 이루어진 구원과 언젠가 주님이 다시 오셔서 이루실 영원한 하나님의 나라를 기대하며 살아야 합니다.

4. 전인적 양육을 통한 성경적 세계관 교육

세계관은 개인의 가치 판단의 근거가 될 뿐 아니라 실제적인 행동, 느낌과 감정 등을 일으키는 힘이 되어 삶의 모든 영역에 영향을 주기 때문에 어떤 세계관을 갖느냐 하는 것은 매우 중요합니다. 따라서 세계관이 형성되어 가는 시기의 어린이들에게 하나님과의 바른 관계가 무엇인지 알게 하고, 하나님의 눈으로 자신을 바라보게 하며, 성경적 시각으로 이웃과 세계를 이해하게 하는 것, 즉 성경적 세계관을 갖게 하는 것은 매우 중요한 일입니다.

어린이들에게 성경적 세계관을 갖게 하려면 어떻게 해야 할까요? 교육가로서 부모로서 우리가 성경적 세계관의 중요성을 알고, 왜 그것을 가르쳐야 하는지를 인식하게 되면 우리는 곧바로 '무엇을 가르쳐야 하고 어떻게 가르쳐야 하는가?'라는 실질적인 문제에 직면하게 됩니다. 그러면서 종종 가르칠 내용과 가르칠 방법을 준비하고 훈련하기도 전에, 마음의 부담을 해결하기 위해 일련의 강의를 계획하거나 성경적 세계관을 가져야 한다는 말을 자주 사용하여 아이들의 주위를 환기시키려는 시도를 하곤 합니다. 하지만 성경적 세계관에 관한 일련의 시리즈 강의나 성경적 세계관을 가져야 한다는 것 자체에 대한 강조는 일시적으로 끝나는 경우가 많았습니다. 사실 세계관은 삶의 전 영역에 관계된 것이기 때문에 아이들의 성장에 따라 보다 넓고 보다 깊게 가르쳐야 하고 삶의 현장에서 끊임없이 훈련되고 적용되어야 할 필요가 있습니다. 즉, 어느 한 시점에 요약된 어떤 내용을 배운 것으로 혹은 성경적 세계관을 가져야 한다는 당위성을 강조한 것으로 성경적 세계관을 갖게 하는 노력이 끝났다고 생각해서는 안 된다는 점을 기억해야 합니다.

이런 점을 염두에 두고서 아이들이 성경적 세계관을 갖도록 하기 위해 가르쳐야 할 내용이 무엇인지 "기독교 세계관 하우스 모델"●을 중심으로 살펴보도록 하겠습니다.

1) 가르쳐야 할 내용: 기독교 세계관 하우스 모델

성경적 세계관을 갖는 것을 집에 비유하여 생각해 보면, 집을 세워야 할 터, 즉 세계관의 근거는 하나님의 말씀이며, 하나님의 말씀을 통해 하나님을 아는 것이 집의 기초(Foundation)가 되어야 합니다. 집에는 4면이 존재하는 것처럼, 성경적 세계관을 가진 사람은 하나님과의 관계, 나 자신과의 관계, 이웃과의 관계 그리고 세상과의 관계를 성경적인 시각으로 보고, 그 관계 속에서 하나님이 무엇을 기대하고 계신지를 알고 실천하는 노력이 필요합니다(창조). 동시에 죄로 인해 이 관계들이 깨어졌다는 것도 이해해야 할 필요가 있습니다(타락). 이런 깨어진 관계들이 다시 회복되는 일은 예수님의 십자가를 통해 이루어진다는 것을 믿어야 하며(구속), 예수님의 십자가를 통해서만 우

● 국제 어린이 양육 기구인 컴패션은 어린이를 위한 전인적 양육 프로그램의 하나로 기독교 세계관 교육을 위한 교재를 제작해 왔습니다. 특별히 해외에서 사용되던 국제컴패션의 모델을 국내에서 파이디온과 함께 한글로 된 세계관 교육 커리큘럼으로 제작하였습니다. 이 커리큘럼에는 성경적 세계관의 요소들을 집에 비유한 세계관 모델이 등장합니다. 이것을 "기독교 세계관 하우스 모델"이라고 부릅니다.

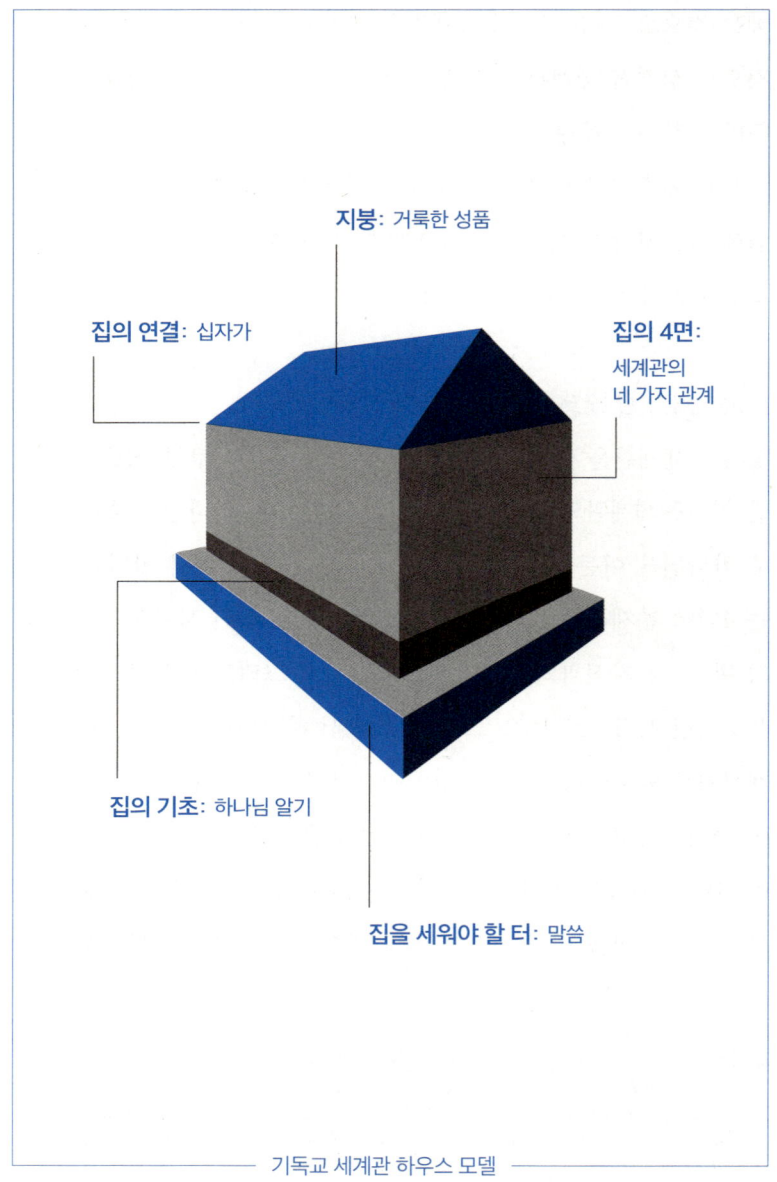

― 기독교 세계관 하우스 모델 ―

리는 하나님이 기뻐하시는 거룩한 삶을 살아갈 수 있고, 하나님의 형상으로 회복될 수 있다는 것도 알아야 합니다(회복).

A. 집을 세워야 할 터: 말씀[152]

복음서에는 반석 위에 집을 짓는 사람을 지혜로운 사람이라고 말씀하시는 예수님의 이야기가 등장합니다. 여기서 "반석"이란 하나님의 말씀을 가리키는 비유적인 표현으로 한 사람의 신앙의 집이 하나님의 말씀 위에 기초해야만, 시련과 시험도 견뎌내는 참된 그리스도인이 될 수 있다는 것을 보여줍니다.

> 그러므로 누구든지 나의 이 말을 듣고 행하는 자는 그 집을 반석 위에 지은 지혜로운 사람 같으리니 비가 내리고 창수가 나고 바람이 불어 그 집에 부딪치되 무너지지 아니하나니 이는 주추를 반석 위에 놓은 까닭이요(마 7:24-25).

그리스도인의 삶의 기초는 하나님의 말씀입니다. 우리의 믿음이 시련을 견디고 시험을 이겨내며, 우리가 열매 맺는 신앙인이 되려면 기초를 반석 위에 놓아 흔들리지 않게 해야 합니다(눅 6:48). 세계관의 기초도 동일합니다. 우리가 세워가야 할 세계관이 진리에 기초해 있고, 흔들리지 않는 견고한 것이 되려면 두말할 나위 없이 진리이신 하나님의 말씀에 기초해야 합니다.

성경적 세계관의 터는 바로 하나님의 말씀입니다. 성경적 세계관은 하나님의 말씀 위에서만 세워질 수 있습니다. 성경적 세계관이 하나님의 말씀의 터 위에 세워진다는 것은 성경적 세계관이 진리이신 하나님의 말씀에 기초해 있고, 그 말씀을 근거로 하여 세상을 바라보고 이해하고 판단한다는 말입니다.

세계관의 터를 하나님의 말씀 위에 세우기 위해서 우리 아이들이 배워야 하고 확신해야 하는 것들, 아이들의 삶 속에 일어나야 할 일들을 요약하면 다음과 같습니다.

(1) 성경은 하나님의 말씀입니다.

우리 아이들이 성경적 세계관을 가지려면 먼저 성경이 하나님의 말씀이라는 것을 알아야 합니다. 성경이 하나님의 말씀이라는 말은 성경의 저자가 하나님이시라는 뜻입니다.

하나님은 하나님의 백성에게 당신의 뜻을 여러 가지 방법으로 알려 주셨습니다. 꿈을 통해 말씀하기도 하셨고, 선지자들에게 말씀을 주셔서 그들이 하나님의 뜻을 대언하게 하기도 하셨습니다. 하나님은 당신의 말씀을 문자로 기록하는 일도 허락해 주셨습니다. 하나님이 직접 돌판에 말씀을 새겨주기도 하셨고(출 24:12), 여러 사람을 통해 하나님의 말씀을 기록하여 사람들이 글로 기록된 하나님의 말씀을 읽으며 하나님의 뜻을 기억할 수 있도록 허락해 주셨습니다. 그뿐만 아니라 하나님은 친히 인간의 모습으로 이 땅에 오셔서 말씀해 주셨고, 더 명확하고 분명해진 하나님의 뜻이 기록된 책으로 남겨지도록 역사해 주셨습니다. 그 결과 우리는 하나님의 감동을 입은 40여 명

의 사람이 1,500여 년에 걸쳐 기록한 신구약 성경 66권을 가질 수 있게 된 것입니다.[153]

하나님은 말씀하시는 하나님이십니다. "하나님의 말씀은 살아 있고 활력이 있어 좌우에 날선 어떤 검보다도 예리하여 혼과 영과 및 관절과 골수를 찔러 쪼개기까지 하며 또 마음의 생각과 뜻을 판단"(히 4:12)하기까지 합니다. 우리의 아이들은 이 하나님의 말씀을 기록한 책이 성경이라는 것을 알아야 합니다. 또한 "모든 성경은 하나님의 감동으로 된 것으로 교훈과 책망과 바르게 함과 의로 교육하기에 유익"(딤후 3:16)한 특별한 책임을 알아야 합니다.

(2) 성경은 하나님을 알게 해주며, 예수님께로 인도합니다.

우리 아이들은 성경을 통해 하나님이 누구신지, 어떤 일을 하셨는지, 무엇을 기뻐하시는지를 알아야 합니다. 또한 성경을 통해 구원자이신 예수님을 만나야 합니다.

첫째, 성경을 통해 하나님을 알아야 합니다. 사실 우리가 하나님에 관해 알고 있는 모든 것은 우리가 스스로 깨우쳐 발견한 것이 아니라, 하나님이 우리에게 알게 해주신 것들입니다. 하나님이 스스로 계신 분이시라는 것(출 3:14), 하나님이 참되신 분이시라는 것(롬 3:4), 하나님이 창조주(창 1:1)이시고, 통치자(단 4:17, 시 146:10)이시라는 것 모두는 하나님의 특별 계시인 성경을 통해서만 우리가 알 수 있는 것입니다.

둘째, 성경을 통해 하나님이 기뻐하시는 일과 그렇지 않은 일, 그리고 우리를 향하신 하나님의 뜻을 알아야 합니다. 레위기 11장 45절을 보면 "나는 너희의 하나님이 되려고 너희를 애굽 땅에서 인도하여 낸 여호와라 내가 거룩하니 너희도 거룩할지어다"라고 기록되어 있습니다. 하나님은 거룩하신 분입니다. 그리고 우리를 향하신 하나님의 뜻 역시도 '거룩'입니다. 하나님이 우리에게 지켜야 할 율례와 규례들을 알게 해주시고, 선지자들을 통해 하나님의 뜻이 무엇인지도 알게 해주신 것은 바로 우리가 거룩하신 하나님을 따라 거룩한 삶을 살아가게 하시기 위함입니다.

셋째, 성경을 통해 하나님이 정하신 구원의 방법이 예수님이심을 알아야 합니다. 바울은 그의 믿음의 아들 디모데에게 그가 어려서부터 알았던 성경이 능히 그로 하여금 "그리스도 예수 안에 있는 믿음으로 말미암아 구원에 이르는 지혜가 있게 하느니라"(딤후 3:15)라고 편지했습니다. 복음, 다시 말해 죄인인 우리가 죄 사함을 얻고 구원받아 영원한 생명을 얻을 수 있는 유일한 방법이 예수님이시라는 것은 오직 성경을 통해서만 알 수 있는 진리입니다(롬 1:2, 요 5:39).

이처럼 우리 아이들은 오직 말씀을 통해서만 하나님을 알 수 있고, 하나님이 우리에게 원하시는 것이 무엇인지도 알 수 있으며, 오직 말씀을 통해서만 구원자 예수님을 알 수 있다는 것을 이해해야 합니다.

(3) 말씀을 사랑하고 말씀을 따라 살아야 합니다.

우리 아이들은 하나님의 말씀을 사랑하고 늘 읽고 묵상하며, 그 말씀을 따라 살아야 한다는 것을 깊이 인식해야 합니다.

하나님은 우리가 하나님의 말씀을 듣고, 읽고, 묵상하고, 지키며 살기를 바라십니다. 우리는 하나님의 말씀을 읽고 묵상하며, 그 말씀대로 지키며 사는 것이야말로 우리를 향하신 하나님의 뜻임을 알아야 합니다(레 22:31). 그렇게 할 때 하나님이 주시는 복이 있음도 알아야 합니다(출 20:6, 신 28:1). 하나님의 말씀을 읽고 묵상하고 지키려고 애쓰는 것이 바로 하나님을 사랑하는 것임도 알아야 합니다(요 14:15).

정리해 보면, 하나님의 말씀은 성경적 세계관의 기초이고 근거이며 성경적 세계관이 세워져야 할 터입니다. 따라서 우리 아이들을 성경적 세계관을 가진 아이들로 자라게 하려면, 성경이 하나님의 말씀이고, 하나님을 알게 해주며 예수님께로 인도해 주는 특별한 책이라는 것, 그리고 하나님의 말씀에 따라 살아가는 것이 하나님이 기뻐하시는 일임을 분명히 인식하도록 도와주어야 합니다.

> **세계관 교육 포인트 1**
>
> ## 하나님의 말씀 위에 서요!
>
> - 성경은 하나님의 말씀이에요. 성경은 특별한 책이에요.
> - 성경은 하나님을 알게 하고 예수님께로 우리를 인도해요.
> - 우리는 하나님의 말씀을 사랑하고 그 말씀을 따라 살아가야 해요.

B. 집의 기초: 하나님 알기[154]

요한복음 17장 3절에는 "영생은 곧 유일하신 참 하나님과 그가 보내신 자 예수 그리스도를 아는 것이니이다"라고 기록되어 있습니다.

하나님이 보내신 구원자 예수님을 아는 것이 바로 영원한 생명을 얻는 길이라는 것입니다. 그런데 하나님을 아는 방법은 하나님의 자기 계시(Self-revelation)를 통해서입니다. 특별히, 하나님의 특별 계시인 성경은 우리에게 하나님이 누구이신지를 알게 합니다. 성경적 세계관을 가진 사람이 되려면 반드시 하나님의 특별 계시인 성경이 하나님을 어떤 분이라고 기록하고 있는지, 하나님이 우리에게 자신을 어떻게 계시하고 계신지를 알아야 합니다.

(1) 하나님은 유일하신 분이십니다. 하나님만이 참 신이시고 다른 신은 없습니다.

하나님은 친히 "나 외에는 신이 없도다 나는 죽이기도 하며 살리기도 하며 상하게도 하며 낫게도 하나니 내 손에서 능히 빼앗을 자가 없도다"(신 32:39)라고 말씀해 주셨습니다. 이스라엘이 아침저녁으로 암송하며 기도했던 쉐마의 말씀을 통해 그들이 매일 고백했던 신앙의 고백도 "우리 하나님 여호와는 오직 유일한 여호와이시니"(신 6:4)였습니다. 신약의 성도들도 동일하게 "하나님은 한 분이시요 또 하나님과 사람 사이에 중보자도 한 분이시니 곧 사람이신 그리스도 예수라"(딤전 2:5)라고 고백했습니다. 바로 성경이 기록하는 여호와 하나님만이 유일하신 참 신이시고, 영원하신 분, 알파와 오메가가 되시는 분이십니다(계 1:8).

(2) 하나님은 천지를 지으신 분이십니다. 지혜와 명철이 무궁하신 분이십니다. 못하는 것이 없는 전능하신 분이십니다.

성경은 하나님이 태초에 천지를 창조하셨다고 선언합니다(창 1:1). 하나님은 큰 권능의 말씀으로 온 우주 만물을 지으셨습니다. 그분은 지혜와 명철이 무궁하신 하나님이십니다(사 40:28). 또한 하나님은 전능하시어 사람의 생사화복을 주관하시고 불가능한 일을 가능케 하시는 분이십니다(창 28:3, 35:11).

(3) 하나님은 진리이시고 참된 것을 말씀하시는 분이십니다. 하나님은 거짓이 조금도 없으십니다.

성경은 하나님을 완전하고 정의롭고 진실하고 거짓이 없는 분, 공의로우시고 바른 분이시라고 기록합니다(신 32:4). 하나님이 진리이시고 참된 분이시며, 거짓이 없는 분이시라는 사실이 우리로 하여금 하나님을 신뢰하고 하나님의 약속을 신뢰하게 하는 바탕이 됩니다.

(4) 하나님은 성부, 성자, 성령 삼위일체 하나님이십니다.

삼위일체라는 용어는 성경에는 등장하지 않지만, 하나님을 설명하기 위해 사용되는 신학적인 용어입니다. 삼위일체의 핵심은 '하나님은 한 분이시다'라는 사실과, 성부 하나님과 우리의 구원자 되신 예수님, 그리고 우리와 함께하시는 성령님이 세 위격(ὑπόστασις; Subsistence)으로 존재하신다는 것입니다.[155] 여기서 위격이라는 말은 한글 성경에서는 "본체"(히 1:3), 영어 성경에서는 "Person"(인격; KJV)이라는 뜻으로 번역되었습니다.

하나님이 세 위격을 지니신 한 분이시라는 고백은 인간의 이해를 넘어서는 신비한 사실입니다. 따라서 아이들에게 삼위일체를 가르칠 때 쉽게 설명하기 위한 목적이라 하더라도, 우리가 사는 세상의 어떤 것에 빗대어 하나님을 설명하는 것은 잘못된 이해를 갖게 할 우려가 있습니다. 예를 들어 "사과에 씨가 있고, 속살이 있고, 껍질이 있는 것처럼 하나님도 성부, 성자, 성령 하나님이 계시지만 한 분이셔"라고 말하게 되면, 씨와 속살과 껍질이 독립적으로는 사과라고 불릴 수 없는 것처럼, 성부, 성자, 성령 하나님을 독립적으로 말할 때는 하나님이라고 말할 수 없게 되는 오류를 낳고 맙니다. 따라서 아이들에게 삼위일체를 가르칠 때는 여러 가지 설명을 덧붙이기보다는 "성부, 성자, 성령 하나님은 한 분이세요"와 같이 성경이 말씀하는 진리를 간결하게 전달하는 것이 좋습니다.

이외에도 성경은 하나님에 관해 많은 것을 우리에게 알게 해줍니다. 신앙적 성장을 위해서 우리 아이들은 하나님의 자기 계시인 기록된 말씀을 통해 하나님을 더 알아가는 것이 필요합니다. "여호와를 경외하는 것이 지혜의 근본이요 거룩하신 자를 아는 것이 명철이니라"(잠 9:10)라는 말씀처럼, 하나님을 아는 것, 하나님을 나의 하나님으로 나의 아버지로 모시는 것이 필요합니다.

> **세계관 교육 포인트 2**
>
> ## 하나님을 알아요!
>
> - 하나님은 한 분이세요. 하나님만이 참 신이시고 다른 신은 없어요.
> - 하나님은 하늘과 땅을 지으신 분, 지혜와 명철이 무궁하신 분, 못하시는 것이 없는 분이세요.
> - 하나님은 진리 이시고 참된 것을 말씀하시는 분이세요.
> - 하나님은 성부, 성자, 성령 삼위일체 하나님이세요.

C. 집의 4면: 네 가지 관계 - 하나님, 나, 이웃, 세계

성경을 통해 하나님을 알게 되었다면 하나님, 나, 이웃, 세계와의 관계에 대한 성경 말씀을 이해하고, 하나님의 뜻대로 올바른 관계를 맺는 것이 필요합니다.

(1) 하나님과 교제하기

먼저는 하나님과 바른 관계를 맺고 하나님과 교제하는 것이 필요합니다.

성경은 창조주이신 하나님이 우리와 교제하시기 위해 우리를 지으셨다고 말씀합니다. 우리는 하나님과 이야기하고 하나님을 찬양하며, 하나님의 뜻을 행함으로 하나님과 교제하도록 지어진 존재입니다.

하나님이 창조하신 첫 사람 아담과 하와는 하나님이 만들어주신 동산에서 하나님과 함께 거닐며 교제했습니다(창 2:8). 하나님은 에녹과 동행해 주셨습니다(창 5:24). 하나님은 아브라함을 나의 벗이라고 불러주셨습니다(사 41:8, 약 2:23). 예수님은 우리를 친구(요 15:15, 눅 12:4)라고 말씀해 주셨습니다. 또한 성령님은 우리와 늘 함께하시며 우리의 연약함을 도우시기 위해 말할 수 없는 탄식으로 친히 우리를 위해 간구해 주시는 분이십니다(롬 8:26). 성경에 등장하는 이런 모든 사례는 하나님이 우리와 교제하는 것을 얼마나 기뻐하시는지를 알게 해 줍니다.

호세아 선지자는 범죄 한 이스라엘 백성에게 회개를 촉구한 뒤에, "여호와께 돌아가자"라고 외쳤습니다. 그는 하나님이 용서해 주시고 싸매어 주실 것이라고 말하며 그러므로 "여호와를 알자 힘써 여호와를 알자"(호 6:3)라고 권면했습니다. 우리가 하나님을 알되 힘써 알아야 하는 이유는 우리를 지으신 창조주 하나님, 범죄 한 우리이지만 용서해 주시고 싸매어 주시는 사랑의 하나님과 더 깊은 교제를 나누기 위함입니다. 어린 시절 즐겨 불렀던 복음성가의 가사처럼, 하나님과 함께 거닐고 이야기하며, 하나님이 주시는 위로와 사랑을 느끼며 사는 것이야말로 우리에게 가장 큰 축복입니다.

〈나는야 친구 되신 하나님과〉

나는야 친구 되신 하나님과 푸른 초장 한없이 거니네
손을 잡고 기쁨을 나누면서 단둘이서 한없이 거니네
손을 잡고 기쁨을 나누면서 단둘이서 한없이 거니네

지나간 날들 내게 말씀하며 앞날에 될 일 내가 들을 때
믿을 수 없는 꿈만 같은 사실 믿으니 이 세상 천국 같애
믿을 수 없는 꿈만 같은 사실 믿으니 이 세상 천국 같애
나는야 친구 되신 하나님과 영원히 다정하게 지내리
천지는 모두 없어진다 해도 우린 영원히 지내게 되리
천지는 모두 없어진다 해도 우린 영원히 지내게 되리

✓ **세계관 교육 포인트 3**

하나님과 교제해요!

- 하나님은 우리의 친구가 되세요.[156]
- 하나님은 우리와 교제하기를 기뻐하세요.
- 하나님을 더 알아갈수록 우리는 하나님과 더 깊은 교제를 나눌 수 있어요.

(2) 나 자신을 바로 알기: 하나님의 형상으로서의 나[157]

두 번째는 '나 자신과의 관계'를 바로 세우는 것입니다. 특별히 나 자신을 성경의 시각으로 보고 이해하는 것이 핵심입니다. 성경은 하나님이 사람을 하나님의 형상대로 창조하시되 남자와 여자를 창조하셨다(창 1:27)고 기록합니다. 또한 그렇게 지어진 사람에게 하나님이 지으신 땅을 정복하고 그 땅에 존재하는 모든 생명체를 다스리라고

명령하셨습니다. 그뿐만 아니라 하나님의 형상대로 지어졌고 분명한 사명을 가지고 이 땅에 존재하게 된 그들을 보시고 "심히 좋았더라"(창 1:31)라고 말씀해 주셨습니다.

■ 하나님의 형상

성경이 말하는 나는 '하나님의 형상'대로 지어진 존재입니다. 여기서 하나님의 형상이라는 표현은 우리가 하나님을 닮았다는 것을 말해 줍니다. 조금 더 구체적으로 우리가 하나님을 닮아 영성, 사회성, 감성, 도덕성, 지성, 창의성 등을 가진 존재라는 것을 말해줍니다. 성경은 하나님이 흙으로 사람을 빚으시고 그 코에 생명의 숨을 불어넣으셔서 살아 있는 영적인 존재가 되게 하셨다고 말합니다(창 2:7). 하나님을 닮아 영적인 존재로 지어진 우리는 하나님을 알고 하나님과 교제할 수 있습니다. 하나님의 사랑을 느끼고, 하나님을 찬양하고, 하나님께 기도할 수 있습니다. 하나님의 말씀을 읽으며 하나님을 뜻을 깨달을 수 있고, 그 말씀에 따라 살아가야겠다는 결단을 내릴 수 있습니다. 하나님을 닮아 영성을 가진 존재인 사람만이 모든 만물 가운데서 유일하게 영이신 하나님(요 4:24)과 교제할 수 있는 존재입니다.

사람은 사회성을 가진 존재입니다. 하나님은 우리에게 가족을 허락해 주셨고, 더불어 살아갈 이웃을 주셔서 사회를 이루며 살아가게 하셨습니다. 사람은 홀로 있을 때 외로움을 느끼는 반면, 다른 사람과 함께 지내며 서로 돕고 섬길 때 기쁨을 느낍니다. 우리에게 있는 이런 특성은 우리가 하나님을 닮아 사회성을 가진 존재로 지어졌기 때문입니다.

사람은 다양한 감정을 느끼고 그 감정을 다양한 방법으로 표현할 수 있는 감성을 가진 존재입니다. 우리는 살아가면서 느끼는 다양한 감정을 표정, 말, 제스처나 혹은 다른 행동으로 표현할 수 있습니다. 또한 다른 사람의 마음을 느끼고 함께 기뻐하거나 슬퍼할 수 있습니다. 우리가 이렇게 감정을 느끼고 표현하며, 다른 사람에게 공감하는 행동을 할 수 있는 이유는 우리에게 하나님이 주신 감성이 있기 때문입니다.

사람은 옳고 그름을 판단할 수 있는 도덕성을 가진 존재입니다. 하나님은 우리에게 양심을 주셔서 옳고 그름을 알게 하셨고 그에 따라 행동할 수 있게 해주셨습니다.

사람은 새로운 것을 배우고 익힐 수 있는 지성을 가진 존재로 창조되었습니다. 갓 태어난 아이는 말을 하지도 못하고 삶을 살아가는 데 필요한 지식도 없는 상태이지만, 시간이 지남에 따라 거의 무한대로 삶의 필요한 것을 습득할 수 있습니다. 우리가 언어를 말하고 글을 읽고 쓰게 되는 것, 세상에 관한 다양한 지식을 기억하고 이해하고 깨달을 수 있는 것은 모두, 우리가 하나님을 닮아 지성을 가진 존재로 지어졌기 때문입니다.

또한 사람은 하나님을 닮아 새로운 것을 생각하고 만들어낼 수 있는 창의성을 가진 존재로 창조되었습니다. 진화론자들이 인간과 가장 가깝다고 이야기하는 침팬지 같은 유인원들의 경우라 하더라도, 그들의 역사 속에 새로운 생활 방식이 등장하거나 새로운 발명품이 나타난 경우는 없습니다. 쉬운 말로, 역사 가운데 식사를 하고 나서 양치질을 하는 동물은 세상에 없었다는 것입니다. 하지만 하나님의 형상으로 지음받아 창의성을 가진 사람은 다릅니다. 인류는 역사 이래 수없는 발전을 거듭해 왔고 생활 방식도 다양하게 바꾸어왔습니다. 이처럼, 인간은 하나님의 형상대로 지어진 특별한 존재입니다.

■ 하나님의 사랑받는 자녀[158]

성경이 말하는 나는 하나님의 사랑받는 자녀입니다. 하나님이 사람을 모든 피조물 가운데 가장 나중에 지으신 것이나, 하나님의 형상을 닮은 존재로 디자인해 주신 것, 또한 흙을 빚고 그 안에 하나님의 생명의 숨을 불어넣어 주셔서 하나님과 교제할 수 있는 영적인 존재가 되게 해주신 것은, 하나님이 사람을 얼마나 사랑하시는지, 또 얼마나 특별하게 여기셨는지를 보여줍니다. 이 세상 모든 것은 하나님이 우리를 위해 만들어주신 것입니다. 그래서 시편 기자는 "이 세상은 하나님의 사랑으로 가득 차 있다"(The earth is filled with your love, O LORD; 시 119:64, NIV)라고 노래했습니다.

그뿐만이 아닙니다. 인간은 하나님을 거역하고 불순종하는 죄를 범했지만, 하나님은 여전히 범죄 한 인간을 사랑하시고 불쌍히 여기셔서 독생자를 보내주셨습니다.

> 하나님이 세상을 이처럼 사랑하사 독생자를 주셨으니 이는 그를 믿는 자마다 멸망하지 않고 영생을 얻게 하려 하심이라(요 3:16).

그리고 그 아들을 범죄 한 우리를 위해 내어주어 우리의 죄를 대신 지고 십자가에 못 박혀 죽게 하셨습니다. 범죄 하여 하나님을 떠난 인간을 위해 독생자를 보내주셔서 영생의 길을 열어주신 것은 "하나님께서 우리에 대한 자기의 사랑을 확증" 하신 일입니다.

> 예수는 우리가 범죄한 것 때문에 내줌이 되고 또한 우리를 의롭다 하시기 위하여 살아나셨느니라(롬 4:25).

> 우리가 아직 죄인 되었을 때에 그리스도께서 우리를 위하여 죽으심으로 하나님께서 우리에 대한 자기의 사랑을 확증하셨느니라(롬 5:8).

■ 하나님의 세상을 맡아 다스리는 존재

성경이 말하는 '나'는 하나님이 맡기신 사명을 가진 존재입니다. 하나님은 사람을 당신의 뜻에 따라 남자 혹은 여자로 이 땅에 태어나게 하셨습니다(창 1:27). 또한 그 사람에게 하나님이 지으신 세상을 맡아 다스리는 존재가 되라고 축복해 주셨습니다. 분명히 우리는 목적 없이 우연히 이 땅에 태어난 존재가 아닙니다. 우리는 하나님의 뜻에 따라 거룩한 목적을 가지고 이 땅에 태어났으며, 하나님의 세상을 맡아 관리하고 다스려야 하는 존재입니다.

사람이 하나님의 형상을 가진 존재라는 것과 하나님이 우리를 사랑하신다는 것은 그리스도인으로서 건강한 정체성과 자존감을 갖는 데 핵심적인 역할을 합니다. 우리 아이들은 자신의 외모와 성별, 국적, 혹은 내가 가진 능력이나 특기에 관계없이 하나님의 형상으로 지음받은 특별한 존재임을 알아야 합니다. 또한 하나님이 누구보다 나를 사랑하고 계신다는 것을 깊이 인식해야 합니다. 더하여서 하나님이 내게 맡기신 사명, 창조의 목적을 따라 살아가야 합니다.

> ✔ 세계관 교육 포인트 4
>
> ### 하나님의 형상, 하나님께 사랑받는 존재임을 알아요!
>
> - 하나님은 나를 하나님을 닮은 존재, 하나님의 형상으로 지으셨어요.
> - 사람만이 하나님의 형상을 닮아 하나님과 교제할 수 있어요.
> - 하나님이 나를 너무나 사랑하세요. 나는 하나님의 사랑을 받고 있어요.
> - 하나님이 나를 하나님의 세상을 맡아 다스리는 사람으로 삼아주셨어요.

(3) 다른 사람과의 관계 세우기: 이웃 사랑과 섬김을 실천하기[159]

세 번째는 이웃과의 관계를 세워가는 일입니다. 이웃이란 하나님이 우리와 더불어 살아가게 하신 사람들입니다. 좁게는 내 주변의 사람들로부터 내가 속한 지역 사회와 국가, 더 나아가서는 세계 여러 곳에서 살아가고 있는 이들이 바로 우리의 이웃입니다. 하나님은 사람을 혼자 살아가는 존재로 창조하지 않으셨습니다. "사람이 혼자 사는 것이 좋지 아니하니"(창 2:18)라는 창세기의 말씀은 홀로 살아가는 것이 하나님의 원 계획이 아니었음을 보여줍니다. 물론 성경은 독신으로 살아가는 것을 죄로 여기거나 금지하고 있지는 않습니다. 하지만 사람은 독신으로 살 수는 있어도 혼자 살아가서는 안 되는 존재입니다. 사람은 다른 사람과의 관계 속에서 살아가는 존재로 지음받았음을 기억해야 합니다.

이웃을 향한 하나님의 뜻은 '사랑하고 섬기라'는 말로 요약될 수 있습니다. 예수님도 최고의 계명을 말씀하시면서 하나님을 사랑하는 것과 동일하게 이웃을 나의 몸같이 사랑하라고 말씀해 주셨습니다(마 22:38-39). 하나님 사랑과 이웃 사랑은 우선순위는 있지만, 결코 분리될 수 없는 것입니다. 하나님 사랑은 하나님을 예배하는 것과 아울러서 하나님이 우리와 함께 살아가게 하신 이들에 대한 사랑과 섬김으로 표현되어야 하기 때문입니다.

우리 아이들은 하나님이 우리와 함께 살아가게 하신 이들이 바로 우리의 이웃이라는 것을 알아야 합니다. 또한 그 이웃을 사랑하고 섬기는 것이 하나님을 기쁘시게 하는 일이며, 더 나아가서는 하나님을 사랑하는 방법이라는 것을 이해해야 합니다.

> **세계관 교육 포인트 5**
>
> ## 이웃을 사랑으로 섬겨요!
>
> - 하나님은 우리를 혼자가 아니라 함께 살아가는 존재로 만드셨어요.
> - 하나님이 우리에게 더불어 살아갈 이웃을 주셨어요.
> - 우리는 하나님이 주신 이웃을 사랑하고 섬겨야 해요.

(4) 세상과의 관계를 바로 세우기

마지막 네 번째는 세상과의 관계를 바로 세우고 청지기로 살아가는 것입니다. 하나님이 의도하셨던 사람과 세상과의 관계는 하나님이 인간에게 주신 창조 명령을 통해 발견할 수 있습니다. 하나님은 사람을 하나님의 형상대로 지으신 뒤에, 그들에게 복을 주시며 "생육하고 번성하여 땅에 충만하라, 땅을 정복하라, 바다의 물고기와 하늘의 새와 땅에 움직이는 모든 생물을 다스리라"(창 1:28)라고 말씀하셨습니다. 하나님은 사람들이 하나님이 만드신 세상에 가득해지기를 원하셨습니다. 그리고 하나님이 만드신 세상을 정복하는 일, 즉 세상의 원리를 발견하고 그것들을 사용하여 하나님이 만드신 세상을 발전시켜 나가기를 원하셨습니다. 또한 하나님이 만드신 모든 생명체를 다스리기를 원하셨습니다.

하나님은 이런 큰 비전 아래 아담을 하나님이 만드신 에덴동산의 청지기로 삼아 동물들의 이름을 짓게 하셨고, 하나님이 만드신 동산을 경작하며 지키게 하셨습니다. 당연히 아담은 동물들의 이름을 짓기 전에 그들의 특성을 이해해야 했고, 하나님이 맡기신 식물을 잘 기르고 가꾸기 위해 수고해야 했으며, 그곳을 지키는 섬김을 실천해야 했을 것입니다.

우리도 마찬가지입니다. 세상과의 관계 속에서 우리는 하나님이 만드신 세상을 이해하고 그들의 특성에 맞게 이름을 지어주며, 그들을 잘 기르고 키워가는 일, 지키고 보호하는 일이 하나님이 우리에게 맡기신 일임을 알아야 합니다. 잘 관리하고 다스리기 위해 하나님이 만드신 세상을 이해하는 일에 힘써야 하고, 더 나은 세상을 만들어가기 위해 애써야 한다는 것도 알아야 합니다. 그러면서 우리는 나의 몸, 시간, 자원, 동식물, 지구 등 온 세상 모든 것의 주인이 하나님이시라는 것과, 나는 세상의 주인이신 하나님의 뜻에 따라 세상을 관리하는 청지기임을 깊이 이해해야 합니다.

세계관 교육 포인트 6

청지기로 살아요!

- 하나님이 온 세상 만물의 주인이세요.
- 우리는 하나님이 만드신 세상을 맡아 관리하는 청지기예요.
- 하나님이 만드신 세상을 이해하는 일에 힘쓰며, 더 나은 세상으로 만들어가기 위해 애써야 해요.

D. 집의 연결: 십자가[160]

그런데 하나님을 알고 하나님과 교제하는 일이나, 나 자신, 이웃, 세계와의 관계를 하나님의 시각으로 바로 보는 일은 예수 그리스도의 십자가 없이는 되지 않습니다. 왜냐하면 죄로 인해 우리의 눈과 마음이 어두워졌기 때문입니다. 따라서 예수님을 나의 주인으로, 나의 구원자로 믿고 고백하는 일 없이는 하나님을 바로 알 수도 없고, 나 자신을 바르게 이해하고, 이웃과 바른 관계를 맺으며, 청지기로서 세상을 섬기는 일이 모두 다 불가능한 일입니다.

예수님의 십자가는 하나님과의 관계를 다시 회복시키고, 왜곡되었던 자아상을 바르고 고치며, 이웃과 세상과의 관계도 바로 세워, 다시 온전한 회복을 이루게 하는 능력이 있습니다. 예수님의 십자가로 회복이 일어나야만 우리는 하나님을 바로 알고, 나 자신과 이웃을 바로 볼 수 있을 뿐 아니라 자연과 역사에 나타난 하나님을 뜻도 바르게 이해할 수 있습니다.

우리 아이들은 모든 관계를 회복시키는 분이 바로 예수님이심을 알아야 합니다. 또한 예수님을 자신의 구주로 믿고 고백해야 합니다.

세계관 교육 포인트 7

십자가의 능력을 의지해요!

- 죄로 인해 깨어진 관계는 예수님의 십자가로만 회복될 수 있어요.
- 예수님을 나의 주님, 나의 구원자로 믿어야 해요.

E. 집의 지붕: 거룩한 성품[161]

집은 지붕이 놓임으로써 완성됩니다. 기독교 세계관 하우스 모델에서 지붕은 회복된 하나님의 형상을 드러내는 것, 즉 거룩한 성품으로 변화되어 가는 것을 말합니다. 하나님은 하나님의 백성에게 "내가 거룩하니 너희도 거룩할지어다"(레 11:45)라고 말씀하셨습니다. 하나님의 형상을 닮은 우리는 하나님의 거룩하심과 같이 거룩한 삶을 살아야 합니다. 그런데 이런 변화는 분명히 예수 그리스도의 십자가를 통해서만 일어날 수 있는 일입니다. 베드로는 분명히 "생명과 경건에 속한 모든 것"(벧후 1:3)을 주신 분이 예수님이시라고 말합니다. 두말할 나위 없이 우리가 하나님의 형상으로 회복되고 하나님의 성품을 닮은 거룩한 모습으로 자라게 된 것은 모두 예수님의 십자가 능력 때문입니다. 그러므로 예수님의 십자가를 나의 것으로 받아들이는 것이 거룩한 성품으로 변화되는 첫걸음입니다.

이와 더불어서, 성경은 우리가 정욕 때문에 썩어질 것을 피하여 신성한 성품에 참여하는 자가 되기 위해 "믿음에 덕을, 덕에 지식을, 지식에 절제를, 절제에 인내를, 인내에 경건을, 경건에 형제 우애를, 형제 우애에 사랑"(벧후 1:5-7)을 더해가는 일에 힘써야 한다고 강조합니다. 우리는 사도 베드로의 권면처럼 게으르지 않고 열매 없는 자가 되지 않기 위해 믿음, 덕, 지식, 절제, 인내, 경건, 형제 우애, 사랑과 같은 하나님의 형상으로서의 본연의 모습을 갖기 위해 힘써야 합니다. 또한 하나님이 기뻐하시는 사람으로 변화되어 가기 위해 감당해야 할 수고가 있다면 힘써 그것을 감당해야 합니다.

우리 아이들은 예수님을 믿는 우리가 매일매일 하나님을 더 닮아가며 하나님이 기뻐하시는 거룩한 성품의 열매를 맺어야 한다는 것을 알아야 합니다. 예수님이 우리를 위해 보내주신 성령님은 우리를 인도하시고 우리가 하나님의 성품을 닮아가도록 도와주시는 분이십니다. 우리가 성령님을 따라 행하면 사랑, 희락, 화평, 오래 참음, 자비, 양선, 충성, 온유, 절제와 같은 하나님이 기뻐하시는 열매가 우리 안에 맺히고, 점점 더 하나님의 성품을 닮아가게 될 것입니다.

> ✔ **세계관 교육 포인트 8**
> ### 거룩한 성품을 이루어요!
>
> - 하나님의 자녀인 우리는 예수님의 능력으로 거룩해져요.
> - 거룩한 성품은 예수님을 믿는 우리에게 하나님이 주시는 거예요.
> - 우리는 열매 맺는 그리스도인이 되기 위해 힘써야 해요.
> - 성령님은 우리를 도와주세요. 성령님을 따라 행하면 거룩한 열매를 맺을 수 있어요.

기독교 세계관 모델에서 관계를 뜻하는 네 개의 벽이 십자가를 통해 이어져 있고, 그 위에 지붕이 놓여 있는 것은 예수님의 십자가가 깨어졌던 모든 관계를 잇는 역할을 한다는 것을 뜻합니다. 그리고 그리스도인인 우리가 거룩한 성품을 가지고 열매 맺는 삶을 살 수 있게 된 것은 모두 예수님의 십자가를 통한 것임을 상징적으로 보여줍니다.

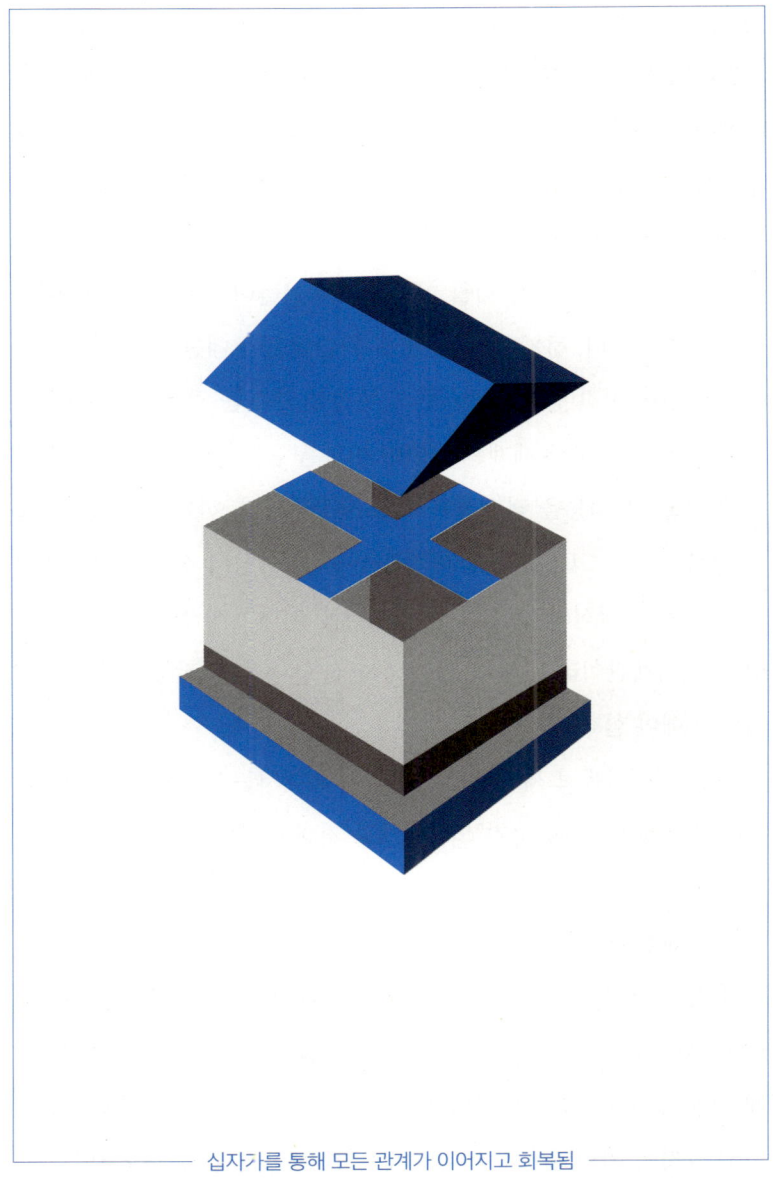

십자가를 통해 모든 관계가 이어지고 회복됨

2) 세계관 훈련의 방법

지금까지 우리는 성경적 세계관을 갖게 하기 위해 그 기초가 되는 말씀에 근거하여 가르쳐야 할 내용, 즉 아이들이 배우고 변화되어야 할 것들을 살펴보았습니다. 이제 남은 질문은 '어떻게 아이들에게 성경적 세계관을 훈련해야 하는가?'입니다.

사실 이 부분은 오랜 세월 기독교 교육가들이 고민해온 부분이었다고 생각됩니다. 하지만 많은 경우 어린이들에 대한 세계관 교육은 어떤 특정한 시간에 앞서 언급한 내용을 소개하는 것 정도에 머문 것도 사실입니다. 물론 세계관에 대한 이해를 돕기 위해 필요한 지식을 갖게 하고 그 내용을 전달하는 것도 필요합니다. 하지만 이것만으로는 부족합니다. 그러면 어떻게 해야 우리 아이들이 성경이 제시하는 이런 내용을 자신의 렌즈로 삼아 세상을 이해하게 할 수 있을까요? 성경적 세계관이라는 틀이 실제 삶에서 적용되고 작동되게 하려면 어떻게 해야 할까요?

송인규는 기독교 세계관을 훈련하기 위해서는 "이해하기 - 간직하기 - 연관 짓기 - 확립하기"의 4단계를 거쳐야 한다고 말합니다.[162]

A. 이해하기

먼저 "이해하기"란 성경의 가르침을 토대로 하여 기독교 세계관의 내용을 배우는 것을 말합니다. 블룸(Bloom)이 배움이 일어나는 단계를 설명하며 이해하기 위해서는 먼저 필요한 정보와 지식이 전달되고 그것이 기억되어야 한다는 것을 말했던 것처럼, 하나님의 말씀을 가르치고 그 말씀이 이해되는 일이 먼저 일어나야 합니다.

B. 간직하기

두 번째 단계는 "간직하기"입니다. 이것은 배운 내용을 숙고하고 반추하며 기억해 보는 단계입니다. 이 단계는 성경의 내용이 반복, 심화, 확장과 같은 과정을 거쳐서 아이들의 뇌리에 온전히 심겨야 한다는 것을 말합니다. 성경을 암송하고, 이전에 배운 내용을 좀 더 깊이 있고 넓게 다시 배우며 익힐 수 있는 체계적인 과정이 필요합니다. 배운 것을 되새길 수 있는 활동을 통해 다시 한번 익히게 하는 일이 필요합니다.

C. 연관 짓기

세 번째 단계는 "연관 짓기"입니다. 이것은 만물과 접촉하면서 만물을 '창조-타락-구속/회복'이라는 틀과 연결하여 생각해 보게 하는 것을 말하는데, 저는 이것이 성경적 세계관을 훈련하는 일에서 가장 핵심적인 부분이라고 생각합니다.

어느 날 아이가 꿈을 꾸고 나서 "아빠 저 어제 불길한 꿈을 꿔서 기분이 나빠요. 예지몽 같아요. 오늘 별로 좋지 않은 일이 일어날 것 같아요"라고 말한다면 어떻게 해야 할까요? 저는 바로 그 순간이 꿈에 대해서, 우리의 마음에 찾아오는 불안함과 두려움에 대해서 성경이 말씀하고 있는 것을 아이가 알게 하고, 그 말씀에 기초해서 자신의 생각을 정리해 나가는 훈련을 할 좋은 기회라고 생각합니다. 이런 상황에서 부모 혹은 교사가 보여주어야 할 것은 성경적인 관점에서 경험한 일들을 점검해 보게 하는 것과 말씀에 기초한 확고한 태도입니다. 부모 혹은 교사가 제시된 문제에 대해 어떤 생각을 가지고 있는지, 어떤 태도를 보이는지가 아이의 사고와 가치관에 큰 영향을 주기 때문입니다. 그러면 어떻게 아이가 자신이 경험한 일에 대해 궁금해하며 감정의 변화를 일으키거나, 도움을 요청하는 상황을 기회로 삼아 이 문제에 대한 성경적 시각을 갖게 할 수 있을까요?

(1) 질문 던지기

여기서 필요한 것이 적절한 질문을 던지는 것입니다. 아이가 불길한 꿈을 꾸고 나서 흔히 말하는 예지몽이라는 생각을 가졌을 때 이 경험을 성경적으로 생각하게 하기 위해 사용할 수 있는 질문은 다음과 같은 것들입니다.

- 꿈은 누가 주시는 거지?
- 미래를 알려주는 꿈이 있을까?
- 하나님이 주시는 꿈과 그렇지 않은 꿈을 어떻게 구별할까?
- 꿈을 꾸고 나서 '오늘 나쁜 일이 생길 거야'라고 막연한 두려움을 갖는 것을 하나님은 어떻게 생각하실까?

이런 질문을 통해 얻고자 하는 것은 내 안에 떠오른 생각이나, 동일한 경험에 대한 사람들의 이야기가 성경적인 것인지 아닌지에 대해 생각해 보게 하는 것입니다. 즉, 적절한 질문을 통해 아이가 자신이 경험한 일에 대해 하나님이 무엇이라고 말씀하고 계신지에 대한 호기심을 느끼게 하고, 기록된 말씀 속에서 자신이 가진 질문에 대한 답을 찾아보도록 동기를 부여하는 것입니다. 또한 자신이 사용하는 말이나 행동, 태도를 하나님이 어떻게 생각하시는지를 성경을 통해 점검해 보게 하는 것입니다.

이런 질문을 사용했다면, 아이의 경험을 바탕으로 하여 질문에 대해 성경적인 생각을 갖도록 이끌어가는 대화를 해야 하는데, 처음 질문으로 돌아가 아이와 질문을 주고받으며 대화를 이어가 보도록 하겠습니다.

A: 미래를 알게 하는 꿈이 있을까?

B: 있지 않을까요? 제 친구가 예지몽을 꿨는데 진짜 그대로 됐다고 하더라고요.

A: 그런데 그게 우연히 그렇게 된 것인지, 아니면 진짜 꿈 때문인지는 모르는 것 아닐까? 단순히 누가 이런 경험을 했다고 말하는 것을 근거로 해서 '예지몽'이라는 말을 쓰는 것도 '이런 꿈은 미래를 알려주는 거야'라고 말하는 것도 맞지는 않는 것 같아.

B: 하지만 성경에도 미래를 알려주는 꿈 이야기가 있잖아요. 느부갓네살 왕이 꾼 꿈은 미래의 일을 보여주는 거니까요.

A: 그래, 성경에는 미래를 보여주는 꿈에 관한 이야기가 있단다. 그런데 정말 중요한 것은 그런 꿈을 주시는 분이 누구신가 하는 거

란다. 이런 특별한 꿈은 누가 주시는 걸까?

B: 하나님 아니에요?

A: 그렇지, 아무도 알지 못하는 미래를 알려주실 수 있는 분은 하나님뿐이시란다(단 2:28). 그러니까 정말 중요한 것은 그 꿈을 하나님이 주셨는지 아닌지 생각해 보는 거야. 그런데 하원아, 네가 꾼 꿈은 하나님이 주신 특별한 꿈일까? 뭔가 불길한 느낌을 주는 꿈을 꿨다고 해서 너에게 불행한 일이 생길 거라고 생각하는 건 성경적인 생각일까?

B: 잘 모르겠어요. 그런데… 아닌 것 같아요…. 하나님이 주신 꿈이라면 제 마음에 좀 더 분명한 확신이 생겼을 것 같거든요.

A: 그래, 아빠도 그런 것 같아. 그러면 이렇게 불길한 꿈을 꾸고 나서 마음이 뒤숭숭할 땐 어떻게 해야 할까?

B: 기도해야 하는 것 아닐까요?

A: 그래. 아빠도 그렇게 생각한단다. 하나님께 기도하며 도우심을 구해보자. 마음을 불안하게 하는 꿈을 꾼 것도 하나님께 말씀드리고 두려워하는 마음도 하나님께 내어놓고 말이야.

(2) 성경의 스토리 사용하기

성경의 스토리를 일상의 경험과 연결하여 대화를 나누거나 답을 찾아가는 것도 연관 짓기의 좋은 방법입니다. 예를 들어, "엄마 난 채소는 안 먹어요", "난 사과만 좋아해, 토마토는 안 먹어요" 이렇게 특정한 음식에 대해 거부감을 가진 아이가 있다면, 적절한 기회에 먼저 말씀을 나눈 뒤 그 말씀의 의미를 함께 생각하고 아이 스스로가 말씀 속에 담긴 하나님의 마음을 깨닫게 함으로써 구체적인 삶의 변화가 나타나도록 결단하게 하는 것이 좋은 방법이 됩니다.

- 먼저 창세기 1장 29절을 함께 읽은 뒤에 아이와 함께 대화를 시작합니다.

  하나님이 이르시되 내가 온 지면의 씨 맺는 모든 채소와 씨 가진 열매 맺는 모든 나무를 너희에게 주노니 너희의 먹을 거리가 되리라 (창 1:29).

  A: 지원아, 온 세상을 만드신 분이 누구시지? 그래 하나님이시란다. 하나님이 채소와 열매 맺는 모든 나무를 만드셔서 우리에게 먹거리로 주셨단다.

- 질문을 통해 하나님의 뜻을 생각해 보게 하고 스스로 말씀에 담긴 하나님의 마음을 느껴보게 합니다.

  A: 그런데 지원아, 하나님이 만드신 동산에는 얼마나 많은 채소와 열매가 있었을까?
  B: 음… 아주 많이요. 정말 많았을 거예요.
  A: 어떤 맛을 내었을까?

B: 달콤한 맛, 상큼한 맛, 시원한 맛….

A: 그래, 하나님이 만들어주신 채소와 과일들은 정말 우리가 다 말할 수 없을 정도로 달콤하고, 시원하고, 상큼하고, 고소하고, 정말 맛있는 음식들이었을 거야. 그런데 지원아, 하나님은 왜 이렇게 다양한 색깔을 가진, 다양한 맛을 내는 많은 열매를 만들어주셨을까?

B: 우리를 사랑하셔서요. 정말 예쁘고 다양한 맛을 내는 음식을 맛보도록 하시려고요.

A: 하나님이 이렇게나 다양한 맛을 내는 많은 음식을 만들어주셨는데, 한 가지 음식만 좋아하고 다른 음식은 먹지 않으면 하나님의 마음이 어떠실까?

B: 음… 별로 안 좋아하실 것 같아요.

- 자신의 삶의 구체적인 변화를 위한 결단을 하게 돕습니다.

A: 그러면 우리는 어떻게 음식을 먹어야 할까?
B: 골고루요/감사하면서요 등.

D. 확립하기

네 번째 단계는 "확립하기"입니다. 이 단계는 말 그대로 기독교 세계관이 마음속에 자리 잡고 있어서 그것이 그 아이의 말이나 행동들을 통해 표출되는 것을 말합니다.

하원이의 경우, 성경적 세계관이 확립되었다면 예지몽이라는 말을 사용하여 자신의 꿈 이야기를 하거나 불안해하는 일이 사라지게 될 것입니다. 지원이의 경우도 누군가 다른 아이가 편식하는 것을 보게 되었을 때, "하나님이 만드신 음식을 골고루 먹는 것이 하나님이 기뻐하시는 일이야"라고 이야기하게 될 것입니다. 계속되는 훈련을 통해서 두 아이 모두 자신이 겪는 다른 문제에 있어서도 동일하게 성경이 무엇이라고 말씀하고 있는지를 궁금해할 것이고 하나님의 말씀을 근거로 해서 자신의 이야기를 표현하는 일이 일어날 것입니다. 이런 방식으로, 아이의 입에서 성경의 시각이 담긴 용어가 사용되고, 성경적인 시각에 따라 변화된 행동들이 나타날 때 성경적 세계관을 갖는 훈련을 했다고 말할 수 있습니다.

마르시아 브림(Marcia Brim)은 "세계관이란 우리가 믿고 있는 이야기들의 결과"라는 것과 "세계관이란 우리의 삶의 리듬 속에서부터 흘러나온다"라는 사실을 아는 것이야말로 어린이에게 기독교적인 세계관을 가지게 하는 가장 중요한 일이라고 말했습니다.[163] 결국 아이들을 위한 가장 중요한 세계관 교육 방법은 성경이 무엇을 말하는가를 알게 하는 것과 더불어 삶의 현장 속에서 하나님의 뜻을 알게 하는 일, 하나님의 뜻에 비추어 생각해 보게 하는 일, 성경적 시각으로 답을 찾고 결단하게 하는 일 등일 것입니다. 그런데 이런 일을 가장 잘하는 방법은 정형화된 교육보다는 삶 속에서 아이와 나누는 이야기를 통해서입니다.

베드로전서 1장 13절에는 "그러므로 너희 마음의 허리를 동이고 근신하여 예수 그리스도께서 나타나실 때에 너희에게 가져다 주실 은혜를 온전히 바랄지어다"라고 기록되어 있습니다. 여기서 "마음의 허리를 동이라"라는 말은 "행동하기 위해 마음을 준비하라"(Prepare your minds for action; NIV)라는 것입니다. 세계관 운동가인 성인경 목사님은 이 말씀을 설명하면서 "아무리 마음이 뜨겁고 영혼이 거듭났고 좋은 교회에 다니고 오래 예수를 믿었다고 해도 기독교적인 세계관으로 허리를 동이고 있지 않으면 힘을 쓰지 못합니다"[164]라고 말했습니다. 행동하기 위해 준비해야 할 것이 우리 마음의 눈을 새롭게 하는 것, 즉 성경적 세계관을 훈련하는 것임을 지적한 것입니다.

우리의 마음은 세상을 보는 창입니다. 그런데 우리의 마음은 죄로 어두워졌기 때문에 하나님이 만드신 세상을 바로 보지 못합니다. 따라서 그리스도인인 우리가 하나님이 기뻐하시는 일을 감당하려면 먼저 성경적 세계관을 가져야 하고, 성경적 세계관을 통해 우리의 안목을 고쳐야 하며, 세상을 하나님의 시각으로 분명하게 보는 일이 일어나야 합니다.

우리 자녀들이 하나님의 말씀 위에 굳게 서기를 소망합니다. 말씀을 통해 하나님을 더욱 깊이 알게 되기를, 하나님의 사랑을 알고 느끼게 될 뿐 아니라 그 사랑이 깊어지기를, 더 깊은 교제로 나아갈 수 있기를 기도합니다. 동시에 죄로 인해 하나님과의 교제가 깨어지고 틀어진 것이 얼마나 큰 비극인지를 이해하고, 예수님이 십자가에서 이루어주신 사랑에 깊이 감동하며, 예수님을 구원자로 모시고 살아감으로 거룩한 성품이 회복되기를 소망합니다.

III. 제자 훈련

지금까지 우리는 전인적 양육과 함께 하나님 말씀의 역할과 성경적 세계관을 세워가는 것에 대해 이야기했습니다. 전인적 양육과 관련하여 하나 더 이해해야 할 것이 있다면 "제자 훈련"이라는 개념입니다. 사실 "하나님의 말씀" "성경적 세계관" "제자 훈련"이라는 단어는 전인적 양육의 핵심 용어입니다.

1. 제자 훈련과 전인적 양육

한국에서 자란 그리스도인이라면 "전인적 양육"보다는 "제자 훈련"이라는 용어에 훨씬 더 익숙할 것입니다. 그것은 아마도 한국 교회에 제자 훈련 철학을 심어주신 옥한흠 목사님의 영향이 아닐까 생각됩니다. 목사님은 『평신도를 깨운다』라는 책에서 제자 훈련의 궁극적인 목표가 "예수 그리스도의 인격과 삶을 본받는 신자의 자아상을 확립하는 것, 예수처럼 되고 예수처럼 살기를 원하는 신앙인으로 만드는 데 있다"[165]라고 역설했습니다. 이는 제자 훈련이 단순한 성경 공부의 연장이 아니라, 예수님처럼 되고 예수님처럼 살아가는 사람을 만드는 일, 즉 예수님을 닮아가도록 훈련하는 것임을 강조한 말입니다. 제자 훈련이 예수님의 인격과 삶을 본받는 그리스도인이 되게 하는 것, 예수님처럼 되기를 원하는 신앙인을 만들어내는 일이라는 것입니다. 제자 훈련을 이렇게 성경이 말하는 진정한 제자 됨을 이루는 것이라는 관점에서 이해하고 그 목표를 세우면, 사실상 제자 훈련과 전인적 양육은 동일한 개념이라고 말할 수 있습니다. 제자 훈련과 전인적 양육 모두 그 목표를 예수님을 닮은 사람, 성경이 말하는 온전한 인간을 길러내는 데 두고 있기 때문입니다.

하지만 이런 본질적인 유사성과 함께 몇 가지 다른 점도 있습니다.

먼저, 제자 훈련이 어느 특정한 기간에 특정한 사람들을 대상으로 하는 훈련을 가리키는 용어라면, 양육이란 모태에서부터 시작되어 성인이 될 때까지 사용하는 용어입니다. 또한 훈련이란 스승과 제자 혹은 조교와 훈련생 사이를 전제하지만, 양육은 부모와 자녀, 양육자와 피양육자를 전제로 합니다. 더하여서 제자 훈련은 아직 충분히 지능이 발달되지 못하고 스스로 무엇인가를 결정하기 어려운 어린아이들의 경우에는 적합하지 않다는 생각을 하게 되는 반면, 양육은 이미 성인이 되어버린 사람들에게는 적합하지 않다는 생각이 드는 것이 사실입니다. 물론 바울이 디모데를 아들이라고 부르며 영적으로 양육했던 것처럼, 물리적인 나이에 관계없이 영적으로는 미성숙한 이들을 성숙하게 만들어가는 일을 양육이라고 말하기도 하지만 말입니다.

그런데 이런 차이들은 차치하고, 한국 교회에서 시행되어온 제자 훈련이 진정한 의미에서 성경이 말하는 제자, 즉 예수님을 닮은 전인적인 성장을 이루어가는 일에는 부족했다는 지적은 전인적 양육을 생각하는 모든 이들에게 반면교사가 된다고 생각됩니다.

한국 교회에서 그동안 시행되어 온 제자 훈련의 어떤 면이 보완되어야 할까요? 백석대에서 구약학을 가르치는 김진규 교수는 "제자 훈련 열심히 하는데 왜 인격적 파산이 발생할까?: 좀 더 성경적인 균형을 갖춘 제자 훈련 성립 시급"[166]이라는 기고문에서 한국 교회에서 행해지고 있는 제자 훈련의 가장 큰 문제점으로 제자 훈련 프로그램이 균형 잡혀 있지 않아서 온전한 사람, 즉 예수를 닮은 사람을 길러내려고 하는 목표를 이루기에 부족하다는 점을 지적하고 있습니다.[167] 즉, 사용하는 교재나 훈련 프로그램의 내용이 너무 신학적인 이론과 교리에 치중되어 있고, 교회 내의 사역을 감당할 기능인을 양성하는 것에 치중된 나머지, 예수님의 인격과 성품을 닮은 사람, 그리고 예수님처럼 사역하는 제자를 세운다는 목표를 생각할 때 꼭 다루어져야 할 덕성 훈련 요소나 거룩한 지성을 구비할 수 있도록 돕는 훈련 항목은 거의 없다는 것입니다.[168] 제자 훈련이 예수님처럼 되기를 원하는 바른 목적을 가지고 많은 교회에서 성도들을 훈련하는 좋은 프로그램으로 자리 잡았음에도 불구하고, 정작 그리스도인다운 모습으로 삶을 바꾸어내는 일에는 어려움을 겪고 있는 원인이 바로 그 교육의 구체적인 내용이 전인적이지 않았기 때문임을 지적하고 있는 것입니다.

성경의 주요 덕성 요소	옥한흠	김성곤	두란노	네비게이토	이영숙
말	●	인격		●	●(경청)
행실	●				●(긍정적 태도)
마음(생각)	●				●(인지)
(이웃)사랑	●		●	●	●(배려)
근휼					
정절	●			●	
정의					
경건					
겸손				●	
온유					
섬김	●	●		●	
충성	●				●(책임감)
정직				●	●
인내					●
절제					●
화목					
양성					

성경의 주요 지성 요소	옥한흠	김성곤	두란노	네비게이토	이영숙
지혜					●
지식					
명철					
총명					
슬기					
분별력					●
판단력					
신중함					
지략					●(창의성)

제자 훈련 및 성품 훈련 프로그램의 비교 분석표[169]

실제로 앞의 도표를 보면, 기존의 제자 훈련 프로그램들이 성경이 말하는 덕성(도덕성, 윤리성) 중 많은 부분을 다루지 않고 있음을 볼 수 있습니다. 또한 거룩한 지성의 영역에 속하는 다양한 주제들, 하나님이 만드신 세상에 대한 지식은 물론이고 올바른 관계의 기술, 커뮤니케이션 기술, 분별력과 판단력, 그리고 창의성을 훈련하는 영역 등 성경이 말하는 지혜의 영역도 거의 다루어지지 않고 있음을 알게 됩니다.[170] 커리큘럼 이론가들이 말하는 영의 교육 과정을 생각해 본다면, 아이러니하게도 그리스도인들은 예수님의 성품, 그분의 사랑, 희생과 섬김의 모습에 가장 큰 은혜를 받고, 하나님 사랑과 더불어 이웃 사랑이라는 최고의 계명을 가지고 있지만, 정작 예수님을 닮아가기 위해 받는 훈련에서는 이와 관련된 많은 부분이 영의 커리큘럼이 되어버렸다는 것입니다.

오늘날, 제자 훈련을 받은 성도들에게 가장 부족한 면으로 부각되고 있는 것이 그들의 성품 및 도덕성이라는 점과, 그들이 여러 관계 속에서 그리스도인답게 생활하는 것을 힘겨워하는 현실을 생각해 보면, 훈련 내용이 영적인 영역에 치중되었을 때 나타날 수 있는 부작용이 어떤 것인지를 잘 이해할 수 있습니다.

이런 이유에서인지, 교회마다 성품 교육의 필요성을 공감하고 이와 관련된 프로그램들을 도입해 왔습니다. 또한 커뮤니케이션과 리더십에 연관된 강의를 개설하여 진행하기도 했습니다. 그런데 이 부분에서도 한 가지 짚고 넘어가야 할 것이 있습니다. 그것은 어떤 프로그램이든 그 프로그램을 받아들이기 전에, 먼저 이 프로그램이 성경적 세계관에 기초하고 있는지, 사용하고 있는 정의나 용어가 성경적인 관점에서 볼 때 부합하는지, 성품을 개발하기 위해서 혹은 커뮤니케이션이나 리더십을 개발하기 위해 제시된 방법들을 통해 정말 한 사람의 성품을 바꾸어낼 수 있는지, 다양한 관계 속에서 성숙한 그리스도인으로 길러낼 수 있는지 등을 깊이 생각해 보아야 한다는 것입니다. 예를 들어, 앞의 도표에서 덕성을 다루는 면으로만 보면, 이영숙 박사가 개발한 "한국형 12성품론"이 가장 뛰어남을 알 수 있습니다. 하지만 12성품론은 일반 교육에서 사용할 목적으로 만든 프로그램입니다. 따라서 좋은 내용이지만 죄인 된 인간은 그 스스로 선을 행할 능력이 없고, 거룩한 성품으로의 변화는 오직 예수 그리스도를 믿음으로 성령의 능력을 통해서만 이루어질 수 있다는 성경의 가르침에 근거해 있지 않다는 사실과, 사용되는 성품의 정의가 성경이 말하는 성품의 개념과는 차이가 있다는 점, 정말 중요한 성경적인 덕목들은 빠져 있다는 점에서 한계를 가지고 있다는 사실을 기억해야 합니다.[171]

정리해 보면 기존의 제자 훈련은 그 목적이 성도를 온전하게 하는 것, 즉 예수님을 닮게 하는 것임에도 불구하고 예수님의 성장(눅 2:52)에서 보이는 네 영역 가운데 영적인 영역을 다루는 데 집중되어 있으며, 주로 교회 내의 사역을 감당하기 위한 사역 기술을 훈련하는 데 치중되어 있었다는 생각을 갖게 합니다.

어쩌면 오랜 시간 반복적으로 제기되어 온 그리스도인의 삶의 문제들, 예를 들어 그리스도인들의 비도덕적이고 비윤리적인 모습이나 사람들과의 관계 속에서 건강하게 소통하지 못하는 모습, 그리고 성경에 대한 지식은 있지만 이를 삶에 적용하거나, 문제가 닥쳤을 때 말씀을 기준으로 분별하고 판단해 내는 능력이 부족한 모습 등은 지금까지의 기독교 교육이 전인성을 잃어버린 탓인지도 모릅니다.

2. 제자 훈련의 본질, 전인성을 살려라

그리스도인이 된다는 것은 예수님의 제자가 된다는 의미입니다. 제자란 예수님을 자신의 구주로 믿고 고백한 사람일 뿐 아니라, 예수님이 분부한 모든 것을 배우고 익히고 지키며 살아야 하는 사람입니다. 예수님은 이 땅에서 당신과 함께하기 원하시는 사람을 부르시어 제자라 칭하시고, 그들과 함께하시며 삶으로 그들을 훈련해 주셨습니다. 그리고 부활하신 이후 그들에게 또 다른 제자를 삼으라고 명령하셨습니다. 예수님이 부르신 사람들을 제자라 칭하시고 그들에게 또 다른 제자를 삼으라고 명령하신 이유는 "그가 다스리기 원하시는 새 왕궁의 백성이 예외 없이 자기를 닮은 사람이 되기를 소원하셨기 때문입니다."[172] 두말할 나위 없이 제자의 목표는 예수님을 닮는 것입니다. 예수님처럼 성장하는 것, 다시 말해 그리스도의 장성한 분량에 이르는 것입니다.

제자가 예수님을 따르는 사람이고 그 목표가 예수님처럼 성장하는 것, 예수님을 닮는 것이라면 필연적으로 전인적인 양육과 훈련을 제공해야 합니다. 이미 우리가 살펴본 대로 예수님처럼 자란다는 것 자체가 영적, 사회-정서적, 지적, 신체적인 모든 영역에서의 전인적인 성장을 의미하기 때문입니다. 따라서 그리스도의 좋은 일꾼이요, 제자를 길러내기 위해서 해야 할 일은 그에 합당한 전인적인 양육과 훈련을 제공하는 것입니다.

제3장

전인적 양육을 위한 과정 계획

지금까지 우리는 전인적 양육이란 전인을 길러내는 일로서, 전인적 성장을 이루려는 노력을 말한다는 것과, 예수님의 성장을 모델로 하여 예수님처럼 영적, 사회-정서적, 지적, 신체적인 영역에서 건강하게 자라도록 돕는 교육을 통해 예수님을 닮은 그리스도인을 양육해 내는 일임을 살펴보았습니다.

그러면 구체적으로 어떻게 하면, 기독교 교육의 틀 안에서 전인적인 양육을 실현할 수 있을까요? 전인적 양육을 실현하기 위해 먼저 갖추어야 할 준비에는 어떤 것이 있을까요?

전인적 양육을 실현하기 위해 저는 전인적 양육의 길을 보여줄 커리큘럼과, 전인적 양육을 구현해 낼 교사, 그리고 이런 방식으로 아이들을 양육하는 가정이 준비되는 일이 필요하다고 생각합니다. 그 중에서도 커리큘럼을 개발하는 일은 전인적 양육의 큰 그림을 그려보는 일로 매우 중요한 일입니다.

I. 전인적 양육 커리큘럼

1. 커리큘럼이란 무엇인가?

커리큘럼이란 기본적으로 '공부나 훈련 과정' 혹은 '교과 내용'과 연결해 사용되어 온 용어입니다.[173] 커리큘럼이라는 용어의 어원은 라틴어의 쿠레레(Currere)로 원래 경주마들이 달리는 경주 코스(Race Course)를 가리키는 말이었습니다. 그런데 이 말이 교육 현장에서는 학습 환경에서 얻어지는 모든 경험이나, 학습자들을 목표로 인도하기 위한 과정을 뜻하는 용어로 사용되어 왔습니다.[174]

커리큘럼이란 경험과 관련된 단어입니다. 특별히 "어떤 목적을 이루기 위해 선택된 길로서 의도된 경험의 총합"을 가리킵니다.[175] 예를 들어, 학교 수업에 사용하는 교재나 어떤 교육을 위해 작성된 수업 계획들은 이루고자 하는 목표(의도)를 가지고 있고, 학생들이 해야 할 경험들을 포함하고 있습니다. 따라서 학교나 어떤 교육 현장에서 커리큘럼이라는 용어를 사용할 때 이 말은 수업을 위해 사용되는 교재(Text Book), 수업 계획(Lesson plan), 학기 계획(Syllabus), 혹은 과정 계획(Course Syllabus) 등을 가리키는 말이 됩니다.

하지만 이 용어를 넓은 의미로 사용하면 인생의 여정, 삶의 계획 전부를 가리킵니다.[176] 예를 들어, 디모데후서 4장 7절에서 바울은 "나는 선한 싸움을 싸우고 나의 달려갈 길을 마치고 믿음을 지켰으니"라고 말합니다. 여기서 "달려갈 길"이라는 말은 영어로는 'Race' 혹은 'Course'로 번역할 수 있습니다. 인생을 경주에 비유한다고 할 때, 바울이 마쳤다고 표현한 것은 하나님이 바울의 인생에 허락하신 여정, 그 삶의 경주를 마친 것이기 때문입니다. 따라서 바울의 이 고백을 교육학 용어로 바꾸면 '나의 Curriculum을 마치고'라고 바꾸어 이해할 수 있고, 오른쪽 '바울의 인생 커리큘럼'과 같이 도식화될 수 있습니다.[177]

하나님은 바울의 인생을 향한 계획, 즉 그를 향한 삶의 커리큘럼을 가지고 계셨습니다. 하나님은 바울을 하나님의 사람으로 세워 이방인의 사도로 사용하시기 위해 수많은 일을 경험하게 하셨습니다. 바울은 하나님의 커리큘럼에 따라 배우고 경험하며 하나님이 원하시는 사람으로 바뀌어갔습니다. 바울이 다메섹 도상에서 부활하신 예수님을 만난 것이나, 전도 여행을 통해 수많은 사람에게 복음을 전한 일들 모두 바울의 인생을 향한 하나님의 계획, 삶의 커리큘럼에 따라 이루어진 것입니다. 하나님은 그분의 커리큘럼에 따라 바울의 길을

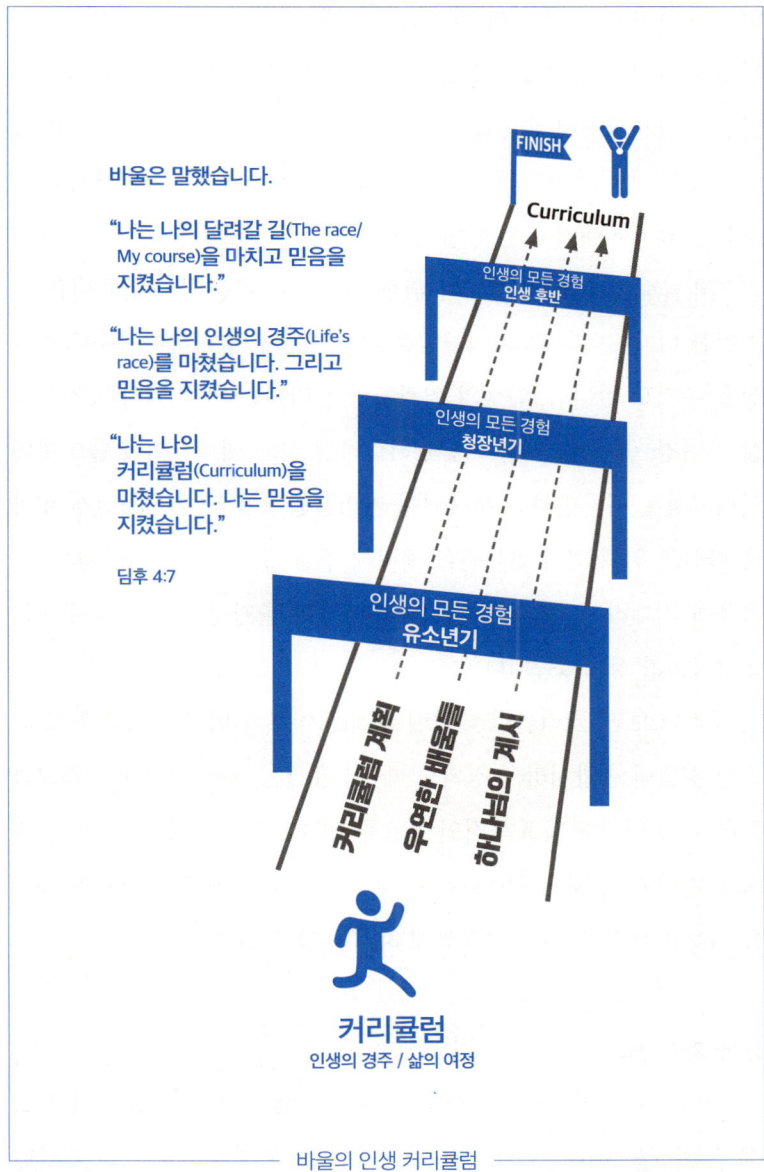

바울의 인생 커리큘럼

열기도 하시고, 그가 가야 할 길의 방향을 바꾸어 하나님이 원하시는 길로 이끌기도 하셨습니다. 2차 전도 여행 때 바울이 고백한 것처럼 성령이 아시아에서 복음을 전하지 못하게 하신 것이나(행 16:6), 드로아에서 마게도냐 사람의 환상을 통해 그리스 쪽으로 그의 여정을 바꾸신 일(행 16:9-12)이 좋은 예입니다.

커리큘럼은 목적을 이루기 위한 과정이기 때문에 커리큘럼을 디자인한 디자이너는 그 커리큘럼을 마친 이들을 평가하여 수료증이나 상을 주기도 합니다. 인생의 커리큘럼을 마치는 바울 역시도 자신의 삶의 여정, 즉 하나님이 그에게 허락하신 삶의 커리큘럼을 돌아보며 커리큘럼을 디자인하신 하나님이 커리큘럼에 따라 충성스럽게 살아온 자신을 위해 의의 면류관을 예비해 주실 것을 기대합니다(딤후 4:8). 바울이 기대하는 의의 면류관은, 하나님이 졸업생들을 위해 주시는 졸업장이자 상이었습니다.

정리해 보면, 커리큘럼을 어떤 목적을 이루기 위해 선택된 길로 의도된 경험의 총합이라고 정의할 때, 이 용어는 좁은 의미에서 학교와 같은 교육 현장에서 교육적인 목표를 이루기 위해 제공되는 모든 경험을 가리키고, 넓은 의미에서는 하나님이 우리를 향한 계획과 목적을 이루기 위해 우리로 경험하게 하시는 모든 것을 가리킵니다.

1) 네 가지 견해

하나님이 우리 인생의 커리큘럼을 짜주실 때, 그 커리큘럼은 나를 가장 잘 아시는 하나님이 무한하신 지혜로 세우신 것으로 가장 적합한 것이 분명합니다. 하지만 유한한 인간인 우리가 어떤 커리큘럼을 디자인한다고 할 때는 어디에 강조점을 두어야 할지, 어떻게 커리큘럼을 디자인하는 것이 가장 적합한 것이 될지 정말 많은 고민과 검토가 필요합니다. 커리큘럼이 어디에 더 주된 관심을 두어야 하는가에 대해서 학자들의 견해는 크게 네 가지로 구분해 볼 수 있습니다.[178]

먼저 커리큘럼을 디자인할 때 '내용 혹은 주제(Content/Subject)'에 가장 강조점을 두어야 한다는 주장이 있습니다. 수업을 진행할 때 다루는 내용, 그날 다루는 주제가 무엇인가를 가장 먼저 생각하는 것이 일반적인 것처럼, 커리큘럼의 강조점을 다루는 내용 혹은 주제라고 보는 것입니다.

내용 혹은 주제에 강조점을 두고 커리큘럼을 생각하면 "커리큘럼이란 전달되어야 할 지식의 총합"입니다.[179] "학생들에게 제공되는 혹은 학생들에게 사용 가능한 내용(Content that is available to student)"이야말로 이런 강조점을 가진 학자들이 생각하는 커리큘럼의 정의입니다.[180] 따라서 이런 관점에서 가장 좋은 커리큘럼이란 내용이 얼마나 깊이가 있고 폭이 넓은가와 학생들에게 얼마나 그 주제에 대한 완성도 있는 지식을 갖게 하느냐가 좋은 커리큘럼의 기준이 될 것입니다.

둘째, 커리큘럼을 디자인할 때 '결과/결과물(Outcome/Product)'에 가장 강조점을 두어야 한다는 주장이 있습니다. 커리큘럼을 통해 얻게 되는 결과에 강조점을 둔다면 "커리큘럼이란 학습자들 안에서 성취

Content/Subject
내용/주제

커리큘럼은
전달되어야 할
지식의 총합이다.

Product
결과/결과물

커리큘럼은
학습자들 안에서
성취되어야 할
목표를 이루게 하는
시도이다.

Curriculum

Process
원리/과정

커리큘럼은
의미를
만들어가는
과정이다.

Praxis
실천(헌신/다짐)

커리큘럼은
실천이다.

— 커리큘럼을 디자인하는 네 가지 견해 —

되어야 할 목표를 이루게 하는 시도"입니다.[181] 이런 견해를 가진 대표적인 학자는 랄프 타일러(Ralph Tyler)입니다. 그는 커리큘럼을 개발하면서 반드시 던져야 할 질문으로 "어떤 교육 목적을 추구해야 하는지, 그 목적을 이루기 위해 어떤 교육적인 경험들이 제공되어야 하는지, 어떻게 이런 교육 경험들을 효과적으로 구조화할 수 있는지, 어떻게 목표가 성취되었는지를 측정할 수 있는지"를 꼽았습니다.[182] 당연히 커리큘럼을 디자인할 때 학생들의 필요를 생각해 보고 수업 혹은 어떤 과정의 학습 목표와 목표에 따른 평가 지표들을 세우고, 목표를 이루기에 가장 적절한 내용과 활동으로 커리큘럼을 구성하게 됩니다. 그리고 나서 수업을 마치고 평가를 통해 실제로 이루려고 하는 목표가 성취되었을 때 좋은 커리큘럼이라는 평가를 얻게 됩니다.[183]

커리큘럼을 생각하면서 결과를 강조하게 되면 그 커리큘럼은 당연히 목표 지향적인(Outcome-based) 커리큘럼이 됩니다. 목표 지향적인 커리큘럼은 학습자가 수업 혹은 어떤 과정을 통해 이루기를 원하는 명확한 목표를 제시하고 있습니다. 또한 학습의 내용과 교육 방법 역시 이런 목표를 이루기 위해 가장 효과적인 방식으로 구성되고 구조화되어 있기 때문에 결과가 측정 가능하다는 장점이 있습니다. 즉, 명확한 목표를 가지고 있기 때문에 정리되지 않은 많은 정보를 제공하기보다는 꼭 필요한 정보와 지식을 전달하고 학습자들에게 분명한 전달이 이루어졌는지를 평가할 수 있게 함으로써 교육의 효과를 높일 수 있다는 말입니다. 하지만 이런 경우 간과하기 쉬운 부분들이 있습니다. 예를 들면, 이루려고 하는 목표가 학습자들과의 관계에서 얻어진 것이라기보다는 이상적이고 일방적인 것이 되기 쉽고, 결과에 대한 강조가 지나치면 '이 목표를 이루기 위해 너희들은 이렇게 해야 해'라는 식으로 강요하기 쉽다는 점과, 조금 극단적으로 말하면 목표를 이루기 위한 과정을 무시하기 쉽다는 단점을 가지고 있습니다. 또한 이루어야 할 행동의 변화와 같은 측정 가능한 행동주의적인 목표들에 너무 치중한 나머지, 세밀한 목표들을 너무 많이 세우게 된다는 것도 문제입니다.[184]

셋째, 커리큘럼을 디자인할 때 내용, 혹은 결과에 대한 강조로 인해 자칫 간과되기 쉬운 '과정(Process)'에 강조점을 두어야 한다는 주장이 있습니다. 이런 관점에서 커리큘럼을 생각하면 "커리큘럼은 의미를 만들어가는 과정"입니다.[185] 과정에 대한 강조를 가진 커리큘럼들은 학생의 역량을 구분해 내고 이런 역량을 발달시키기 위해 교수 학습 과정이 따라야 할 절차나 원리를 세밀히 설계하는 데 초점을 둡니다.[186] 즉 학습자들이 어떻게 주어진 목표에 도달하게 되는지, 어떻게 의도한 역량을 키워가고 효과적인 성장을 이룰 수 있는지를 면밀히 디자인할 것을 주장합니다. 특별히 이 과정이 의미 있는 것이 되게 하기 위해서 이들이 강조하는 것은 교사와 학습자 그리고 지식 사이의 상호 작용입니다. 상호 작용이야말로 의미를 만드는 핵심적인 요소이고, 따라서 커리큘럼 그 자체이기 때문입니다.[187] 이런 견해를 가진 대표적인 학자로 로렌스 스텐하우스(Lawrence Stenhouse)를 꼽을 수 있습니다. 그는 커리큘럼이란 "어떤 교육적 제안에 대한 핵심적인 원리와 특징들을 비평적인 조사에 열려 있고 효과적인 실천으로 바꾸는 것을 가능하게 하는 방식으로 커뮤니케이션하려는 시도"라고 정의했습니다.[188]

과정을 강조하는 커리큘럼이 교사와 학생, 내용 사이에서 일어나는 상호 작용을 중요시한다고 할 때 이것이 비형식적인 교육(Informal education)에서 의도하지 않게 일어나는 상호 작용과 유사하다고 느낄 수 있습니다. 하지만 중요한 차이점은 이들이 말하는 상호 작용은 교실과 같은 학습 공간에서 이루어진다는 것과 사전에 의도한 상호 작용이라는 점에서 차이를 보입니다.[189]

과정을 중요시하는 커리큘럼이 주로 사용하는 방법은 소크라테스의 문답법처럼 질문과 답변을 통해 학습자 스스로가 발견하게 하는 발견 학습(Discovery Learning)과, 생활 속에서 경험하게 되는 어떤 문제를 제시하고 나서 이에 대한 해결 방법을 찾게 하는 문제 해결 학습법(Problem-solving) 등을 들 수 있습니다. 이런 학습 방법들은 학습자들의 참여를 높이고 긍정적인 상호 작용을 강화하면서도 학업의 의미를 발견하게 한다는 면에서 매우 효과적인 학습 방법입니다. 하지만 커리큘럼의 강조점을 과정에 둘 때 주의해야 할 것은 어떤 특정한 과정을 따라간 것 자체를 커리큘럼의 목적을 이룬 것으로 생각하는 것입니다. 예를 들어 수학 문제를 풀 때, 학습자가 필요한 과정을 알고 있다는 것이 문제를 정확하게 푼다는 것, 즉 의도한 결과를 보장하지는 못하는 것처럼, 적절한 과정을 알고 있고 그 과정을 밟았다고 하는 것 자체가 커리큘럼의 목적을 성취한 것은 아니라는 사실을 이해

해야 한다는 뜻입니다.[190]

　마지막으로 커리큘럼을 디자인할 때 '프락시스(Praxis)'에 주안점을 두어야 한다는 주장이 있습니다. 이런 관점에서 보면 커리큘럼은 '실천'입니다. 여기서 실천이라는 말은 교육 계획, 내용 전달, 피드백과 평가에 이르기까지 모든 면을 아우르는 말입니다. 또한 이 말은 외부로 드러나는 구체적인 행동을 포함합니다. 즉, 단순히 어떤 실천에 관한 정보를 얻은 것만이 아니라 그런 행동을 하기로 결단하고 다짐하는 것을 포함한다는 의미에서의 실천입니다.[191]

　커리큘럼의 강조점을 실천에 둔다는 말은 커리큘럼이 의미를 발견하는 과정을 넘어, 깨닫고 알게 된 것을 구체적인 삶의 현장에서 드러나는 행동으로 보여주어야 한다는 것을 말합니다. 따라서 이들은 좋은 커리큘럼을 개발하려면 학생과 교사 모두가 자신들의 존재와 관계 속에서 일어나는 실제적인 문제에 직면하도록 도와야 한다는 생각을 가졌습니다. 삶의 실존적인 문제, 실제적인 문제에 직면하게 한다는 점에서 커리큘럼을 통해 이루고자 하는 목표가 교실, 학교라는 공간을 넘어 삶의 현장에까지 이르러야 한다는 이들의 생각이 보입니다. 즉 커리큘럼이란 교실 안에서 주어진 목표를 이루는 것에 그쳐서는 안 되고 삶의 현장에서의 실천까지 이루어내는 것이어야 한다는 생각입니다.

　학교라는 공간과 수업 시간에 배운 내용을 삶 속에서 구체적으로 적용하기 위해서는 '헌신과 다짐'이 필요합니다. '사랑하라'는 교훈을 배웠다면, 구체적인 사랑의 실천을 위해 수업을 마치기 전에 반드시 있어야 하는 것이 바로 내가 어떤 헌신을 할 것인지, 내가 어떻게 이것을 구체적으로 적용할 것인지에 대한 계획과 다짐입니다.

지금까지 나눈 커리큘럼의 강조점들을 기독교 교육의 상황에서 비교해 보면 다음과 같습니다.

예수님이 이 땅에 오신 목적을 알게 하기 위해 커리큘럼을 디자인한다고 할 때, '내용'에 강조점을 두고 생각한다면 내용적인 완성도를 위해서 커리큘럼 안에는 예수님의 탄생, 세례, 기적 사건과 십자가의 죽음과 부활 등이 두루 담겨야 할 것입니다. 얼마나 넓고 깊게 내용을 전달하느냐 하는 것이 아마도 가장 중요한 고려 사항이 될 것입니다. 만약 '결과'에 강조점을 둔다면 예수님이 이 땅에 오신 목적을 가장 명확하게 보여주는 내용이 무엇인가를 고민한 뒤에 본문을 정하고, 그 내용을 명확히 설명한 뒤 '예수님이 이 땅에 오신 이유는 우리를 구원하시기 위함이다'라는 명확한 답을 아이들이 기억하게 돕는 여러 가지 활동을 디자인할 것입니다. 그리고 평가를 통해 목표가 이루어졌음을 확인하는 과정도 가질 것입니다. 그러나 만약 '과정'에 강조점을 둔다면, 어떤 내용을 다루고 아이가 답을 기억하고 있는지에 대한 확인보다도 예수님이 이 땅에 오신 목적에 대해 아이가 어떻게 알게 되었는지, 그것이 지식적인 앎인지 아니면 마음에까지 새겨지는 의미 있는 경험을 통해 알게 된 것인지를 생각해 보게 될 것입니다. 따라서 과정에 강조를 두게 되면, 배움이라는 목표에 이르게 하기 위해 어떤 과정을 택할지에 관심을 두고 배움에 이르게 하는 과정이 정말 의미 있는 것이 되게 하려는 노력을 기울이게 될 것입니다. 당연히 이런 강조 아래서는 일방적인 가르침보다는 참여 학습을 통해, 혹은 적절한 질문과 대화 및 답변을 통해 아이가 스스로 깨우치게 하는 데 주안점을 두게 될 것입니다. 배움의 내용이나 배움의 방법 모두 교사와 학생의 상호 작용이 일어나도록 디자인하게 될 것입니다. 왜냐하면 상호 작용(Interaction)과 참여(Engagement)를 통해 얻게 된 지식이야말로 보다 의미 있는 지식이기 때문입니다. 마지막으로 커리큘럼의 강조점을 '실천'에 둔다면, 예수님이 이 땅에 오신 목적을 살펴보고, 예수님이 나의 죄를 대신 지고 십자가를 지신 것의 의미를 발견하게 한 뒤에, 나를 위해 십자가를 지신 예수님을 위해 나는 무엇을 할 것인지를 구체적으로 생각하고 삶의 현장에서 어떻게 그것을 실천할 수 있을지 자신의 다짐과 결단을 구체적으로 표현하게 함으로써 실천이 이루어지도록 할 것입니다.

커리큘럼에 대한 이런 네 가지 견해는 강조점의 차이는 있지만, 커리큘럼이 가지고 있어야 할 중요한 원리들이 무엇인지를 보여줍니다. 즉, 어느 한 가지 요소만으로는 좋은 커리큘럼을 만들어내는 일이 불가능합니다. 따라서 커리큘럼을 디자인하는 사람은 이루고자 하는 목표를 세우고, 그 목표에 맞는 내용과 평가 지표를 세울 수 있어야 합니다. 그 목표를 이루기 위해 다루어야 할 내용을 준비할 때에는 전달하기 원하는 내용이 완성도 있고 짜임새 있어야 합니다. 그뿐만 아니라 이를 전달하는 과정이 학습자들의 발달이나 러닝 스타일에 맞아야 하고, 능동적인 참여를 이끌어냄으로써 배움의 과정이 의미 있는 경험이 되도록 노력해야 합니다. 더하여서 배운 것을 충분히 연습할 수 있게 해야 하고 구체적인 실천을 다짐하게 함으로써, 배움의 결과가 실생활의 실천으로 이어지게 하려는 노력도 기울여야 할 것입니다.

2) 커리큘럼의 종류

커리큘럼은 크게 정규 교육 과정(Formal Curriculum), 잠재적 교육 과정(Hidden Curriculum), 옇의 교육 과정(Null Curriculum)으로 구분해 볼 수 있습니다. '정규 교육 과정'이란, 명시적으로 드러난 의도된 경험을 가리키는 말입니다. 예를 들어 과목의 계획서인 실라버스(Syllabus)나, 교육 계획서, 교과서 등에는 커리큘럼 개발자나 교사가 학생들에게 무엇을 가르칠 것인지에 대한 정보가 담겨 있는데, 이것이야말로 커리큘럼 개발자나 교사가 학생들에게 의도한 경험으로서 정규 교육 과정에 속하는 것입니다. 물론 정규 교육 과정이란 우리 주변에 있는 교과서, 학습용 교재, 참고 서적처럼 주로 인쇄된 출판물이나 문서의 형태로 제공되기도 하지만, 말을 통해 전달된 내용도 그날의 주제와 관련하여 전달하기 원하는 것이었다면 의도된 경험으로서 정규 교육 과정에 포함될 수 있습니다.

이에 반해 '잠재적 교육 과정'은 의도하지는 않았지만 배움을 일으키는 경험들을 말합니다. 비록 그것을 공식적으로 계획하지는 않았지만, 학습 활동이 계획되고 조직되는 방식이나 정규 교육 과정에서 제공된 교육 내용을 통해 받은 느낌, 학교나 교회 생활을 통해 암암리에 배운 가치와 태도 등을 가리킵니다.[192]

잠재적 교육 과정을 잘 설명해 주는 예가 있습니다.

> 어느 날 시골에서 한 학생이 전학을 왔습니다. 서울에서 학교를 다니게 된 아이는 첫날부터 담임 선생님에게 호감을 갖게 되었습니다. 선생님은 예쁜 모습에 단정한 머리를 하고 계셨고, 부드러운 말투로 늘 "너희들을 사랑해"라고 말씀해 주셨기 때문입니다. 이날 이후 매일매일 선생님께 "사랑해"라는 말을 들으며 세상에서 제일 좋은 선생님을 만나게 되었다며 행복해했습니다. 그러나 아이는 2주가 지난 뒤, "우리 선생님이 세상에서 제일 나빠, 정말 위선적인 사람이야!"라고 말하게 되었습니다.

갑자기 이런 변화가 생긴 원인은 무엇이었을까요?

아이에게 생긴 이런 변화 속에는 지속된 한 가지 경험이 있었습니다. 서울 학교 선생님은 늘 사랑한다고 말한 뒤 집으로 돌아가는 아이들과 악수를 하기도 하고 토닥이거나 안아주기도 했습니다. 시골에서 올라온 아이도 매일매일 선생님이 자기와 악수하거나 토닥여 주거나 안아주는 날이 오기를 기다렸습니다.

전학 온 첫날, 선생님을 다른 아이들과 인사를 나누느라 이 아이에게 관심을 두지 못했습니다. 둘째 날도 아이에게는 기회가 오지 않았습니다. 여전히 선생님은 예쁘고 친절한 분이셨고, "사랑해"라는 말을 해주셨습니다. 일주일이 지났습니다. 아이의 마음속에는 '선생님이 정말 나를 사랑하는 것이 맞을까?'라는 의문이 생겼습니다. 2주가 지나는 동안 여전히 시골에서 올라온 촌스러운 자신에게는 선생님과 악수를 하는 경험도, 등을 토닥이거나 안아주는 일도 일어나지 않았습니다. 아이의 눈에는 선생님의 이런 행동이 위선적으로 느껴졌습니다.

선생님은 반 친구들 모두를 사랑한다고 말했지만, 아이가 느낀 것은 선생님은 예쁘고, 공부 잘하고, 부잣집 아이들에게만 친절하다는 것이었습니다.

의도한 것은 아니었지만 "사랑해"라는 정규 교육 과정의 메시지가, "선생님은 가장 위선적인 사람이야. 선생님은 예쁘고, 공부 잘하고, 부잣집 아이들만 사랑해"라는 잠재적인 교육 과정의 메시지로 바뀌어버린 것입니다.

군산에 위치한 Y교회 주일학교의 교육 목표와 시상 기준을 보았습니다. Y교회 교육 목표는 "하나님을 전심으로 예배한다"였습니다. 그리고 달란트 지급 기준은 다음과 같았습니다.

> **달란트 지급 기준**
> 출석 2, 갈씀 암송 2, 예배 MVP 2, 전도 10, 게임 1

Y교회 정규 교육 과정의 메시지는 무엇인가요? 예배가 가장 중요하다는 것입니다.

그런데 정말 느껴지는 교육의 주안점은 무엇인가요? 전도입니다.

왜냐하면 출석이나, 말씀 암송, 심지어는 예배 MVP보다도 전도에 대한 시상이 다섯 배나 많기 때문입니다.

사람은 정규 교육 과정의 메시지보다 잠재적 교육 과정을 통해 느껴지는 메시지에 더 주목합니다. 따라서 이 두 가지 교육 과정의 메시지가 일치할 때는 시너지를 일으키지만, 두 개의 메시지가 충돌하거나 서로 다른 방향을 가리킬 때는 교육의 효과가 줄어들거나 전혀 다른 메시지가 전달되는 역효과를 낳는다는 것을 기억해야 합니다. 이 둘이 충돌할 때는 항상 잠재적 교육 과정의 메시지가 더 강력하게 전달된다는 것을 잊지 말아야 합니다.

마지막으로 우리가 생각해 보아야 할 커리큘럼의 종류는 '영의 교육 과정'입니다. 영의 교육 과정이란 정규 교육 과정에서 배제된 교과, 주제, 사고방식 등을 가리키는 것으로, 아무것도 가르친 것이 없기 때문에 배우게 되는 것을 말합니다. 잠재적 교육 과정이 의도된 경험을 하게 하려다가 생겨나는 것이라고 한다면, 영의 교육 과정은 어떤 경험을 교육 과정에서 배제했기 때문에 생겨나게 된 것이라고 이해할 수 있습니다.[193] 예를 들면, 우리나라에서 자란 대부분의 사람은 학교에서 수영을 정규 과목으로 배운 경험이 없습니다. 이와는 반대로 미국이나 유럽의 학교는 수영을 정규 과목으로 삼아 가르치고 있습니다. 수영이라는 과목을 생각할 때 우리나라에서 수영은 영의 교육 과정에 속하는 영역이 되는 것입니다. 그러다 보니 자연스럽게 생겨난 태도는 국어, 영어, 수학과 같은 대학 입시에서 비중이 큰 과목들을 수영보다 더 중요한 것으로 여기고 더 많은 시간과 돈을 투자하는 것입니다.

신앙 교육에 있어서도 영의 교육 과정에 대해 생각해 볼 수 있습니다. 신앙 교육에서 영의 교육 과정은 우리가 일반적으로 말씀, 기도, 찬양, 전도, 예배 등과 같은 하나님과의 관계에서 우리가 해야 할 일만을 신앙 교육이라고 생각하기 때문에 생겨납니다. 즉, 신앙 교육을 좁은 의미에서만 이해하고 실천하기 때문에, 그리스도인으로서 건강한 성장을 위해 필요한 많은 부분, 그리스도인답게 생활하기 위해 필요한 많은 것을 영의 교육 과정으로 만드는 결과를 초래하게 된 것입니다. 실제로 지금까지의 교회 교육의 내용을 살펴보면 이성 교제, 결혼과 성과 같은 사람들과의 관계 문제나, 왜 공부를 해야 하는지, 주어진 사회 문제에 대해 어떻게 이해하고 반응해야 하는지, 우리의 몸을 어떻게 관리해야 하고, 자연을 돌보고 가꾸며 환경을 보존하는 노력들이 그리스도인인 우리에게 어떤 의미가 있는지 등 직접적인 신앙 훈련의 영역들을 제외한 많은 부분이 신앙 교육의 영역에서는 배제되어 있거나, 잘 다루어지지 않았던 것이 사실입니다. 그런데 이런 영역들이 신앙 교육에서 영의 커리큘럼에 속하게 되면 필연적으로 이런 영역들이 신앙생활에서는 크게 중요하지 않은 것들이라는 인상을 주게 되고, 이런 주제들에 대해 우리 아이들이 비성경적인 것들을 포함한 다른 여러 가지 출처(Source)를 통해 배우게 되는 것을 묵인하게 된다는 문제점이 생겨납니다. 즉, 커리큘럼이 어떤 것은 다루고, 어떤 것은 다루지 않기로 결정하게 되면, 필연적으로 어떤 것이 중요하고 어떤 것이 중요하지 않다는 메시지를 던지게 됩니다. 더하여서 다루지 않는 영역에 대해서 배움이 일어나지 않는 것이 아니라 또 다른 어떤 출처를 통해서 그 영역에 대한 지식과 정보, 가치관과 태도를 배우게 된다는 것이 영의 교육 과정이 말하는 핵심입니다.

영의 교육 과정은 교육 현장에서 그다지 많은 주목을 받지 못한 것이 사실이지만, 이 개념은 다음세대를 위한 우리의 신앙 교육에서 무엇이 배제되고 있는지, 우리가 우리의 아이들에게 경험하게 해주지 못한 것들, 즉 영의 교육 과정이 우리 아이들에게 어떤 영향을 미치고 있는가를 아는 것이 얼마나 중요한 일인지를 알게 합니다. 또한 영의 교육 과정의 존재는 기독교 교육이 왜 전인적인 양육이 되어야 하는지를 다시 한번 설명해 줍니다. 그것은 만약 우리가 하나님의 말씀을 가지고 성경적인 세계관에 바탕을 둔 가르침을 하지 않은 채, 기존에 해오던 대로 좁은 의미의 영적인 영역에 치중된 교육만을 지속한다면, 우리의 다음세대들은 사회-정서적, 지적, 신체적인 영역에서 비성경적인 세계관에 기초한 지식과 정보, 태도와 가치관으로 빈 공간을 채우게 될 것이기 때문입니다.

3) 스코프와 시퀀스(Scope & Sequence)

커리큘럼을 이야기할 때 빠지지 않는 개념 가운데 스코프(범위)와 시퀀스(배열 순서)라는 것이 있습니다. 스코프는 말 그대로 커리큘럼이 다루는 범위를 일컫는 용어입니다. 그러니까 커리큘럼의 스코프가 무엇이냐고 묻는다면, 그 말은 어떤 커리큘럼이 다루고 있는 주제 혹은 내용의 범위가 무엇이냐는 질문이 됩니다. 예를 들어 영어를 가르치는 커리큘럼의 경우, 크게 보면 스코프에는 문법, 회화, 독해, 작문 등이 포함됩니다. 이를 더 세부적으로 살펴보면 회화의 경우 기초 회화, 중급 회화, 고급 회화와 같은 단계가 있고 각각 그 안에 해당되는 수준의 드러난 교육 과정이 존재합니다. 이런 것을 스코프라고 합니다. 좋은 커리큘럼이란 배움의 단계에 따라 그 깊이와 넓이가 적합한 것을 말합니다.

이와는 달리 시퀀스는 커리큘럼이 어떤 차례를 가지고 있는가, 혹은 어떤 배열 순서로 되어 있는가를 말하는 용어입니다. 수학을 가르치기 위한 커리큘럼을 보면 항상 덧셈과 뺄셈 다음에 곱셈과 나눗셈이 나오고, 이러한 개념이 형성된 것을 전제로 해서 방정식과 같은 보다 더 높은 차원의 개념들이 소개되는 것을 볼 수 있습니다. 즉 커리큘럼 안에는 분명 어떤 형태이든 차례 혹은 배열의 순서가 있는데, 좋은 커리큘럼이란 최고 혹은 최상의 순서를 가진 것임이 분명합니다.

4) 커리큘럼의 평가

어떤 커리큘럼이 좋은 커리큘럼인지 혹은 그렇지 않은지를 평가하는 일은 커리큘럼을 개발하는 사람들에게나 이를 사용하는 사람들에게나 모두 중요한 일입니다. 특별히 신앙 교육을 위한 커리큘럼을 개발하거나 선택할 때 명확한 기준을 가지고 평가해 보는 것이 필요합니다. 로슨(Lawson)은 커리큘럼 평가 체크표를 통해 평가의 기준을 크게 커리큘럼의 내용, 목표와의 관계, 교육학적인 접근과 구성, 교회와 교사의 필요, 그 외의 기술적인 부분들로 나누어 설명했습니다.[194] 신앙 교육을 위해 교재를 개발하거나 선택할 때 기준이 되는 원리들을 정리해 보면 다음과 같습니다.

A. 성경적인가?(Bible-based/Theologically Sound)[195]

먼저, 가장 중요한 기준은 '성경적인가?' 하는 것입니다. 너무나 당연해 보이는 이 기준은 사실 가장 중요하면서도 가장 간과되기 쉬운 부분입니다. 어떤 커리큘럼이 성경적인가 아닌가라는 말은 커리큘럼이 제공해 주는 내용과 자료가 성경에 기초해 있고 신학적으로 건전한 것이어야 한다는 것을 말해 줍니다.

여러 성경 교재를 살펴보면 내용을 설명하면서 혹은 성경을 쉬운 말로 바꾸어 기록하면서 의도하지 않은 신학적인 오류에 빠진 경우들을 쉽게 찾아볼 수 있습니다.

한 어린이 성경공부 교재에서 이런 내용을 본 적이 있습니다.

> 욥은 하나님을 잘 섬기는 사람이었어요. 하지만 욥은 축복을 받았기 때문에 고난도 받았어요.

이 표현에는 욥에 관한 사실이 들어 있습니다. 욥이 하나님을 잘 섬긴 사람이었다는 것, 큰 복을 받았다는 것, 그리고 큰 고난을 받았다는 것입니다. 그런데 축복과 고난을 연결해 설명하면서 인과 관계를 만들어버림으로써 성경적 신학적인 오류가 생기고 말았습니다.

실제로 욥이 고난받은 이유는 욥이 하나님의 축복을 받았기 때문이거나, 부자였기 때문이 아닙니다. 욥의 친구들이 찾아와 욥에게 이야기한 것처럼 욥이 무엇인가 잘못했거나 벌을 받아 마땅한 죄가 있었기 때문도 아닙니다. 욥이 고난받은 이유에 관해서는 성경에 명확하게 기록되어 있지 않습니다. 다만 욥의 믿음을 시험해 보려는 사탄의 시험을 하나님이 허락해 주셨을 뿐입니다. 따라서 축복이 원인이 되어 고난이 찾아왔다는 표현은 잘못된 것입니다.

엘리야와 바알과 아세라 선지자의 대결을 다룬 열왕기상 18장 16-40절은 구약을 다루는 교재에는 빠지지 않는 본문입니다. 그런데 늘 논란이 되는 부분은 엘리야가 바알과 아세라 선지자 850명과 대결을 펼쳤느냐, 아니면 바알의 선지자 450명과만 대결을 펼쳤느냐 하는 것입니다. 850명으로 생각하고 설명하는 경우는 몸에 상처가 나도록 자신을 상하면서까지 바알의 이름을 부르며 제사한 이들의 숫자도 850명이고 최후에 죽임을 당한 사람들도 850명이라고 설명합니다. 이런 설명은 엘리야가 바알과 아세라 선지자 모두를 갈멜산으로 부른 것이나, 아합 왕이 그 말대로 선지자들을 갈멜산으로 모았다고 하는 말씀과 일치합니다.

그런즉 사람을 보내 온 이스라엘과 이세벨의 상에서 먹는 바알의 선지자 사백오십 명과 아세라의 선지자 사백 명을 갈멜 산으로 모아 내게로 나아오게 하소서 아합이 이에 이스라엘의 모든 자손에게로 사람을 보내 선지자들을 갈멜 산으로 모으니라(왕상 18:19-20).

하지만 이후에 이어지는 본문에는 아세라 선지자에 관한 언급이 없음에도 불구하고, 850명이 모두 그들의 신을 부르며 제사했다고 설명하거나 850명이 모두 기손강에서 죽임을 당했다고 하는 것은 앞뒤의 문맥을 맞추기 위해 일종의 해석을 덧붙인 것입니다.

이와는 반대로 갈멜산에서 엘리야가 아합의 선지자 450명과만 대결을 펼쳤다고 생각하고 이를 바탕으로 집필된 교재 안에는 종종 이렇게 된 원인을 설명하면서 아합 왕이 바알과 아세라 선지자 모두를 갈멜산으로 오라고 명령했지만 아세라 선지자 400명은 오지 않았다고 설명합니다. 그러면서 왕후였던 이세벨이 어떤 형태로는 엘리야의 의도를 파악하고 이들에게 왕의 명령을 따르지 말고 남아 있으라는 지시를 했다고까지 설명하기도 합니다. 풀핏 주석과 같이 일부 주석에서 이런 가능성을 언급하고 있는 것이 사실입니다.[196] 그런데 문제는 아이들에게 이야기로 전달하면서 이런 내용을 추가할 경우에 성경이 언급하고 있는 사실과 추측한 것들이 섞일 우려가 있다는 것입니다. 이 부분은 아이들에게 말씀을 가르치는 교재를 만들 때 우리가 깊이 고민해 보아야 할 부분입니다.

이처럼 글로 인쇄된 커리큘럼을 살펴보면 의도하지 않았지만 성경이 말하고 있지 않은 인과 관계를 설정해 제시하거나, 아예 사실 관계가 다른 경우들도 종종 발견됩니다. 또한 때로는 동일한 본문의 여러 가지 해석 가운데 특정한 어떤 해석을 따른 경우도 볼 수 있는

데, 해석을 따라야 하는 경우라면 근거를 밝혀 두어야 오해를 피할 수 있습니다.

그림을 사용하는 경우는 더더욱 주의해야 합니다. 앞서 언급한 잠재적 교육 과정이 강하게 작동하는 영역이기 때문입니다. 예를 들어 예수님은 어린아이들을 사랑하시는 분이고, 친절하신 분이라고 아무리 설명해도 보여주는 그림이 사납고 화난 모습, 욕심이 많은 모습이라면 아이들은 결코 예수님이 따뜻하고, 사랑이 많고, 친절하신 분이라는 메시지를 받지 못할 것이기 때문입니다.

또한 동일한 인물을 1, 2, 3과에서 서로 다르게 그려 사용한다면 어떻게 될까요? 말로는 모두 요셉이라고 설명한다 해도 아이들에게는 세 명의 다른 요셉의 이야기로 받아들여질 염려도 생기게 됩니다. 얼핏 들으면 어떻게 같은 교재에서 동일한 인물을 서로 다르게 그릴 수 있겠냐고 생각할 수도 있지만, 교재를 제작하는 기간을 줄이기 위해 그림 발주도 과별로 나누어 진행되는 일이 많은 것이 현실이다 보니 이런 일이 종종 발생하는 것을 볼 수 있습니다.

역사적으로 하나님이나 예수님의 이미지를 그리거나 조각해 사용해도 되는가에 대한 부분은 오랜 논쟁이 있었던 부분입니다. 유대인들의 경우는 신적인 존재를 그리거나 조각하는 것은 우상 숭배를 금지하는 십계명을 어긴 것으로 여기기 때문에 엄격하게 금지합니다. 천주교의 경우는 성상 숭배의 문제가 동서 교회를 분열시키는 원인이 되기도 했는데, 서구 유럽과 우리나라의 천주교회 즉, 로마 가톨

릭의 경우는 성상을 자연스럽게 받아들였고 지금도 성당에서 사용하고 있습니다. 개혁교회는 종교 개혁자들의 전통을 이어받아 성상이나 성화 사용에 대해 부정적인 견해를 보여왔습니다. 특히나 보수적인 교단일수록 주일학교 교재에서 하나님 또는 예수님의 얼굴을 그리거나 만들어 사용하는 것은 오랫동안 금기시되어 왔다는 생각도 듭니다. 하지만 어느 순간부터 주위에 하나님이나 예수님을 표현한 그림이나 만들기 자료들이 넘쳐나고, 기독교 교육가인 우리들 역시 별다른 고려 없이 어쩌면 지나칠 정도로 무분별하게 사용하고 있다는 생각도 듭니다. 아이들이 하나님의 말씀을 쉽게 이해하도록 돕기 위해 시각적 이미지를 사용하는 것은 유익하다고 생각합니다. 하지만 시각적 이미지는 매우 강력하기 때문에 하나님의 말씀에 대한 잘못된 이미지를 심어주지 않도록 절제된 범위에서 지혜롭게 사용하는 것이 필요합니다.

B. 목적에 맞는가?

두 번째로 생각해 볼 것은 '커리큘럼이 신앙 교육이라는 목적에 적합한 것인가? 교육 목적에 맞는가?' 하는 것입니다.

교재에 명시적으로 표시가 되어 있든 혹은 그렇지 않든 신앙 교육을 위한 커리큘럼이 가진 기본적인 목적은 말씀을 가르쳐 지키게 하는 것입니다. 따라서 하나님의 말씀을 나누는 부분과 이를 바탕으로 삶에 적용하게 하는 두 과정이 매우 중요합니다. 그런데 요즘 우리 교회 교육의 형편을 보면, 점점 말씀을 가르치는 시간은 줄어드는 반면 아이들의 흥미를 끌어내기 위한 노력은 더욱더 커지고 있습니다. 그러다 보니 말씀을 충분히 다루는 일이나 말씀을 바탕으로 삶에 적용하게 하는 과정이 부실해지기 쉬운 상황입니다. 실제로 과거의 교재들에 비해 본문을 연구하고 그 내용을 묵상하는 부분과 성경 본문 자체를 아이들에게 설명하는 내용은 양도 줄었고 깊이도 얕아졌습니다. 이러저러한 적용들이 등장하지만, 피상적이거나 충분하지 않은 경우도 많고, 이와는 반대로 지나치게 적용만을 강조하면서 도덕적이거나 윤리적인 이야기나 성경의 원리에서 나온 것이 아닌 상식적인 수준의 적용이 많아지기도 했습니다.

좋은 커리큘럼이란 당연히 말씀을 잘 가르치고 배우게 도와야 할 뿐 아니라, 말씀에 기초하여 삶의 변화를 이끌어가는 교육의 목적에도 잘 부합되는 것이어야 합니다. 당연히 최소한의 시간은 확보되어야 하고 말씀을 주해하고 설명하는 과정과 이를 적용하는 과정의 균형도 맞아야 할 것입니다.

C. 교육학적으로 완성도 있는 것인가? 건전한가?

(1) 연령에 맞는가?

커리큘럼이 교육학적으로 완성도를 갖추고 건전한 것이 되기 위해서는 먼저 '그 내용과 활동, 제공되는 자료 등이 연령에 맞는가?'를 살펴보아야 합니다. 대상의 연령에 맞지 않는 어려운 내용이나, 연령에 맞지 않게 그려진 그림 자료 등은 교육적 완성도를 떨어뜨리는 요인이 됩니다. 당연히 전달되는 내용은 연령에 따라 적절한 깊이와 범위를 갖추어야 합니다. 또한 그 연령에서 배워야 할 부분들을 아이들의 삶의 정황에 맞추어 적절하게 다루어주어야 하며, 연관된 자료들 역시 그 나이 아이들의 눈높이에 맞는 것이어야 합니다.

(2) 내용에 맞고, 효과적인 방법을 사용하고 있는가?

또 다른 기준은 '전달하려고 하는 내용과 잘 맞는 방법을 사용하고 있는가?' 하는 점입니다. 예를 들어 교재가 다루는 주제는 죄와 죽음에 대한 것인데 이 주제를 다루면서 사용한 방법이 즐거운 분위기의 게임이라면, 이는 전달하려는 내용에 맞는 방법이 아닙니다. 이와는 반대로 천국 잔치를 설명하면서 어두운 분위기의 음악을 들려주거나 무거운 활동을 하는 것도 맞지 않습니다. 천국 잔치를 설명하기 위해서라면 즐거운 음악과 밝은 조명, 맛있는 음식과 게임 등을 사용하여 가르치는 내용과 전달되는 방식이 같은 메시지를 보내는 것이 필요합니다. 이처럼, 연령에 따른 아이들의 발달을 고려하여 내용이나 활동을 정하는 것뿐 아니라, 적절하고 효과적인 방법을 사용하고 있는가를 살펴보아야 합니다.

(3) 건전한가?

교육적인 완성도와 연결해 한 가지 더 생각해 볼 부분은 사용되는 시각 자료나 활동들의 건전성에 대한 부분입니다. 커리큘럼은 개발자에 따라, 개발자가 속한 교단이나 단체의 성격에 따라, 사용되는 그림의 스타일이나 내용, 제시된 활동들의 문화적인 수용성에서 차이를 보입니다. 따라서 교육적인 건전성에 대한 판단은 보는 사람에 따라 달라질 개연성이 있는 부분입니다. 하지만 분명한 것은 선정적인 느낌을 갖게 하거나 비성경적인 문화를 수용하는 것으로 오해를 살 소지가 있는 내용, 시각 자료나 활동들을 가진 커리큘럼은 교육적인 건전성이 낮은 것으로 이해할 수 있습니다.

D. 최상의 스코프와 시퀀스인가?[197]

(1) 교재가 다루는 스코프의 폭과 깊이가 적합한가? 균형 잡혀 있는가? 조화로운가?

신학교 1학년 때 구약 개요라는 수업을 들은 적이 있습니다. 과목의 목적은 구약 성경 전체의 큰 그림을 갖게 하는 것이었습니다. 그런데 수업에서 다룬 내용의 대부분은 모세 오경의 저자에 관한 문제와 성경이 여러 문서에서 조합된 인간의 저작물이라고 주장하는 문서설에 대한 반론이었습니다. 학기가 끝난 뒤 학생들은 구약 성경 전체에 대한 큰 그림을 가진 것이 아니라, 구약 성경 가운데 맨 처음 다섯 권의 저자가 누구인지, 왜 문서설이 잘못인지에 대한 이해만을 가지고 교실을 떠났습니다. 이 수업의 문제는 무엇이었을까요? 스코프가 구약 성경 전체로 잡혀 있는 것에 반해, 그 폭과 깊이가 조화를 이루지 못한 것이었습니다.

커리큘럼의 스코프는 커리큘럼의 목적에 따라 정해집니다. 물론 이루고자 하는 목적에 따라 내용의 범위를 정하기 전에 소요되는 시간과 자원, 그리고 학생들의 필요와 그들에게 맞는 방법에 대한 연구

등 다각도의 고려가 필요할 것입니다. 따라서 커리큘럼의 폭과 깊이는 수업의 목표를 이루는 데 적합해야 하고, 학생들의 수준이나 배움의 정도, 사용할 수 있는 시간과 자원을 고려했을 때 균형 잡혀 있고 조화로워야 합니다.

구약의 개요를 열 번의 수업을 통해 가르쳐야 하는 커리큘럼이라면, 모세 오경, 역사서, 시가서, 선지서의 큰 구분을 통해 큰 그림을 그려놓은 뒤 이에 맞도록 커리큘럼의 폭과 깊이를 조절할 필요가 있습니다. 그래야만 구약의 큰 그림을 그린다는 목적을 이룰 수 있고 균형 있고 조화롭게 배움을 이어갈 수 있을 것입니다.

(2) 최상의 순서(Best Order)인가?

커리큘럼의 스코프를 정하는 일과 더불어 커리큘럼의 차례 혹은 배열 순서를 가리키는 시퀀스를 정하는 것도 매우 중요한 일입니다. 시퀀스를 생각할 때 가장 중요한 것은 커리큘럼의 시퀀스가 최상의 순서인가 하는 점입니다. 여기서 최상의 순서라는 말은 기본적으로 어떤 개념을 가르칠 때 먼저 가르쳐야 할 것을 가르친 뒤에, 그 가르침에 바탕을 두고 이어지는 내용을 다루어야 한다는 말입니다. 예를 들어 초등학교 아이들이 국어를 배울 때, 단어를 배우기에 앞서 가나다라를 먼저 익히는 것과 마찬가지입니다.

■ 나선형 구조 vs 직선형 구조

그런데 이런 배열 순서를 생각할 때 배열 순서가 어떤 구조를 이루는가를 생각해 보는 것도 중요합니다.

예를 들어 A라는 과정 뒤에 B라는 과정이 이어지고, B 뒤에 C, C 뒤에는 D라는 과정이 이어진다고 할 때, 이것을 도식화해 보면 다음과 같습니다.

A - B - C - D

시퀀스를 이런 식으로 정리한 것을 직선형 구조라고 하는데, 1학년 때 A를 배우고, 2학년이 되면 B라는 새로운 내용을 배우고, 학년이 올라가면 다시 C, D를 배우는 식으로 내용이 배열되는 것을 말합니다. 그런데 이런 방식으로 내용을 배열할 때 생겨나는 문제는 A라는 과정을 제대로 이해하지 못했거나 중간에 들어온 경우는 다음 과정을 진행하는 데 어려움이 생긴다는 것입니다.

브루너(Bruner)는 어린이들도 복잡하고 어려운 개념을 깨우칠 능력이 있다는 것을 이야기하면서, 커리큘럼의 배열 구조를 나선형으로 하여 점진적으로 난이도를 높여 가는 것이 유익하다고 주장했습니다.[198] 나선형 구조란 시간이 지남에 따라 새로운 개념이 계속해서 나열되는 방식이 아니라, 반복과 심화와 확장이 일어나는 방식으로 커리큘럼 내용을 구성하는 것을 말합니다. 즉 처음에는 가장 단순한 형태로 가르치고, 시간이 지난 뒤 좀 더 복잡한 형태로 가르치고, 그 다음에는 좀 더 복잡한 형태로 가르치는 방식으로 점진적으로 난이도를 높여 가는 것을 말합니다.[199] 예를 들어 초등학생에게 사칙 연산을

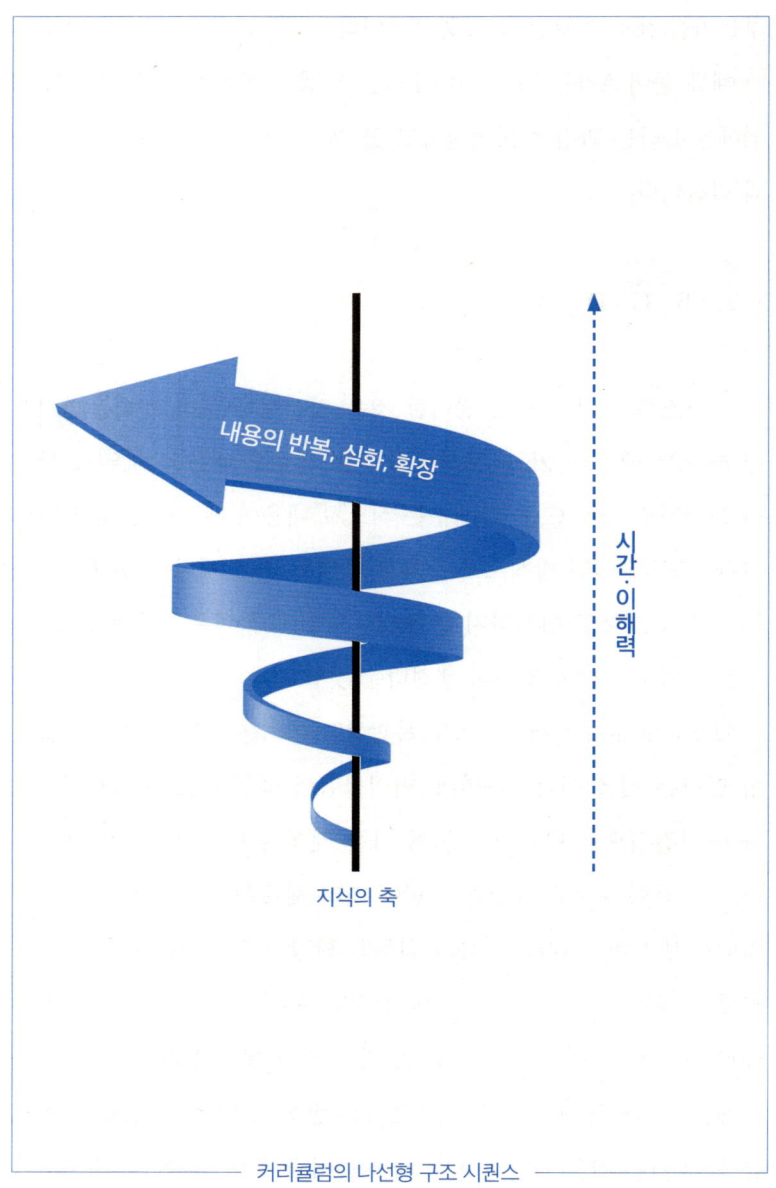

커리큘럼의 나선형 구조 시퀀스

가르칠 때, 1학년 때는 덧셈과 뺄셈 2학년 때는 곱셈과 나눗셈을 가르치는 식으로 배열하지 않고, 1학년 때 덧셈 뺄셈을 배운 아이들이 2학년이 되어 곱셈과 나눗셈을 배우기 전에, 덧셈과 뺄셈의 개념을 반복하여 1학년 때 다루지 못한 개념까지 더 심화 확장시킨 뒤에 곱셈과 나눗셈을 배우게 하는 것입니다. 3학년이 되어서 분수를 배운다면, 3학년 때는 덧셈 뺄셈 곱셈 나눗셈의 기본 개념을 반복하고, 이와 연관된 심화와 확장이 일어난 뒤에 분수를 배우게 하는 방식을 말합니다. 이렇게 할 때 나선형 구조가 보여주는 것처럼, 시간이 지나인지 발달 능력이 높아질수록 동일한 개념에 대해서도 더 깊은 이해를 갖게 되는 것입니다.

신앙 교육에 이러한 개념을 적용하는 것은 매우 중요합니다. 왜냐하면 성경의 중요한 개념들은 반복적으로 가르쳐야 하고 학년이 올라갈수록, 또 이해의 능력이 늘어날수록, 더 깊고 넓게 가르쳐야 할 필요가 있기 때문입니다. 예를 들어 예수님의 죽으심과 부활은 유치부, 유년부, 초등부 아이들 모두가 배워야 하는 중요한 사건이고 개념입니다. 따라서 반복해서 가르쳐야 합니다. 그런데 학년이 올라가고 이해 능력이 높아졌음에도 불구하고 동일한 수준의 내용을 단순하게 반복해서는 안 됩니다. 내용은 더 깊어져야 하고 의미를 다루는 범위도 더 넓어져야 합니다.

E. 결과물의 질은 어떠한가?

커리큘럼의 또 다른 평가 기준은 '제공되는 인쇄물 혹은 영상이나 파워포인트 문서(ppt)와 같은 자료들의 질(Quality)이 어떠한가?'입니다. 당연히 이런 자료들의 포맷이나 디자인은 어떠한지, 글씨나 그림의 크기나 질은 어떠한지, 교구를 사용한다면 아이들의 연령에 맞고 안전한 교구인지 등을 평가해 보아야 합니다. 이에 더하여서 연관된 자료를 쉽게 얻을 수 있는지, 충분한 자료가 제공되는지도 살펴보아야 합니다.

F. 적용성(Flexibility/Adaptability)이 뛰어난가?[200]

마지막으로 살펴볼 부분은 적용성입니다. 적용성이란 사용자가 자신의 교회 혹은 학교의 상황에 맞추어 선택하거나 변형해서 사용할 수 있는지, 교재를 사용하기 위해 필요한 교육을 쉽게 받을 수 있는지의 여부를 살펴보는 것입니다.

한동안 교회들마다 주일학교가 잘되는 교회들을 방문하고 그 교회의 교육 시스템을 배워서 자신의 교회에 적용해 보는 시도가 있었습니다. 간혹 성공 사례도 있었지만 대개의 경우 적응이나 정착이 되지 않아 실패한 경우가 많았습니다. 바로 우리 교회의 형편에 맞지 않았기 때문입니다. 그렇습니다. 제아무리 좋은 교육 과정이라 하더라도 우리 교회의 형편에 맞지 않는다면, 기대하는 교육적 효과를 얻기 어렵습니다. 따라서 커리큘럼을 살펴볼 때, 교회의 형편에 따라 선택할 수 있는 활동들이 제공되고 있는지, 적절한 교사 훈련을 제공하고 있는지, 비용이 적정한지 등을 고려해 보아야 합니다.

2. 전인적 양육을 위한 커리큘럼

지금까지 우리는 커리큘럼이 무엇인지, 커리큘럼의 종류와 기본적인 개념에는 어떤 것이 있는지, 그리고 어떤 커리큘럼이 좋은 커리큘럼인지를 살펴보았습니다. 이제 이런 커리큘럼에 대한 전반적인 이해를 바탕으로 한 걸음 더 나아가 전인적 양육이라는 목적에 적합한 커리큘럼이 어떤 것인지를 살펴보기로 하겠습니다.

기독교 교육이 말하는 전인적 양육을 위한 커리큘럼이란, 학습자를 예수님처럼 전인적으로 자라게 돕기 위한 일련의 학습 경험들과 과정을 뜻합니다. 커리큘럼 이론가인 콜슨(Colson)과 리그돈(Rigdon)은 좋은 커리큘럼이 되려면, 커리큘럼이 건전한 철학에 기초해 있어야 하고, 의미 있고 가치 있는 커리큘럼 계획을 가지고 있어야 한다고 말합니다.[201] 당연히 커리큘럼 개발에 앞서 커리큘럼이 기초할 철학을 세우고 교육적 원리들을 결정한 뒤, 이에 따라 목표를 설정하고, 내용의 범위와 배열 순서(Scope & Sequence), 방법(Teaching Method)을 정한 뒤, 이에 따라 과를 집필하고 평가하는 과정이 필요합니다. 특별히 전인 교육을 구체적으로 실현하기 위해서는 개인의 전체적인 발달에 관심을 가지고, 인간의 모든 면을 통합하고 배운 지식을 삶에 적용할 수 있도록 교과를 구성하는 것이 무엇보다도 중요합니다.[202]

1) 전인적 양육 커리큘럼 개발의 전제[203]

커리큘럼을 개발하면서 가장 먼저 생각해 보아야 할 것은 커리큘럼이 기초한 철학 혹은 전제에 관한 것입니다. 특별히 사람에 대한 생각, 인간이 어떤 존재인지에 대해 커리큘럼 개발자가 가지고 있는 전제들은 전인 교육을 위한 커리큘럼 개발에 있어서 매우 중요합니다. 왜냐하면 전인 교육이라는 말 자체가 온전한 인간이라는 말로서 궁극적으로는 '어떤 사람을 온전한 인간으로 보느냐?' 하는 것의 문제이기 때문입니다.

일반 교육에서 말하는 전인 교육은 "인간에 내재하는 주체적, 창조적 자유 의지와 능력에 깊은 신뢰를 갖고 있고 인간 세계 자연을 총체적 관점에서 이해하려고 노력하며, 인간이 이웃과 큰 사회 그리고 자연과의 건강한 상호 작용 속에서 자신을 발전시킬 수 있다"라는 전제에 바탕을 두고 있습니다.[204] 인간을 주체적이고 창조적이며 자유 의지를 가진 존재로서 자신, 이웃 그리고 자연과의 건강한 상호 작용을 통해 스스로를 발전시킬 수 있는 능력을 가진 존재로 보는 것입니다. 하지만 성경은 인간을 죄로 인해 타락했고, 스스로 선한 일을 행할 능력이 없는 전적으로 무능한 존재라고 말하고 있습니다(롬 3:10-12). 따라서 인간에 대한 무한한 신뢰에 바탕을 두거나 인간 스스로의 힘으로 온전해질 수 있다고 생각하는 것은 잘못입니다. 최진경은 "인간 본성의 온전함에로 이끄는 전인적 신앙 교육은 일차적으로 인간의 현 상태, 즉 타락한 존재로서의 자기 인식과 신 형상 회복을 위한 구원자 그리스도의 필요성을 먼저 인식하게 하는 데서 시작하며, 이러한 신앙 교육은 하나님에 의해 인도되는 교육으로서 성령을 통한 중생을 거쳐 회심으로 성화에로 나아가는 것을 지향한다"라고 말했습니다.[205] 그의 말처럼, 기독교 교육이 말하는 전인 교육은 타락한 인간의 무능함에 대한 성경적인 인식을 바탕으로 예수 그리스도의 보혈과 성령의 능력을 전적으로 의지하는 것을 전제로 이루어집니다. 따라서 기독교 교육가인 우리는 사람을 온전한 인간으로 양육하는 일은 예수 그리스도의 십자가와 성령의 능력이 없이는 이루어지지 않는다는 것과, 전인적 양육의 기초는 하나님의 말씀이라는 점을 깊이 인식하고 온전히 성령님께 의지하여 이 일을 시작해야 합니다.

2) 전인적 양육 커리큘럼의 특징: 갖추어야 할 교육적 요소들[206]

전인적 양육을 위한 커리큘럼은 전인 교육의 특성들을 커리큘럼의 목표, 내용 그리고 교육 방법과 환경에 통합시킨 것이라고 할 수 있습니다. 당연히 전인 교육을 위해 필요한 커리큘럼은 지식의 다양한 측면인 인지적, 정서적, 행동적인 요소를 통합하고, 연결성과 관계성을 세워주며, 학생으로 하여금 세계화되어 가는 사회 속에서 적응하고 살아가도록 준비시켜 주는 것이 되어야 합니다.[207] 그러면 구체적으로 전인적 양육 커리큘럼은 어떤 목표, 내용, 그리고 교육 방법과 환경을 가지고 있어야 할까요? 전인적 양육 커리큘럼 안에 담아야 할 교육적 요소들을 정리해 보면 다음과 같습니다.

A. 목표

목표는 교육 과정을 구성할 때 그 교육 과정이 바탕을 두고 있는 철학이 무엇인지, 그것을 통해 성취하려고 하는 것이 무엇인지를 알게 하고, 철학과 교육 과정 사이에 "통일성과 통합을 제공하는 안내자" 역할을 하는 것입니다.[208] 따라서 어떤 커리큘럼이 전인적 양육을 위한 커리큘럼이 되기 위해서는 인간에 대한 총체적인 인식과 전인으로 성장하기 위해 필요한 영역들의 균형 있는 성장을 위한 분명한 목표를 포함해야 할 필요가 있습니다. 특별히 기독교 교육에서 이 말은 '예수님 닮음'이라는 기독교 교육의 목적에 부합하도록 예수님의 성장에서 볼 수 있는 네 가지 영역인 영적, 사회-정서적, 지적, 신체적 발달에 주안점을 두고 하나님의 형상으로서 회복되어야 할 관계들을 포함하는 구체적인 목표들을 세워야 한다는 것을 의미합니다.[209]

일반 교육에서 전인 교육을 위한 목표를 세부적으로 구성한 예는 2012-13년부터 한국에서 시작된 누리 과정을 들 수 있습니다. 누리 과정은 교육의 목적을 "질서, 배려, 협력 등 기본 생활 습관과 바른 인성"을 기르는 것과 "자율성과 창의성을 기르는 데 중점을 두고 전인 발달을 이루는 것"에 둡니다.[210] 그러면서 이런 큰 목표 아래 신체, 의사소통, 사회관계, 예술 경험, 자연 탐구의 다섯 가지 영역별로 구분된 교과 과정을 가지고 있으며, 영역별로 비교적 상세한 하위 목표들을 세워둠으로써 목표의 완성도를 높임과 동시에 목표가 측정 가능하도록 노력했습니다. 오른쪽 '3-5세 연령별 누리 과정 영역별 내

내용 범주	내용	3-4세 누리 과정 3세	3-4세 누리 과정 4세	5세 누리 과정 (부분 개정)	5세 누리 과정 ('11. 9. 5)
듣기	낱말과 문장 듣고 이해하기	낱말의 발음에 관심을 가지고 듣는다.	낱말의 발음에 관심을 가지고 듣는다.	낱말의 발음에 관심을 가지고 비슷한 발음을 듣고 구별한다.	낱말의 발음에 관심을 가지고 비슷한 발음을 듣고 구별한다.
		일상생활과 관련된 낱말과 문장을 듣고 뜻을 이해한다.	일상생활과 관련된 낱말과 문장을 듣고 뜻을 이해한다.	다양한 낱말과 문장을 듣고 뜻을 이해한다.	일상생활과 관련된 낱말과 문장을 듣고 뜻을 이해한다.
	이야기 듣고 이해하기	다른 사람의 이야기를 관심 있게 듣는다.	다른 사람의 이야기를 듣고 이해한다.	다른 사람의 이야기를 듣고 이해한다.	다른 사람의 이야기를 듣고 이해한다.
			이야기를 듣고 궁금한 것에 대해 질문한다.	이야기를 듣고 궁금한 것에 대해 질문한다.	이야기를 듣고 궁금한 것에 대해 질문한다.
	동요, 동시, 동화 듣고 이해하기	동요, 동시, 동화를 다양한 방법으로 듣고 즐긴다.	동요, 동시, 동화를 다양한 방법으로 듣고 즐긴다.	동요, 동시, 동화를 다양한 방법으로 듣고 이해한다.	동요, 동시, 동화를 다양한 방법으로 듣고 즐긴다.
			전래 동요, 동시, 동화를 듣고 우리말의 재미를 느낀다.	전래 동요, 동시, 동화를 듣고 우리말의 재미를 느낀다.	전래 동요, 동시, 동화를 듣고 우리말의 재미를 느낀다.
	바른 태도로 듣기	말하는 사람을 바라보며 듣는다.	다른 사람의 이야기를 주의 깊게 듣는다.	다른 사람의 이야기를 끝까지 주의 깊게 듣는다.	다른 사람의 이야기를 끝까지 주의 깊게 듣는다.
말하기	낱말과 문장으로 말하기	친숙한 낱말을 발음해 본다.	친숙한 낱말을 정확하게 발음해 본다.	정확한 발음으로 말한다.	정확한 발음으로 말한다.
		새로운 낱말에 관심을 가진다.	다양한 낱말을 사용하여 말한다.	다양한 낱말을 사용하여 상황에 맞게 말한다.	다양한 낱말을 사용하여 상황에 맞게 말한다.
		일상생활에서 일어나는 일들을 간단한 문장으로 말한다.	일상생활에서 일어나는 일들을 간단한 문장으로 말한다.	일상생활에서 일어나는 일들을 다양한 문장으로 말한다.	일상생활에서 일어나는 일들을 다양한 형태의 문장으로 말한다.
	느낌, 생각, 경험 말하기	자신의 느낌, 생각, 경험을 말해본다.	자신의 느낌, 생각, 경험을 말해본다.	자신의 느낌, 생각, 경험을 적절한 낱말과 문장으로 말한다.	자신의 느낌, 생각, 경험을 적절한 낱말과 문장으로 말한다.
			주제를 정하여 함께 이야기를 나눈다.	주제를 정하여 함께 이야기를 나눈다.	주제를 정하여 함께 이야기를 나눈다.
			이야기를 지어 말한다.	이야기 지어 말하기를 즐긴다.	이야기 지어 말하기를 즐긴다.

영역	내용	세부내용				
	상황에 맞게 바른 태도로 말하기			듣는 사람의 생각과 느낌을 고려하여 말한다.	듣는 사람의 생각과 느낌을 고려하여 말한다.	듣는 사람의 생각과 느낌을 고려하여 말한다.
			상대방을 바라보며 말한다.	차례를 지켜 말한다.	때와 장소, 대상에 알맞게 말한다.	때와 장소, 대상에 알맞게 말한다.
			바르고 고운 말을 사용한다.	바르고 고운 말을 사용한다.	바르고 고운 말을 사용한다.	바르고 고운 말을 사용한다.
읽기	읽기에 흥미 가지기		주변에서 친숙한 글자를 찾아본다.	주변에서 친숙한 글자를 찾아본다.	주변에서 친숙한 글자를 찾아 읽어 본다.	읽어주는 글의 내용에 관심을 가진다.
			읽어주는 글의 내용에 관심을 가진다.	읽어주는 글의 내용에 관심을 가진다.	읽어주는 글의 내용에 관심을 가지고 읽어 본다.	주변에서 친숙한 글자를 찾아 읽어본다.
	책 읽기에 관심 가지기		책에 흥미를 가진다.	책 보는 것을 즐기고 소중하게 다룬다.	책 보는 것을 즐기고 소중하게 다룬다.	책 보는 것을 즐기고 소중하게 다룬다.
			책의 그림을 단서로 내용을 추측해 본다.	책의 그림을 단서로 내용을 이해한다.	책의 그림을 단서로 내용을 이해한다.	
				궁금한 것을 책에서 찾아본다.	궁금한 것을 책에서 찾아본다.	궁금한 것을 책에서 찾아본다.
쓰기	쓰기에 관심 가지기		말을 글로 나타내는 것에 관심을 보인다.	말이나 생각을 글로 나타낼 수 있음을 안다.	말이나 생각을 글로 나타낼 수 있음을 안다.	말이나 생각을 글로 옮길 수 있음을 안다.
			자기 이름의 글자에 관심을 가진다.	자기 이름을 써본다.	자신의 이름과 주변의 친숙한 글자를 써본다.	자신의 이름과 주변의 친숙한 글자를 써본다.
				자신의 느낌, 생각, 경험을 글자와 비슷한 형태로 표현한다.	자신의 느낌, 생각, 경험을 글자와 비슷한 형태나 글자로 표현한다.	자신의 느낌, 생각, 경험을 글자와 비슷한 형태나 글자로 표현한다.
	쓰기 도구 사용하기					여러 가지 쓰기 도구에 관심을 가진다.
				쓰기 도구에 관심을 가지고 사용해 본다.	쓰기 도구의 바른 사용법을 알고 사용한다.	쓰기 도구의 바른 사용법을 알고 사용한다.

3-5세 연령별 누리 과정 영역별 내용 비교표

용 비교표'[211]에서 확인할 수 있는 것처럼 의사소통의 경우라면 듣기, 말하기, 읽기, 쓰기의 네 가지 영역으로 나누고, 다시 각각에 대해 다루어야 할 내용과 목표를 설정하여 목표가 세부적이고 구체적인 배움의 지표가 되게 하고 있습니다.

기독교 교육에서 전인적 양육을 커리큘럼의 목표로 삼고, 예수님의 성장에서 볼 수 있는 영적, 사회-정서적, 지적, 신체적 네 가지 영역 각각에 세부적인 목표들을 제시한 예는 국제 어린이 양육 기구 컴패션(Compassion International)이 수혜국 어린이들을 양육하기 위해 개발한 "전인적 어린이 양육 커리큘럼(Holistic Child Development Curriculum)"을 들 수 있습니다. "HCD 커리큘럼"은 약 50년 전부터 사용되기 시작한 것으로 알려져 있는데, 이 커리큘럼은 인간의 발달이 하나의 요소로 이루어진 것이 아니라 총체적이고 전인적인 것임을 믿는 성경적 전체론에 바탕을 두고, 예수님의 성장에서 보이는 영적, 사회-정서적, 지적, 신체적인 영역 모두를 아우르는 균형 잡힌 양육을 제공하기 위한 목적으로 개발되었습니다.[212]

"HCD 커리큘럼"의 중요한 특징은 만 3세부터 청소년에 이르는 양육 과정이 연령별로 영적, 사회-정서적, 지적, 신체적 네 가지 영역으로 나뉘어 있고, 성경의 내용은 물론이고 어린이의 성장과 인간 삶의 다양한 주제를 다루면서 성경적 세계관을 심어주려고 노력하고 있는 것입니다. 또한 "HCD 커리큘럼"은 목표 지향적(Outcome-oriented) 커리큘럼으로 네 가지 영역별로 매우 상세한 목표를 가지고 있는데, 큰 목표 아래 여러 개의 하위 목표들을 세우고 하나하나의 레슨이 이 목표들과 어떤 연관성을 가지고 있는지를 과의 목표, 과의 평가 지표, 내용의 강조점 등을 통해 보여주고 있는 것이 특징입니다.[213]

다음은 만 3-5세 사회-정서적 영역의 수업 계획(Lesson Plan)입니다.[214] 먼저 "건강하고 배려하는 태도로 다른 사람들과 상호 작용한다"라는 큰 목표(Outcome)가 보입니다. 그리고 이 목표를 위해 해야 할 중간 목표(Indicator)로는 "자기 관리를 실천한다", 세부 목표이자 다룰 내용(Programmatic content)으로는 "장점을 인식한다: 하나님이 주신 선물로서 자신의 강점과 긍정적인 자질을 발견하고 개발한다"라고 정함으로써, 오늘 다룰 내용과 이루어야 할 목표가 궁극적인 어린이의 변화와 어떻게 연결되고 있는지를 보여주고 있습니다.

SOCIO-EMOTIONAL LESSON # 1

OUTCOME: Interacts with other people in a healthy and compassionate manner
INDICATOR: Exercises self-management
PROGRAMMATIC CONTENT: Recognizing strengths: Identifies and cultivates one's strengths and positive qualities as God-given gifts

AGE GROUP: 3-5
YEAR: 1
UNIT: Self Awareness
LESSON: Identity in Christ (I am God's Beloved Child) - Part 1
TIME NEEDED TO TEACH LESSON: 45 minutes

Objectives:
1. The child will become familiar with the story of Jesus being the Good Shepherd who takes care of His sheep.
2. The child will learn that God knows his/her name, feelings, and likes and dislikes.
3. The child will be able to verbalize that God knows and loves him/her.

한국에서 출간된 커리큘럼 가운데 전인적 양육을 목표로 커리큘럼 전체를 구성한 것으로는 파이디온선교회와 컴패션이 공동으로 개발해 2018년 한국 교회에 보급한 "그로잉 252/브링업 커리큘럼"을 들 수 있습니다. "그로잉 252/브링업 커리큘럼"은 그 목표를 "한국 교회의 다음세대를 전인적으로 양육하여 성경적 세계관을 가진 책임감 있고 영향력 있는 리더로 성장시키는 것"에 두고 있습니다. 이런 큰 목표(outcome) 아래 영적, 사회-정서적, 지적, 신체적 영역별로 상위 목표와 하위 목표, 하위 목표의 성취를 측정할 수 있는 평가 지표와 배움의 정도 등을 제시하고 있습니다.[215] 특별히 "그로잉 252/브링업 커리큘럼"은 영역별 목표들을 모아 만든 『어린이 성장 보고서』를 평가에 활용하고 있는 것이 특징입니다. 이 영역별 목표를 살펴보면 다음과 같습니다.[216]

영적 영역: 그리스도의 주권에 대한 헌신을 보인다.
　1. 성경을 알고 이해한다.
　2. 예수님을 나의 구원자로 믿고 고백한다.
　3. 하나님과 교제한다.

사회-정서적 영역: 건강한 정체성을 가지고 다른 사람과 소통한다.
　1. 하나님의 형상으로서 건강한 정체성과 자존감을 갖는다.
　2. 경건한 성품과 인격을 계발하고 자기 관리를 실천한다.
　3. 타인을 존중하고 사람들과 건강하게 소통하며 공동체 안에

서 책임감 있게 행동한다.

지적 영역: 세상을 보는 눈과 지혜를 기른다.
1. 성경적으로 세상을 바라보고 사고하는 능력을 기른다.
2. 자신의 은사와 재능을 계발하고 나눈다.
3. 실생활 문제를 해결하고 꿈과 비전을 키운다.

신체적 영역: 하나님이 주신 몸을 건강하게 돌보며 청지기의 삶을 산다.
1. 자신의 신체에 대해 알고 이해한다.
2. 건강한 생활 습관을 기른다.
3. 가족, 공동체, 세상에 대한 책임을 인식하고 청지기의 삶을 산다.

전인적 양육을 위한 목표를 이처럼 네 가지 영역으로 나누어 기술하는 방식이 아니라, 다른 방식으로 기술하는 경우도 있습니다. 예를 들어, 신명기 6장 5-9절에 기록된 쉐마의 말씀을 모토로 하여 개발된 "D6 커리큘럼"은 교회와 가정의 연결을 모토로 하여 6년 동안 가족 전체가 같은 주제를 가지고 하나님의 말씀을 공부하도록 디자인되어 있습니다. 이 커리큘럼은 매 과마다 "Know-Think-Do"라는 용어로 3가지 목표를 제시하고 있습니다. 여기서 "Know"란 배워야 할 성경의 내용을 아는 것, 즉 지적인 목표를 가리킵니다. "Think"란 나의 것으로 받아들여야 할 기독교적 가치들을 학습자가 받아들이도록 하는 목표로, 이는 정의적 목표를 말합니다. 그리고 "Do"는 배운 말씀을 실생활에서 실제적으로 적용하기 위해 해야 할 행동들을 말하는 것으로 실천적인 목표에 해당합니다.[217] 즉, 매 과마다 지적, 정서/의지적, 실천적인 목표를 통합하여 제시함으로써 전인적인 성장이 이루어지도록 의도한 것이 보입니다.

이밖에도 커리큘럼의 목표가 명시적으로 분명하게 기술되어 있지는 않지만, 매 과를 마무리하면서 "Head, Heart, Hands" 즉 지적, 사회-정서적/의지적, 그리고 실천적인 결단에 이르는 전인적인 변화에 초점을 두고 과를 구성한 "가스펠 프로젝트" 역시 전인적인 변화를 목표로 한 커리큘럼으로 볼 수 있습니다.[218]

앞서 언급한 예들의 경우처럼, 전인적 양육을 위한 커리큘럼은 그 목표를 영적, 사회-정서적, 지적, 신체적 영역으로 나누거나, 지정의 혹은 전인성을 드러내는 다른 방식으로 나누어 기술합니다. 목표를 영역별로 나누어 큰 목표부터 측정이 가능한 수준의 작은 목표까지로 세분화하는 것은 커리큘럼이 지향하는 목표를 이루는 데 매우 유익합니다. 왜냐하면 그만큼 무엇을 해야 할지 어떤 방향으로 나아가야 할지 명확히 알게 되고, 목표의 측정 가능성이 높아지기 때문에 교육이 지식적인 수준에 머물지 않고 삶이 변화되는 일이 생겨날 가능성이 훨씬 높아질 것이기 때문입니다.

하지만 이런 식으로 목표를 설정할 때 주의해야 할 것도 있습니다. 그것은 "영적인 측면을 마치 퍼즐의 한 조각이나 모자이크의 한 조각으로 보지 않아야 한다"라는 점입니다.[219] 이 말은 기독교 교육에서 목표를 세분화하는 것이 유익하지만, 만약 이것을 퍼즐을 맞추는 것처럼 인식한다면 환원주의적인 오류에 빠질 수 있다는 것을 기억해야 합니다.

환원주의(Reductionism)란 복잡한 현상을 설명하거나 분석하기 위해 단순하고 간단한 원소들로 설명할 수 있다고 믿는 것을 말합니다. 즉 부분의 합으로 전체를 설명하는 것을 말합니다. 이렇게 부분으로 전체를 설명하는 방식은 유익하기는 하지만 전체의 큰 그림을 보지 못하거나 왜곡시킬 우려도 가지고 있습니다. 예를 들어 사람은 머리, 몸통, 팔다리로 구성되어 있다고 말할 수 있지만 머리, 몸통, 팔다리의 합이 사람을 전부 설명해 주지는 못하는 것처럼 말입니다.

목표를 세워나갈 때 우리가 생각해야 하는 것도 이와 동일합니다. 즉 하위 목표는 전체의 한 성격을 보여주는 것이지 하위 목표의 합이 상위 목표가 아님을 알아야 합니다. 예를 들어 예수님을 닮은 어린이는 말씀을 읽고 기도하고 전도하는 삶을 산다고 말하는 것은 맞습니다. 그러나 "말씀 읽었니? 기도했니? 전도했니?" 이 세 가지를 점검한 뒤, 그러니까 "너는 예수님을 닮은 어린이야"라고 말하는 것은 예수님을 닮은 어린이의 전체적인 모습을 다 설명해 주지 못합니다. 단순하고 명확한 세부 설명도 중요하지만, 만약 이것이 전체를 설명해 주는 전부인 양 받아들이는 것은 많이 부족할 뿐 아니라, 이런 방식으로 판단한 그 판단 자체가 잘못일 가능성이 크다는 것을 항상 염두에 두어야 합니다.

B. 내용

커리큘럼 개발에 있어서 내용이란 다루어야 하는 주제의 범위를 말하는 스코프와, 그 내용을 어떤 순서로 배치해 전달할 것이냐를 말하는 시퀀스를 정하는 일로 나눌 수 있습니다. 커리큘럼에서 스코프를 정할 때 고려해야 하는 것은 '커리큘럼의 내용이 충족성(Comprehensiveness)과 적실성(Relevance)을 가지고 있는가?' 하는 것입니다. 충족성이란 제시된 내용이 주어진 커리큘럼이 성취하기를 원하는 목적을 이루기 위해 충분한 것인지를 말하는 것이고, 적실성이란 그 내용이 가르침을 받는 대상의 상황에 잘 맞는 것인지를 말하는 것입니다.[220]

그러면 인간의 전인적 성장을 목표로 하는 커리큘럼의 스코프는 어떤 주제가 포함되어야 할까요? 일반적으로 전인 교육을 말하는 커리큘럼에는 인성 교육 혹은 성품 교육이라는 주제가 포함되어 있습니다. 2015년 교육부에서 교과 과정 편찬과 검정 기준으로 제시한 내용을 살펴보더라도 학생의 전인성 함양을 위해 커리큘럼을 구성할 때 연령별 지적 발달에 필요한 내용 외에 "존중, 공감, 소통, 협력, 참여, 정의, 배려 등의 인성 요소를 중심"으로 바른 인성 함양을 도모할 수 있도록 교육 내용을 제시할 것을 제안하고 있음을 알 수 있습니다.[221]

전인 교육에서 인성 혹은 성품이라는 주제가 다루어진다는 특징은 기독교 교육의 콘텍스트 안에서도 볼 수 있습니다. 예를 들면 장로교 통합 측 공과인 "GPL 교재"에는 "하나님의 사람이 되어"라모토 아래 "지정의 모든 면에서 하나님이 기뻐하시는 존재", 즉 전인이 되게 하는 것을 목표로 삼고 있는 것이 보이고, 이런 목표를 이루기 위해 성품이라는 주제를 다루고 있습니다.[222] 특별히 "GPL 교재"는 성품을 다루게 된 배경을 설명하면서 "과거의 교육 과정은 구체적인 삶의 변화가 결여되어 있기 때문에 추상적인 이해에만 머무를 뿐 실제적인 변혁의 능력으로 나타나지 못하는 경향이 있어 왔다. 성품의 변화는 세계를 변화시키는 출발점이라고 할 수 있다"[223]라고 지적했습니다. 성품을 다루는 것이 전인적 성장의 필수적인 요소임을 말하고 있는 것입니다.

이밖에도 전인적 양육이라는 목표가 구체적으로 드러나지는 않지만 꿈미에서 나온 "Dream Wave 커리큘럼"은 "하나님의 말씀으로 전 세대를"이라는 표어 아래, 성경의 이야기와 더불어 하나님의 형상을 회복하기 위해 갖추어야 할 72개의 덕목을 선정하여 이를 인성이라는 주제로 함께 가르치고 있습니다.[224] 꿈미는 "Dream Wave 교재"의 개념과 유익을 "성경 이야기 + 인성 = 인간상"이라는 수식으로 표시합니다. 이 수식에서는 어린이들이 성경 이야기를 배우면서 그리스도인의 덕목으로 선정된 72개의 인성에 관한 훈련을 받게 되면, 목표한 인간상을 이룰 수 있다는 꿈미의 철학이 보입니다.[225]

전인적 성장을 이루기 위해 커리큘럼의 스코프에 인성 혹은 성품이라는 주제를 포함하여 구성하는 방식이 아니라, 영적, 사회-정서적, 지적, 신체적 영역으로 내용을 구분하여 커리큘럼을 구성하는 경우도 있습니다. 앞서 언급한 국제컴패션의 "HCD 커리큘럼"이 그 대표적인 예입니다. "HCD 커리큘럼"은 "하나님을 알고 이해하는 것, 성경적 진리를 배우는 것, 신앙 발달"과 연관된 내용을 영적 영역에, "사람들과의 관계와 성품, 감정과 정서"를 다루는 내용을 사회-정서적 영역에, "문제 해결 능력과 생활에 필요한 기술"을 다루는 내용을 지적 영역에, "신체의 건강과 건강한 삶" "세상 속에서의 책임" 등을 다루는 내용을 신체적 영역에 배치하여 성경적 세계관에 기초한 전인적 성장을 이루도록 했습니다. "HCD 커리큘럼"은 이 네 가지 영역의 레슨을 통합적으로 어린이에게 가르치도록 디자인되어 있는데, 9-11세를 위한 커리큘럼 1년차의 경우 영적 영역(SP: Spiritual)에 48개, 사회-정서적 영역(SE: Social-Emotional)에 47개, 지적 영역(CO: Cognitive)에 44개, 신체적 영역(PH: Physical)에 42개의 레슨이 존재합니다.[226]

다루는 내용의 범위와 함께, 어떤 순서로 내용을 배열하여 가르쳐야 할 것인가는 전인적 양육 커리큘럼 개발자들의 매우 중요한 고려 사항입니다. 시퀀스를 생각할 때 가장 중요한 고려 사항은 커리큘럼의 시퀀스가 제시된 목적을 이루기 위해 주어진 내용을 전달할 때 가장 좋은 순서(Best order)이어야 한다는 것입니다.[227] 그런데 '어떤 순서로 내용이 배열되었을 때 가장 좋은 시퀀스를 갖게 되는가?' 하는 것은 커리큘럼의 목적과 방향에 따라, 또는 연대기적인 성경 공부인지 혹은 주제 중심의 성경 공부 교재인지에 따라 달라집니다. 예를 들어, 두란노에서 번역 출간한 "가스펠 프로젝트"는 "예수로 읽는 연대기 성경 공부(Christ-centered, Chronological Bible Studies)"라는 표제어 아래 구약과 신약을 6권의 교재로 나누어 배우면서 신구약을 관통하는 예수 그리스도의 복음을 발견하는 것을 목표로 삼고 있습니다. "가스펠 프로젝트"는 이런 목적에 부합하기 위해 연대기적인 성경 공부라는 방법을 택했고, 따라서 기본적으로 성경의 시간순에 따라 과를 배정했습니다.[228]

이와는 달리, 주제 중심의 성경 공부 교재들은 목적에 따라 주제를 선정하고 이를 논리적인 순서에 따라 배치하는 특징을 보입니다. 전인적 양육을 위한 커리큘럼도 전인적 성장을 이룬다는 목적을 성취하기 위해 일정한 논리의 순서에 따라 성경적인 개념을 묶어서 가르치는 흐름을 보입니다. 예를 들면, "그로잉 252/브링업" 1학기 과정은 하나님과의 관계를 세워가기 위한 목적으로 신구약 성경의 핵심 메시지를 다루고 있고, 2학기 과정에는 삶의 구체적인 상황 속에서 하나님의 말씀을 적용하기 위한 주제들을 다루고 있습니다. 1학기가 하나님과의 관계에 중점을 두었다면 2학기의 과정들은 나 자신, 이웃, 세계와의 관계를 중심으로 과를 구성하고 있습니다.[229]

정리해 보면, 전인 교육을 위한 커리큘럼들은 기존의 주제들에 더하여 인성 혹은 성품이라는 주제를 내용에 포함하고 있는 특징을 보입니다. 특별히 커리큘럼 자체를 전인적 양육 커리큘럼이라고 부르고 있는 국제컴패션의 "HCD 커리큘럼"이나 파이디온과 한국컴패션이 공동 개발한 "그로잉 252/브링업"은 예수님의 성장에서 보이는 영적, 사회-정서적, 지적, 신체적인 성장을 위한 주제들로 나누어 내용을 개발한 뒤, 이를 영역별로 가르치거나, 회복되어야 할 네 가지 관계인 하나님, 나, 이웃, 세계와의 관계를 중심으로 학기를 구성하여 전인적 성장이라는 목표를 이루고자 하였습니다. 인간의 전인적 성장을 위해 다루어야 할 내용의 범위가 어디까지인지는 더 많은 논의가 필요한 부분이라고 생각됩니다. 하지만 분명한 것은 전인적 성장을 이루기 위해서 커리큘럼이 다루어야 하는 내용은 영적인 영역에 치중된 기존의 교회 교육 커리큘럼들과 비교할 때 그 범위가 훨씬 더 넓다는 것입니다.

C. 방법

기독교 교육가인 찰스 에비(Charles Eavey)는 "좋은 가르침이란 가르침의 목적을 성취하는 데 최선의 방법을 사용함으로써 얻어진다. 따라서 더 좋은 방법을 사용할수록 더 좋은 가르침이 된다"라고 말했습니다.[230] 실제로 교육 방법은 교육의 결과에 영향을 미치는 매우 중요한 요소 가운데 하나입니다.

성경 안에는 교육 방법과 관련하여 탁월한 통찰력을 갖게 해주는 많은 예가 있습니다. 특별히 예수님은 전인적 성장의 모델이시면서, 최고의 교사(The Master Teacher)이십니다. 예수님의 가르침은 권위가 있었지만 권위적이지 않고, 학습자를 배움에 몰입하게 하고, 학습자와의 친밀한 관계를 발전시켜 나가면서 그들의 다양한 배움의 방식과 속도에 맞추어준 탁월한 것이었습니다.[231] 예수님은 상징, 비유, 이야기, 속담, 반복과 대조 등과 같은 많은 문학적 장치들을 사용하여 가르치셨고, 시청각적인 보조 자료와 세족식과 같은 활동도 교육 방법으로 활용하셨습니다. 그뿐만 아니라 예수님은 수많은 질문을 교육적인 목적으로 사용하셨습니다. 예수님의 질문은 학습자를 참여시키고 삶의 변화를 일으키는 매우 중요한 수단으로 예수님의 가르침의 핵심이라고 말할 수 있을 정도입니다.[232]

이런 예수님의 교육 방법은 전인 교육을 말하는 학자들이 중요시하는 "긍정적이고 믿을 만한 관계를 세우고, 공동체를 만들며, 학생들의 자기 주도성과 협동 의식, 민주적인 참여"를 가능하게 하는 것이고,[233] 학습자 한 사람 한 사람을 존중하고 그들의 서로 다른 배움의 방법을 인정하면서 다양한 방법으로 가르치는 전인 교육의 포함성을 매우 잘 반영한 것입니다.[234] 따라서 전인적 양육을 위한 커리큘럼의 교육 방법은 예수님의 교육 방법이 지닌 특징들을 따라, 지식의 전달을 목적으로 하는 것이 아니라 학습자의 전인격적인 변화를 일으키는 것이어야 하며, 교사의 일방적인 전달보다는 서로 묻고 답하고 함께 배우고 성장하는 상호적인 것이어야 합니다. 또한 "최대의 배움은 언제나 최대의 참여의 결과"라는 하워드 핸드릭스(Howard Hendricks)의 말처럼, 학습자의 참여를 최대로 높임으로써 학습자가 능동적으로 배움에 이르게 하는 것이어야 합니다.[235]

어떻게 하는 것이 학습자의 참여를 촉진시키는 것일까요? 이를 위해서는 내용을 설명할 때 이론적이고 딱딱한 설명보다는 그들의 삶의 정황을 적절히 사용하여 성경의 진리가 그들의 삶 속에서 적실성을 갖도록 노력해야 합니다. 또한 What Question과 같이 지식을 확인하기 위한 질문에 그치지 말고 Why Question이나 How Question과 같이 의미를 발견하게 하고, 삶의 변화를 이끌어내기 위한 질문들을 사용하고, 대답을 들은 뒤 그것에 대해 반응하고 학습자의 대답에 기초해 더 깊은 질문으로 이끌어가는 과정이 필요합니다. 예를 들어, 예수님이 구원자이심을 가르쳤다면 "우리를 구원하신 분은 누구실까?"라고 묻기보다는 "예수님은 왜 우리를 대신해서 십자가에 죽으셨을까?" 혹은 "너는 예수님이 너의 구원자이심을 믿니? 그렇다면 어떻게 살아야 할까?"와 같이 배운 말씀의 의미를 생각해 보게 하고 결단하게 하는 질문을 던져야 합니다. 또한 학습자의 대답에 따라 적절하게 반응하며 피드백을 줌으로써 학습자 스스로가 말씀의 의미를 발견하고 깨닫도록 돕고, 배운 말씀을 자신의 삶에 적용하고 결단하도록 도와주어야 합니다.

히브리서 1장 1-2절에는 "옛적에 선지자들을 통하여 여러 부분과 여러 모양으로 우리 조상들에게 말씀하신 하나님이 이 모든 날 마지막에는 아들을 통하여 우리에게 말씀하셨으니"라고 기록되어 있습니다. 하나님이 시대와 상황에 따라 또 교육 대상에 따라 다양한 방법을 사용하여 하나님의 백성에게 말씀하셨다는 것과, 예수님의 성육신 역시도 하나님이 택하신 탁월한 의사소통 방법이었음을 알 수 있는 말씀입니다.[236] 기독교 교육가인 우리는 하나님의 말씀을 효과적으로 커뮤니케이션하기 위해 다양한 교육 방법을 개발하고 익히고 사용할 수 있어야 합니다. 특별히 학습자 중심적이고 협동을 통해 관계를 세워가며, 학습자 스스로가 배움에 주도적으로 참여하도록 만드는 전인적 양육의 교육 방법들은 "학생들과 함께하며 필요한 돌봄을 제공하고, 학생들의 성장에 민감하며, 배움을 잘 일으키고, 반응하며 질문하는 사람, 배움의 동반자로서 학습자 개개인의 은사와 재능을 잘 드러내며, 분명한 경계를 설정해 주고 명확한 지시를 내리고, 하나 됨이라는 의식을 만드는" 교사를 필요로 한다는 것을 기억하고,[237] 단순히 지식의 전달자가 아니라, 전인적 성장의 모델로서 예수님처럼 학습자의 전인적 성장을 끌어내는 사람이 되기 위해 노력해야 합니다.[238]

D. 환경

전인적 양육을 위한 커리큘럼 개발과 관련하여 한 가지 더 고려할 사항은 잠재적 교육 과정의 영역인 환경에 대한 부분입니다. 특별히 커리큘럼이 어떤 학습 환경을 전제하고 있고, 배움의 공동체(Learning Community)를 어떤 모습으로 만들어가야 하는지에 대한 고려가 필요합니다. 전인 교육가인 파커 팔머(Parker Palmer)는 "가르침이란 진리의 공동체가 실천되는 공간을 창조하는 일"이라고 말했습니다.[239] 그가 말하는 진리의 공동체가 실천되는 공간은 앎과 가르침과 배움이 일치하는 전인적인 양육이 일어나는 곳입니다. 그는 이런 배움의 공간을 창조하기 위한 요소로 '개방성(Openness), 경계(Boundary), 환대(Hospitality)'를 꼽았습니다. 개방성이란 배움의 장애물을 제거하고 스스로 발견할 수 있게 돕는 환경, 생각을 열어주는 것을 말합니다. 경계란 배움의 공간에 울타리를 둘러 한계를 정함으로 개방성을 지키는 것을 말하는데, 배움에 있어서 질서를 세우고 분명한 규칙과 공정성을 지켜가는 것을 말합니다. 그리고 환대란 서로가 서로를 받아

주고, 서로의 생각이 존중받는 따뜻한 분위기를 만드는 것을 말합니다.[240] 팔머의 이야기처럼, 전인적 양육을 위한 커리큘럼은 학습자가 배움의 공간에서 두려움 없이 삶의 모든 문제를 하나님의 말씀에 비추어 생각해 보고 그 의미를 질문하고 답할 수 있도록 충분한 시간과 적절한 크기의 소그룹이라는 환경을 제시해 주어야 합니다. 또한 삶의 문제들을 서로 나누고 이야기할 때 말씀이 분명한 기준이 되어 옳고 그름을 분별해 나갈 수 있도록 적절한 질문과 답을 찾아가는 과정을 제시해 주어야 합니다. 더하여서, 다양한 생각을 나누고 발견된 진리를 삶 속에 어떻게 적용해 나갈지를 깊이 생각하고 나눌 수 있는 배움의 분위기(Learning Climate)를 만들어가도록 방향을 제시해 주어야 하며, 배운 진리가 학습자의 삶 속에서 실제적으로 확인되고 적용될 수 있도록 가정에서의 지속적인 양육을 위한 과정도 제공해 주어야 합니다.

전인 교육은 인간이 가진 다양한 측면 모두를 균형 있게 발달시켜 온전한 인간, 즉 전인을 길러내려는 노력입니다. 기독교 교육에서 전인 교육이란, 하나님의 형상으로서 온전한 인간을 길러내려는 노력이고, 이 말은 결국 예수님처럼 자라게 하고 예수님을 닮게 하기 위한 노력을 말합니다. 누가복음 2장 52절에는 예수님의 성장의 모습에 대해 "지혜와 키가 자라가며 하나님과 사람에게 더욱 사랑스러워 가시더라"라고 쓰여 있습니다. 또한 에베소서 4장 15절에는 "오직 사랑 안에서 참된 것을 하여 범사에 그에게까지 자랄지라 그는 머리니 곧 그리스도라"라고 쓰여 있습니다. 그리스도인들의 성장이 모든 면에서 예수님처럼 되어야 함을 말하고 있는 것입니다. 따라서 기독교 교육가인 우리는 성경이 말하는 예수님의 성장을 모델로 삼고, 또한 예수님 닮음을 교육의 궁극적인 목표로 삼아 구체적으로 어떻게 이런 교육을 실천할 수 있을지를 고민해야 합니다. 특별히 교육의 목적과 내용 그리고 교육의 방법, 환경에 이르기까지 예수님의 성장 원리들을 담아내, 우리의 다음세대를 예수님처럼 전인적으로 성장시킬 수 있는 전인적 양육 커리큘럼을 개발하기 위해서 특별한 관심과 노력을 기울여야 합니다.

제4장

아이를
전인적으로
양육하라

우리는 지금까지 성경이 말하는 진정한 배움의 성격이 전인적이라는 것에서 출발하여, 전인적 양육이 무엇인지, 그리고 기독교 전인교육을 디자인하기 위해 필요한 과정들이 어떤 것인지를 하나하나 살펴보았습니다. 이제 마지막으로 나누고 싶은 부분은 기독교 교육 현장에서 전인적 양육을 실현해 내기 위한 또 하나의 준비 과정으로 전인적 양육이라는 여정의 동반자요 안내자인 교사를 세우는 일과, 가정이 전인적 양육의 보금자리가 되도록 하기 위해 해야 할 일이 무엇인지를 살펴보는 것입니다.

I. 전인적 양육과 교사

〈내일을 보리〉 교사의 노래

나를 사랑하느냐 내 양을 먹이라
아이들이 내게 옴을 금하지 말라
한 영혼 한 생명이 우리의 내일

나를 사랑하느냐 내 양을 먹이라
나를 믿고 맡겨 주신 주님의 보배
한 영혼 한 생명이 우리의 내일

예수님의 사랑으로 가슴에 품고
예수님의 말씀 위에 굳게 세우면

주님 영광 밝게 빛날 내일을 보리

주님 나라 온 땅 덮을 새 날을 보리

양승헌 목사님이 작사하고 전종혁이 곡을 부친 〈교사의 노래〉는 요한복음 21장 15절을 배경으로 하고 있습니다.

그들이 조반 먹은 후에 예수께서 시몬 베드로에게 이르시되 요한의 아들 시몬아 네가 이 사람들보다 나를 더 사랑하느냐 하시니 이르되 주님 그러하나이다 내가 주님을 사랑하는 줄 주님께서 아시나이다 이르시되 내 어린 양을 먹이라 하시고.

부활하신 예수님은 갈릴리에서 제자들을 만나셨습니다. 예수님과 제자들은 함께 아침 식사를 나누었습니다. 아침 식사 후에 예수님은 베드로에게 "요한의 아들 시몬아 네가 이 사람들보다 나를 더 사랑하느냐"라고 물으셨습니다. 이후에도 두 번이나 더 나를 사랑하느냐라고 물으신 것이 기록되어 있지만, 이 첫 번째 예수님의 물음에는 특별한 점이 보입니다.

먼저는 "이 사람들보다"라는 비교급이 사용된 것입니다. 예수님은 베드로에게 그 자리에 함께 있던 다른 제자들보다 예수님을 더 사랑하느냐고 물으셨습니다. 지난 3년 반 동안 예수님과 함께했던 이들, 비록 십자가 앞에서 무너지긴 했어도 누구보다 예수님을 사랑한다고 고백할 만한 사람들보다 더 사랑하느냐고 주님이 물으신 것입니다.

베드로는 "예, 그렇습니다. 내가 주님을 사랑하는 것을 주님께서 아십니다"라고 대답했습니다.

그러자 예수님이 말씀하십니다. "내 어린 양을 먹이라."

이번에도 특별한 점이 보입니다. 그것은 이어진 두 번의 질문에는 내 양을 치라, 내 양을 먹이라와 같이 주님의 "양(πρόβατον)"이라는 표현만 있는 반면에, 나를 더 사랑하느냐고 물으신 이 첫 번째 질문 뒤에는 내 "어린 양(ἀρνίον)"이라는 보다 구체적이고 특정한 양을 지칭하는 표현이 등장한다는 것입니다.

어린 양은 어떤 양일까요? 성인이 된 큰 양이 아니라 아직 더 자라야 하는 존재를 말합니다. 미성숙한 부분, 연약한 부분, 더 많은 관심과 돌봄이 필요한 양을 말합니다.

예수님은 베드로에게 그 누구보다도 더 사랑한다는 고백을 확인하신 뒤에, 예수님께 속한 양들 중에서 어리고 약하고 혹은 더 많은 돌봄과 사랑이 필요한 양을 맡기신 것입니다.

예수님은 예수님을 더 사랑하는 사람에게 어린 양을 맡기시는 분이십니다. 그러므로 하나님의 어린 양을 맡은 우리는 예수님이 우리를 그 누구보다 더 믿고 신뢰하셔서 우리에게 당신의 어린 양을 맡겨주셨다는 사실을 잊지 말아야 합니다.

그리고 예수님의 어린 양을 맡아 가르치는 일은 특정한 사람에게 한정된 것이 아니라 그리스도인인 우리 모두가 감당해야 할 사명임도 기억해야 합니다.

1. 가르침의 중요성

예수님의 양을 치는 일, 예수님의 양을 먹이고 돌보는 일은 가르침이라는 교사의 본질적인 사명과 연결되어 있습니다. 하나님의 말씀을 가르치는 일은 얼마나 중요한 일일까요? 성경은 가르침에 대해 무엇이라고 말씀하고 있나요?

성경을 보면 하나님이 가르침을 얼마나 중요하게 여기고 계신지를 알 수 있습니다. 구약의 교육 명령이라고 부르는 '쉐마'의 말씀과 신약의 교육 명령이라고 불리는 '대위임 명령'이 좋은 예입니다.

1) 쉐마(The Shema)

복음서에는 예수님께 어느 율법사가 찾아와 "율법 중에서 어느 계명이 크니이까"(마 22:36)라고 묻는 장면이 있습니다. 예수님은 율법사의 이 질문에 대해 쉐마의 말씀을 인용하여 대답하셨습니다. 쉐마란 신명기 6장 4-9절 말씀을 가리키는 용어입니다. 신명기의 본문이 쉐마의 말씀이라고 불리게 된 이유는 이 본문의 시작이 히브리어로 '들으라'라는 의미를 가진 '쉐마'라는 단어로 시작되기 때문입니다.

> Shema Israel(들으라 이스라엘아) 우리 하나님 여호와는 오직 유일한 여호와이시니 너는 마음을 다하고 뜻을 다하고 힘을 다하여 네 하나님 여호와를 사랑하라 오늘 내가 네게 명하는 이 말씀을 너는 마음에 새기고 네 자녀에게 부지런히 가르치며 집에 앉았을 때에든지 길을

갈 때에든지 누워 있을 때에든지 일어날 때에든지 이 말씀을 강론할 것이며 너는 또 그것을 네 손목에 매어 기호를 삼으며 네 미간에 붙여 표로 삼고 또 네 집 문설주와 바깥 문에 기록할지니라.

본문 첫머리에 사용된 히브리어 쉐마는 문자적으로 보면 들으라는 의미이지만, 단순히 귀로 소리를 듣는 행위를 지칭하고 있지는 않습니다. 유진 메릴(Eugene Merrill)과 같은 학자들은 쉐마가 언약의 상황 속에서 사용될 때에는 '순종하다'와 동일한 의미를 갖는다고 말했습니다.[241] 신명기 6장 4-9절은 언약의 상황 속에서 이스라엘 백성에게 주어진 것입니다. 따라서 이 말씀은 하나님이 하나님의 백성에게 쉐마의 말씀에 대한 강한 순종을 요구하고 계신다는 것을 보여줍니다.

그렇다면 하나님은 쉐마의 말씀을 통해 하나님의 백성에게 무엇을 강하게 요구하고 계시는 걸까요?

먼저는 하나님을 전심으로 사랑하라는 것입니다. 하나님은 하나님의 백성이 하나님을 온전한 마음으로 사랑하기 원하십니다. 하나님은 한 분이시고, 여호와만이 참 하나님이시기 때문입니다. 유일하신 하나님, 창조주이신 그분이 바로 그들의 하나님이 되시기 때문입니다. 그러므로 쉐마는 하나님을 사랑하는 것이 하나님을 자신의 주님으로 고백하는 이들의 마땅한 반응이며, 또한 이것이 모든 존재의 가장 첫째 되고 중요한 의무임을 이야기하고 있습니다. 실로 여호와만이 유일하신 참 하나님이십니다. 그러므로 이스라엘 백성은 그들의 전부를 다하여 하나님을 사랑해야 하고, 하나님을 향한 그들의 사랑은 진정하고 비교 불가능하며 완전한 것이어야 합니다.[242]

그런데 하나님을 향한 사랑은 나에게서 그치지 않고 자자손손 대대에 이르기까지 지속되어야 합니다. 그러기 위해서는 어떻게 해야 할까요? 그 일을 위해 하나님이 명령하신 것이 바로 하나님의 말씀을 마음에 새기고 그분의 명령을 자녀들에게 부지런히 가르치는 것입니다.

하나님을 전심으로 사랑하며, 하나님의 언약 백성으로서 살아가기 위해서는 하나님을 알아야 하고 하나님의 말씀에 순종해야 합니다. 따라서 쉐마의 두 번째 부분인 이 부분에서는 언약 백성인 내가 하나님의 말씀을 연구하고 묵상하며 그 말씀을 마음에 새기는 일과, 내 마음에 새겨진 말씀을 나의 자녀들에게 가르치는 일이 무엇보다 중요하다는 것을 말씀합니다. 특별히 쉐마의 두 번째 부분은 어린이를 향한 신앙 교육의 의무가 강조되어 있는데, 유대 부모들은 하나님을 알고 하나님의 명령에 순종할 뿐 아니라, 하나님의 말씀을 모든 가능한 때와 장소에서 가능한 모든 방법을 동원하여 자녀들에게 가르칠 것을 요구받았습니다.[243] 이것은 오늘 나와 맺은 하나님과의 언약 관계가 세대를 초월하여 유지되기 위한 하나님의 방법이 바로 가르침이었기 때문입니다.[244]

하나님은 하나님의 백성이 하나님을 전심으로 사랑하기 원하십니다. 하나님을 향한 사랑은 피조물인 우리의 마땅한 반응이기도 하지만, 우리를 향한 하나님의 가장 큰 계명, 하나님의 궁극적인 명령이

기도 합니다. 그런데 하나님을 향한 절대적인 사랑은 나에게서 끝나는 것이 아니라 세대를 넘어 이어져야 합니다. 따라서 하나님은 하나님의 백성에게 하나님의 언약이 잊히지 않도록 하고, 다음세대가 하나님이 그 민족을 위해 하신 일과 그들에게 명령하신 것을 알게 하기 위해 부지런히 가르칠 것을 명령하고 계십니다.

2) 대위임 명령

그런데 이런 하나님의 마음은 예수님의 말씀에서도 그대로 드러납니다. 예수님은 부활하신 후 갈릴리의 어느 산으로 제자들을 부르신 뒤에 그들에게 이렇게 명령하셨습니다.

> 그러므로 너희는 가서 모든 민족을 제자로 삼아 아버지와 아들과 성령의 이름으로 세례를 베풀고 내가 너희에게 분부한 모든 것을 가르쳐 지키게 하라 볼지어다 내가 세상 끝날까지 너희와 항상 함께 있으리라 하시니라(마 28:19-20).

우리가 대위임 명령이라고 알고 있는 이 말씀은 신약의 교육 명령이라는 별명을 가지고 있을 정도로 가르침의 중요성을 잘 보여주고 있습니다. 물론 대위임 명령을 생각할 때 가장 먼저 떠오르는 것이 선교의 사명이고, 본문의 주동사 역시 "제자를 삼으라"이므로 이 본문에서 복음을 전하는 것의 중요성이 가장 강조되고 있는 것은 분명한 사실입니다. 하지만 대위임 명령은 가서 복음을 선포하는 것으로 끝나지 않습니다. 제자를 삼는 과정 속에는 예수님이 말씀하신 모든 것을 가르쳐 지키도록 돕는 일이 포함되어 있고, 그 일을 하기 위해서는 가르쳐야 하기 때문입니다.[245]

예수님은 제자를 삼으라고 말씀하셨습니다. 제자란 예수님을 자신의 주와 구원자로 믿는 사람들을 가리킵니다. 의심의 여지없이 제자가 되기 위해서는 예수님이 누구신지 알아야 하고 자신을 그분께 내어드려야 하며 예수님의 명령에 순종해야 합니다. 그런데 예수님의 가르침에 순종하기 위해서는 예수님이 무엇을 원하시는지 알아야 합니다. 따라서 제자 삼는 것은 가르침 없이는 되지 않는 일입니다. 또한 가르침은 예수님을 새롭게 믿게 된 이들을 성숙으로 이끌어가는 도구입니다. 그리스도인인 우리는 예수님을 나의 주님으로 나의 구원자로 믿을 뿐 아니라, 그리스도의 장성한 분량에 이르기까지 자라가야 합니다. 그렇기 때문에 기독교 교육학자인 케네스 갱글(Kenneth Gangel)은 '대위임 명령'을 '대교육 명령'이라고 말하기도 했습니다.[246]

정리해 보면, 가르침은 신앙 계승을 위한 도구로 신구약 성경 모두에서 중요하게 다루어지고 있습니다. 이미 살펴본 대로 구약에서 가르침은 부모의 신앙을 그들의 자녀들에게 전수하기 위한 도구로서 중요한 의미가 있습니다. 신약에서 가르침은 가족은 물론 인종, 국적, 성별을 넘어서 모든 사람을 예수님의 제자로 삼기 위한 하나님의 도구로서 더더욱 중요한 의미를 가집니다.[247]

2. 전인적 양육 사역자로서의 교사

우리는 하나님이 하나님을 향한 믿음이 다음세대에게 계승되게 하기 위해 부모를 택하시고 '가르침'이라는 방법을 통해 그 일을 이루어가셨다는 것과, 예수님 역시도 모든 민족을 제자로 삼아 구원받은 하나님의 자녀가 되게 하기 위해 '가르치라'고 명령하셨다는 것을 살펴보았습니다. 이뿐만이 아닙니다. 수많은 성경 구절이 우리에게 가르침이 얼마나 중요한지를 알게 합니다. 그런데 이렇게 가르침의 의미를 생각할 때 함께 생각해 보아야 할 것이 있습니다. 그것은 바로, 하나님이 우리를 배울 수 있는 존재로 만드셨다는 사실입니다.

하나님은 사람을 배울 수 있는 존재로, 또 배워야 하는 존재로 만드셨습니다. 하나님은 사람이 살아가는 데 필요한 정보와 지식, 기술 등을 배움을 통해 얻게 하셨습니다. 특별히 하나님은 하나님을 아는 일, 성숙한 그리스도인으로 자라가는 일 역시 배움을 통해서 이루어지도록 하셨습니다. 하나님이 사람을 배울 수 있는 존재로 만드셨다는 사실과 배움을 통해 하나님을 알게 하시고 성숙한 그리스도인이 되게 하셨다는 사실은 교사가 얼마나 중요한 사람인가를 생각하게 합니다.

우리는 하나님의 말씀을 가르치는 사람, 하나님의 말씀 위에서 다음세대를 전인적으로 양육하는 교사가 되어야 하고 또한 이 일에 헌신하는 교사들을 길러내야 합니다. 전인적 양육 사역자로서의 교사를 세우는 일 없이는 우리의 다음세대를 예수님을 닮은 아이로 자라게 하고, 전인적으로 성장하게 돕는 일은 불가능하기 때문입니다.

그러면 전인적 양육 사역자로서의 교사는 누구일까요? 어떤 사명을 가지고 있고 어떤 준비를 갖추어야 하는 것일까요?

1) 정체성

교사란 누구인가요?

교사의 정체성을 묻는 이 질문에 우리가 하는 일반적인 대답은 교사는 말 그대로 가르치는 사람이라는 것입니다. '敎師(교사)'라는 한자어나, 가르치다라는 의미의 Teach에 사람을 의미하는 접미어 -er을 붙여 교사라는 단어 'Teacher'를 만들어낸 영어를 생각해 보더라도, 교사란 가르치는 사람 혹은 가르치는 일을 하는 사람이라는 것을 알 수 있습니다.

그런데 성경이 말하는 교사는 단순한 지식의 전달자를 넘어선 양육자로서의 교사를 말한다는 것에 주목할 필요가 있습니다. 이미 살펴본 대로 쉐마의 말씀 속에서 교사는 자녀를 양육하는 부모입니다. 그들은 단순히 성경의 지식을 가르치는 역할을 넘어, 삶 속에서 부모인 내가 하나님을 사랑하는 것을 보여주는 방법으로 자녀들에게 하나님의 말씀을 가르쳐야 했습니다.

제자를 삼으라고 명령하신 예수님의 삶을 보아도 그러합니다. 예수님은 제자를 부르시고 그들과 함께 사시면서 그들이 사람을 낚는 어부가 되도록 길러주셨습니다. 그러므로 교사란 정보나 지식의 전달자가 아니라 양육자, 즉 사람을 세우는 사람임을 알아야 합니다.

두 번째로 교사란 말씀을 맡은 사람입니다. 구약 시대를 통틀어 하나님은 부모에게, 제사장에게, 선지자에게 또한 지혜자들에게 더 나아가서는 하나님의 백성으로 택함을 받은 유대인 모두에게 하나님의 말씀을 맡겨 주셨습니다(롬 3:2).

신약 시대 예수님을 믿음으로 하나님의 백성이 된 우리에게도 하나님은 하나님의 말씀을 맡겨 주셨습니다(고후 5:19). 우리가 복음을 전하고 하나님의 자녀가 된 이들을 주의 말씀과 교훈으로 양육해야 하는 이유는 바로 하나님이 하나님의 말씀을 우리에게 맡겨 주셨기 때문입니다.

세 번째로 교사란 말씀이 흘러가는 통로입니다. 히브리서 1장 1-2절을 보면 옛날에는 하나님이 선지자를 통하여 여러 번, 다양한 방법으로 하나님의 말씀을 전하게 하셨지만 마지막 날에는 아들을 통하여 우리에게 말씀하셨다고 기록되어 있습니다. 그런데 여기서 "통하여"라는 표현은 '수단 혹은 방법'을 가리키는 말입니다. 그러니까 하나님은 당신의 말씀을 선지자들에게 맡겨 그들을 말씀의 도구로 삼아 하나님의 말씀을 전하셨는데, 이제 그 일이 성육신하신 예수님을 통해 더 분명하고 명확하게 이루어졌다는 것입니다. 그 말씀 그대로 말씀 그 자체이신 예수님(요 1:1)은 이 땅에 오셔서 하나님의 뜻을 그분의 삶과 사역을 통해 가장 효과적이고 분명하게 알게 해주셨습니다.

최고의 선생님이시고, 말씀 그 자체이신 예수님은 하늘과 땅의 모든 권세를 가지신 분으로서 우리에게 동일한 사명을 맡기셨습니다(마 28:18-20). 하나님의 말씀의 통로가 되어야 할 책임이 이제는 예수님의

말씀하시는 하나님

선지자
- 옛날 구약의 사람들을 대상으로
- 여러 부분: 여러 번, 다양한 분량으로
- 여러 모양: 다양한 방법으로

아들(예수님)
- 성육신이라는 방법으로
- 사람들과 함께 사시면서

우리
- 가르침이라는 방법으로
- 하나님의 메신저로 삼으셔서

하나님의 말씀이 전달되는 과정

모든 제자에게 위임된 것입니다. 예수님이 다시 오시는 그날까지, 하나님은 예수님의 제자인 우리, 예수님이 세우신 교사인 우리를 통하여 말씀하기를 원하십니다. 교사는 말씀이 흘러가는 통로입니다. 교사인 우리 자체가 하나님의 말씀이 전달되는 하나의 방법입니다.

이 말씀을 가지고 하나님의 말씀이 전달되는 과정을 도식화하면 왼쪽 그림과 같은 모습이 됩니다.

하나님의 말씀을 맡았고, 하나님의 말씀이 흘러가는 통로인 우리는 바로 그 말씀을 가지고 하나님이 맡기신 사람을 세우는 일을 하는 존재입니다. 따라서 전인적 양육을 맡은 교사의 정체성은 한마디로 '하나님의 말씀으로 하나님의 사람을 세우는 사람'이라고 할 수 있습니다.

2) 역할

전인적 양육가로서 교사인 우리가 해야 하는 일은 무엇일까요?

전인적 양육가인 교사가 해야 할 일은 전인적인 목표를 세우는 일, 가르치는 일, 필요한 돌봄을 제공하는 일, 이 세 가지를 들 수 있습니다.

A. 전인적 성장을 목표하라

교사는 먼저 하나님이 맡겨 주신 아이들의 전인적 성장을 위한 목표를 가져야 합니다. 목표란 가야 할 방향을 보여주기도 하고, 우리가 얼마나 가고 있는지를 알게 해주는 지표 역할을 하기도 합니다.

우리의 다음세대가 전인적으로 자라기를 바란다면 먼저 우리 마음속에 전인적 성장에 대한 이해와 함께 전인적 성장이라는 목표가 자리 잡고 있어야 합니다.

누가복음 2장 52절을 보면 예수님의 어린 시절에 대해 "예수는 지혜와 키가 자라가며 하나님과 사람에게 더욱 사랑스러워 가시더라"라고 기록되어 있습니다. 예수님은 하나님과의 관계에서, 사람들과의 관계에서 건강한 모습으로 자라나셨습니다. 또한 예수님은 지혜가 자라셨고, 신체적으로도 건강한 성장을 이루셨습니다. 이런 예수님이야말로 하나님이 기뻐하시는 성장, 온전한 모습의 성장, 전인적인 성장의 모델을 보여주는 분이십니다.

전인적 양육가인 교사는 전인적 성장의 모델이신 예수님의 모습을 따라 우리의 다음세대가 영적, 사회-정서적, 지적, 신체적인 면에서 균형 잡힌 성장을 이루는 것을 목표로 삼아야 합니다.

영적인 면에서 우리 아이들은 하나님을 알아가는 일, 하나님의 말씀을 깨닫고 실천하는 일, 예수님을 구원자로 믿고 의지하는 일, 하나님을 섬기고 예배하는 일 등 하나님과의 관계에서 자라가는 일이 필요합니다.

사회-정서적인 면에서 우리 아이들은 하나님의 자녀라는 건강한 정체성과 하나님이 나를 사랑하신다는 인식에서 오는 자존감을 가져야 할 필요가 있습니다. 또한 이웃과 건강하게 소통하고 이웃 사랑을 실천하며 자라야 합니다.

지적인 면에서는 하나님이 만드신 세상을 이해하는 일, 성경적 세계관을 가지고 세상을 바라보는 일, 학문을 연마하고 지혜를 키워가는 일에서 자라가야 합니다. 특별히 하나님이 만드신 세상을 이해하는 일은 우리가 하나님이 만드신 세상의 청지기로서 하나님이 우리에게 맡겨 주신 이 세상을 정복하고 다스리며 잘 돌보고 관리하는 일을 감당하기 위해 꼭 필요한 일입니다. 또한 하나님이 만드신 세상을 성경적인 시각으로 바라보고 하나님을 경외하는 것에서 출발하여 지혜를 얻는 것은 이 땅을 살아가는 우리의 다음세대에게 꼭 필요한 일입니다.

신체적인 면에서는 몸을 건강하게 하고 튼튼하게 하는 일, 육체적으로 건강한 성장을 이루는 일이 필요합니다. 이를 위해 자신의 몸에 대한 이해가 필요하며, 건강한 식습관에 대해 알아야 하고, 운동과 휴식의 중요성 등을 알아야 합니다. 하나님이 만드신 세상을 잘 관리하는 청지기로서 어떻게 환경을 지키고 자연을 돌보아야 하는지, 더 아름다운 세상을 만들어가기 위해 어떤 노력을 해야 하는지 이해하는 것이 필요합니다.

정리해 보면, 전인적 양육가로서의 교사는 우리 아이들의 전인적 성장을 위해 꼭 필요한 네 가지 영역에서 다음세대를 향한 목표를 가진 사람들이어야 합니다.

B. 말씀을 가르치라

전인적 양육가로서 교사인 우리는 말씀을 연구하고 묵상하며 그 말씀을 가르치는 일에 헌신해야 합니다.

하나님의 말씀을 맡은 자로서 말씀을 잘 가르치기 위해서는 하나님의 말씀을 연구하고 묵상하여 그 말씀을 깨닫고, 가르치는 교사로서 먼저 내면화시키는 일이 필요합니다. 또한 내 속에 들어온 말씀을 잘 커뮤니케이션(Communication)하는 능력도 갖추어야 합니다. 이런 필요들을 채우고 준비된 교사가 되기 위해서 해야 할 일들이 있습니다.

(1) 기도하라

먼저는 기도하는 것입니다. 이사야는 "주 여호와께서 학자들의 혀를 내게 주사 나로 곤고한 자를 말로 어떻게 도와 줄 줄을 알게 하시고 아침마다 깨우치시되 나의 귀를 깨우치사 학자들 같이 알아듣게 하시도다"(사 50:4)라고 고백했습니다. 그의 고백을 통해 우리는 교사인 우리에게 "학자들 같이 알아듣는 일"과 "학자의 혀"를 가져 말로 곤고한 자를 돕는 일이 필요함을 알 수 있습니다. 또한 이 일을 가능케 하시는 분이 여호와이심을 알 수 있습니다. 따라서 준비된 교사가 되기 위해 가장 먼저 해야 할 일은 학자의 혀를 주시고 학자의 귀를 허락해 주시는 하나님께 기도하는 것입니다.

> 하나님 제게 학자의 귀를 주셔서 하나님의 말씀을 잘 알아들을 수 있게 도와주세요. 그리고 학자의 혀를 주셔서 고통받는 이들과 하나님의 말씀이 꼭 필요한 아이들을 가장 적절한 말로 도울 수 있도록 은혜를 베풀어 주세요.

(2) 질문하라

말씀을 앞에 두고 기도했다면, 이제는 그 말씀을 붙잡고 씨름하는 일을 시작해야 합니다. 말씀을 묵상하고 연구하는 일을 시작하는 것입니다. 먼저는 본문을 읽는 것부터 시작해야 합니다. 말씀을 읽으면서 그 말씀의 의미를 생각해 보는 것입니다. 그런데 이 과정에서 가장 중요한 것이 바로 '질문'을 던지는 것입니다. 말씀을 읽고 나서 본문에 적절한 질문을 던져보면 이전에 보이지 않던 것이 보이고, 말씀을 더 깊이 묵상하고 깨닫게 되기 때문입니다.

본문에 질문을 던질 때는 육하원칙을 따르는 것이 유익합니다. 육하원칙이란 '누가(Who), 언제(When), 어디서(Where), 무엇을(What), 왜(Why), 어떻게(How)'라는 여섯 가지 형태의 질문을 말합니다. 그런데 여기서 기억해야 할 것은 본문의 의도와 의미를 밝히는 데 있어서 더 의미 있고 적절한 질문이 존재하며, 더 좋은 질문들을 던질수록 더 깊고 의미 있는 깨달음을 얻게 된다는 사실입니다. 왜냐하면 성경은 우리 삶의 모든 문제에 대한 해답을 주기 때문입니다.

예를 들어 요한복음 14장 1-3절 말씀을 보면 예수님이 근심하지 말라고 하신 말씀이 나옵니다. 이 본문에 대해 육하원칙에 따라 질문을 던지고 답을 해보면, 질문의 성격에 따라 본문에 대한 이해와 강조가 달라지며, 본문이 나에게 요구하는 것에도 차이가 생기는 것을 발견할 수 있습니다.

본문: 요한복음 14:1-3

너희는 마음에 근심하지 말라 하나님을 믿으니 또 나를 믿으라 내 아버지 집에 거할 곳이 많도다 그렇지 않으면 너희에게 일렀으리라 내가 너희를 위하여 거처를 예비하러 가노니 가서 너희를 위하여 거처를 예비하면 내가 다시 와서 너희를 내게로 영접하여 나 있는 곳에 너희도 있게 하리라.

질문: 누가 이 말씀을 하셨나요?
대답: 예수님이요.

질문: 언제 이 말씀을 하셨나요?
대답: 십자가를 지시기 전이요.

질문: 어디서 이 말씀을 하셨나요?
대답: 최후의 만찬 자리에서요.

질문: 무엇을 하지 말라고 하셨나요?
대답: 근심하지 말라고 하셨어요.

질문: 왜 근심하지 않아도 될까요?
대답: 예수님이 처소를 예비해 주실 것이고, 다시 오셔서 그곳으로 인도해 주실 것이니까요.

질문: 어떻게 우리는 근심하지 않을 수 있나요?
대답: 하나님을 믿고, 또한 예수님을 믿어야만 근심하지 않을 수 있어요.

앞의 예에서 볼 수 있는 것처럼 '누가, 언제, 어디서, 무엇을' 이 네 가지 질문은 사실 그 자체를 묻는 질문입니다. 대개의 경우 이런 질문에 대한 답은 본문이나 혹은 다른 출처를 통해 비교적 쉽게 얻을 수 있습니다. 따라서 사실 관계를 파악하거나 사건의 정보를 제공해 주는 이런 질문을 던지고 답을 찾은 뒤에 내가 해야 할 일은 정보를 기억하는 것입니다.

하지만 '왜' 또는 '어떻게'라는 질문을 던지면, 답을 찾기 위해 본문의 전후와 문맥을 살피고 그 말씀의 의미를 더 깊이 묵상해야 할 필요가 높아집니다. 특별히 이러한 형태의 질문에 답하고 난 뒤에는 단순히 정보를 기억하는 것이 아니라 나의 삶에도 변화가 일어나야 할 필요가 생겨납니다. 즉, 이 두 가지 질문은 나의 반응과 변화를 요구하는 질문이라는 것입니다.

그러므로 주어진 본문을 잘 이해하고 연구, 묵상하기 위해서는 사실 관계를 확인하고 사건에 관한 정확한 정보를 얻게 하는 질문들을 던져야 합니다. 또한 이에 머물지 말고 더 깊은 묵상으로 이끌어가는 질문을 통해 본문에 대한 이해의 깊이를 더해야 합니다.

이번에는 빌립보서 4장 6-7절 말씀을 살펴보겠습니다. 이 본문을 읽고 '왜'와 '어떻게'라는 질문을 던질 때, 질문의 방향을 어떻게 하는지에 따라 성경을 이해하는 것이나 나의 반응과 결단에 어떤 차이가 생겨나는지를 살펴보겠습니다.

본문: 빌립보서 4:6-7

아무것도 염려하지 말고 다만 모든 일에 기도와 간구로, 너희 구할 것을 감사함으로 하나님께 아뢰라 그리하면 모든 지각에 뛰어난 하나님의 평강이 그리스도 예수 안에서 너희 마음과 생각을 지키시리라.

질문: 왜 우리가 염려하지 말고 기도와 간구로 하나님께 아뢰어야 하나요?
대답: 그것이 하나님의 명령이기 때문이에요. 또한 우리가 염려하지 않고 하나님께 아뢰면, 하나님의 평강이 우리 마음과 생각을 지켜주실 것이기 때문이에요.

질문: 어떻게 우리는 염려하지 않고 마음의 평강을 누릴 수 있을까요?
대답: 우리가 마음에 평강을 누릴 수 있는 방법은 기도와 간구로 하나님께 우리의 필요를 감사함으로 아뢰는 거예요.

질문: 염려하지 않고 감사함으로 하나님께 아뢸 때, 어떤 일이 생길까요?
대답: 하나님의 평강이 우리 마음과 생각을 지켜주실 거예요.

질문: 하나님의 평강이 우리 마음과 생각을 지키시는 일은 어떻게 일어날까요?
대답: 모든 일에 기도와 간구로 우리의 필요를 하나님께 아뢸 때 생겨나요.

질문: 그런데 어떻게 우리가 모든 일에 기도와 간구로 하나님께 아뢸 수 있을까요? 이렇게 하기 위해 우리에게 필요한 것은 무엇인가요?
대답: 우리는 하나님이 모든 것을 알고 계시며, 하나님이 지각에 뛰어나신 분이라는 것을 믿어야 해요. 또한 예수님께 속한 자로서 예수님 안에 거하기를 힘써야 해요.

이처럼 동일한 의문사를 사용했다 하더라도 질문의 방향에 따라 발견되는 답변은 달라집니다. 또한 질문에 답을 찾으면 그 해답에 대한 또 다른 질문이 생겨나고 이에 답하는 과정을 반복하다 보면 자연스레 더 깊은 묵상으로 들어가게 되는 것을 알 수 있습니다.

하박국 선지자는 하나님께 의인의 고통에 관해 질문했던 선지자로 잘 알려져 있습니다. 그는 "주께서는 눈이 정결하시므로 악을 차마 보지 못하시며 패역을 차마 보지 못하시거늘 어찌하여 거짓된 자들을 방관하시며 악인이 자기보다 의로운 사람을 삼키는데도 잠잠하시나이까"(합 1:13)라는 말로 자신의 삶에서 느껴지는 불의에 대해 하나님께 질문합니다. 또 "그가 내게 무엇이라 말씀하실는지 기다리고 바라보며 나의 질문에 대하여 어떻게 대답하실는지 보리라"(2:1) 하며 하나님의 대답을 기다렸습니다. 하나님은 하박국의 질문에 대해 "묵시는 정한 때가 있나니 그 종말이 속히 이르겠고 결코 거짓되지 아니하리라… 의인은 그의 믿음으로 말미암아 살리라"(2:3-4)라고 대답해 주셨습니다.

『질문의 7가지 힘』이라는 책을 쓴 도로시 리즈(Dorothy Leeds)는 "질문하면 답이 나온다"라는 것을 질문이 가진 가장 큰 힘으로 꼽았습니다.[248] 하나님의 말씀인 성경에는 우리 존재의 근원에서부터 현실에서의 삶의 문제, 장차 일어날 미래의 일들까지, 모든 질문에 대한 하나님의 대답이 담겨 있습니다. 따라서 좋은 질문을 던지는 것은 말씀 속에 담긴 하나님의 대답을 알 수 있는 가장 중요한 방법입니다.

(3) 중심 사상(Main Idea)과 포인트(Point)를 잡으라

말씀을 읽고 연구하고 묵상하고 좋은 질문을 던짐으로써 말씀을 충분히 이해했다면, 전달하려는 말씀의 중심 사상과 오늘 우리의 아이들에게 전달하기를 원하는 포인트(초점)를 명확하게 정리하는 것이 필요합니다.

중심 사상이란 본문을 연구하고 묵상한 관찰의 결과로 그 본문을 해석하며 알게 된 본문의 의미를 말하는 것으로, 말씀의 의미, 말씀이 가진 원래의 뜻을 일컫는 말입니다. 본문의 이야기가 하나님이 특정한 시점에, 특정한 장소에서, 특정한 사람들에게 주신 말씀 또는 하나님이 그들을 위해 행하신 일이라면(과거), 중심 사상은 모든 시대, 모든 장소, 모든 사람에게 적용될 수 있는 하나님의 뜻, 즉 본문의 중심 메시지입니다. 다시 말해 중심 사상이란 성경에서 나온 보편적인 진리인 것입니다. 이에 반해 포인트는 중심 사상, 즉 본문에서 도출된 보편적 진리를 바탕으로 하여, 오늘 나와 우리의 삶 속에 적용할 어느 한 가지 적용점을 이야기하는 것입니다. 다시 말해 포인트란 오늘 이 자리, 나에게 혹은 내가 가르치는 이들에게 하나님이 알기 원하시는 것이나 행하기 원하시는 것을 말합니다. 배움이라는 관점에서 생각해 보면, 당연히 중심 사상이 성경의 핵심 메시지를 잘 드러내면 드러낼수록, 또한 포인트가 아이들의 삶에 구체적으로 적용될 수 있을 만큼 명확하면 명확할수록 더 좋은 가르침과 배움이 일어날 수 있을 것입니다.

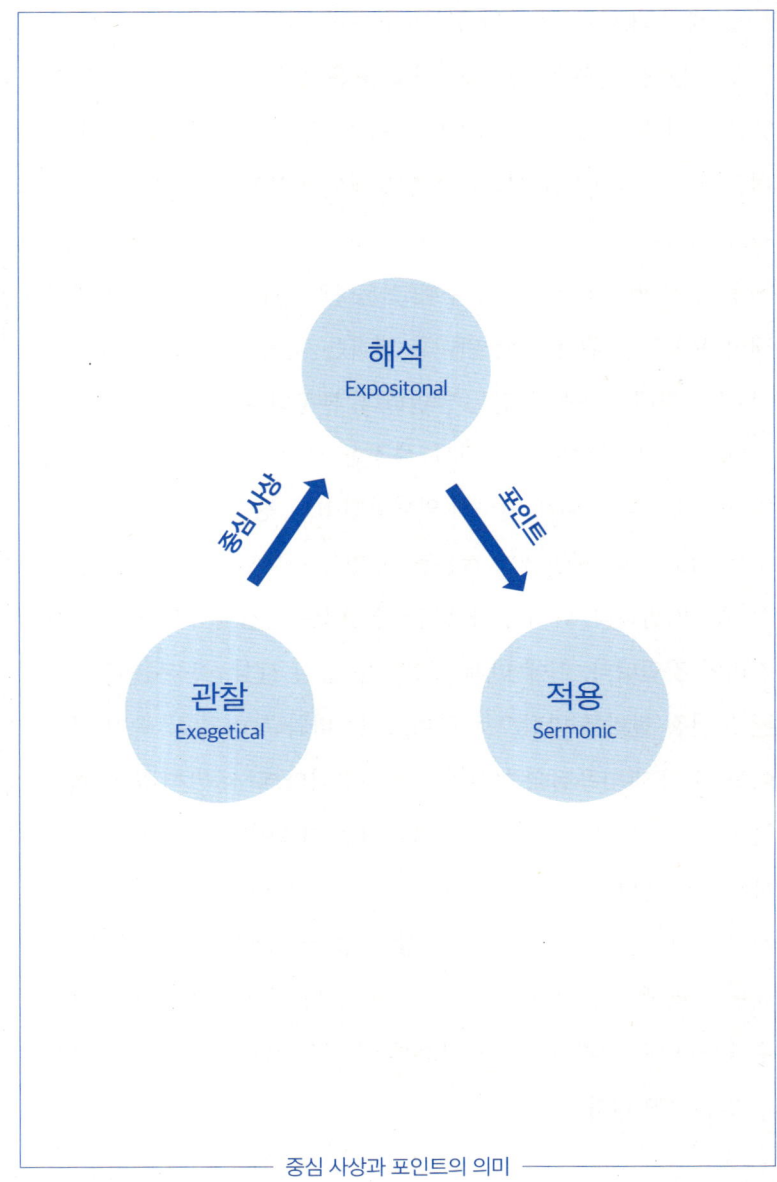

― 중심 사상과 포인트의 의미 ―

(4) 가르침의 뼈대를 세우라

이런 준비가 되었다면, 수업 진행을 위한 목표와 평가 지표, 교안 등을 작성하여 가르침의 구조를 세우는 작업을 해야 합니다.

먼저 목표와 그 목표를 이루기 위해 이루어야 할 작은 목표인 평가 지표를 세우는 일이 필요합니다. 예를 들어 누가복음 18장 1-14절을 통해 "기도를 배워요"라는 주제로 말씀을 나누어야 한다면, 다음과 같은 목표와 평가 지표를 세워볼 수 있습니다.

기도를 배워요: 과부와 재판장/ 바리새인과 세리(눅 18:1-14)

|목표| 기도가 무엇인지 알고, 올바른 기도의 자세를 익힌다.

1. 기도가 하나님과의 대화라는 것을 안다.
2. 기도는 항상 해야 하고, 응답을 기다리는 간절한 마음이 있어야 함을 안다.
3. 기도는 겸손하게 자신을 하나님 앞에 돌아보며 해야 한다는 것을 안다.
4. 기도를 연습한다.

세워진 목표와 평가 지표를 살펴보면, 기도가 무엇인지 아는 것과 올바른 기도의 자세를 익히는 것이 수업의 목표이고, 이를 위해 기도가 하나님과의 대화라는 개념과, 항상 기도해야 한다는 것, 응답을 기대하고 기다리는 간절한 마음으로 기도해야 한다는 것, 그리고 하나님 앞에서 겸손한 태도로 기도해야 한다는 것을 아이들과 나누게 됨을 알 수 있습니다. 또한 이런 배움을 기초로 실제로 기도하는 연습을 한다는 것도 알 수 있습니다.

이렇게 목표와 평가 지표를 세웠다면, 구체적으로 수업을 이끌어 가는 단계를 결정하고 이에 맞는 교안을 작성해야 합니다.

교안 작성을 위해 먼저 알아야 할 것은 '배움의 사이클(Learning Cycle)'이라는 개념과 수업 진행 단계에 대한 이해입니다.

배움의 사이클이란 사람의 배움이 구체적인 경험(Concrete Experience)에서 출발하여 관찰과 성찰 혹은 회상(Reflective Observation), 추상적인 개념화와 일반화(Abstract Conceptualization), 그리고 실험과 검증(Active Experimentation)을 거쳐 최종적인 완성에 이른다는 이론입니다.[249] 이를 수업의 단계로 연결시키면, 로렌스 리차드(Lawrence Richards)가 설명하는 "Hook(도입) - Book(본문 설명/학습) - Look(발견/확인) - Took(다짐/실천)"과 같은 네 개의 단계가 됩니다.

먼저 경험에서 관찰과 성찰 혹은 회상으로 연결시켜 주는 1단계는 "Hook 혹은 도입"이라고 부를 수 있습니다. 이 1단계에서는 말씀과 연관된 경험을 끌어내거나, 이와 연관된 경험을 만들어주는 일이 필요합니다. 또한 그 경험에 대해 생각하고 묵상해 보도록 하는 것이 필요합니다. 이렇게 하기 위해 아이들의 필요를 발견하고, 아이들의 경험 속에서 성경의 메시지로 이어가게 돕는 경험을 끌어내는 것이 중요합니다.

2단계는 관찰과 성찰 혹은 회상으로부터 개념화와 일반화에 이르는 과정으로, "Book 혹은 본문 설명/학습"이라고 부를 수 있습니다. 2단계에서 필요한 것은 성경이 그 문제에 대해서 혹은 그 주제에 대

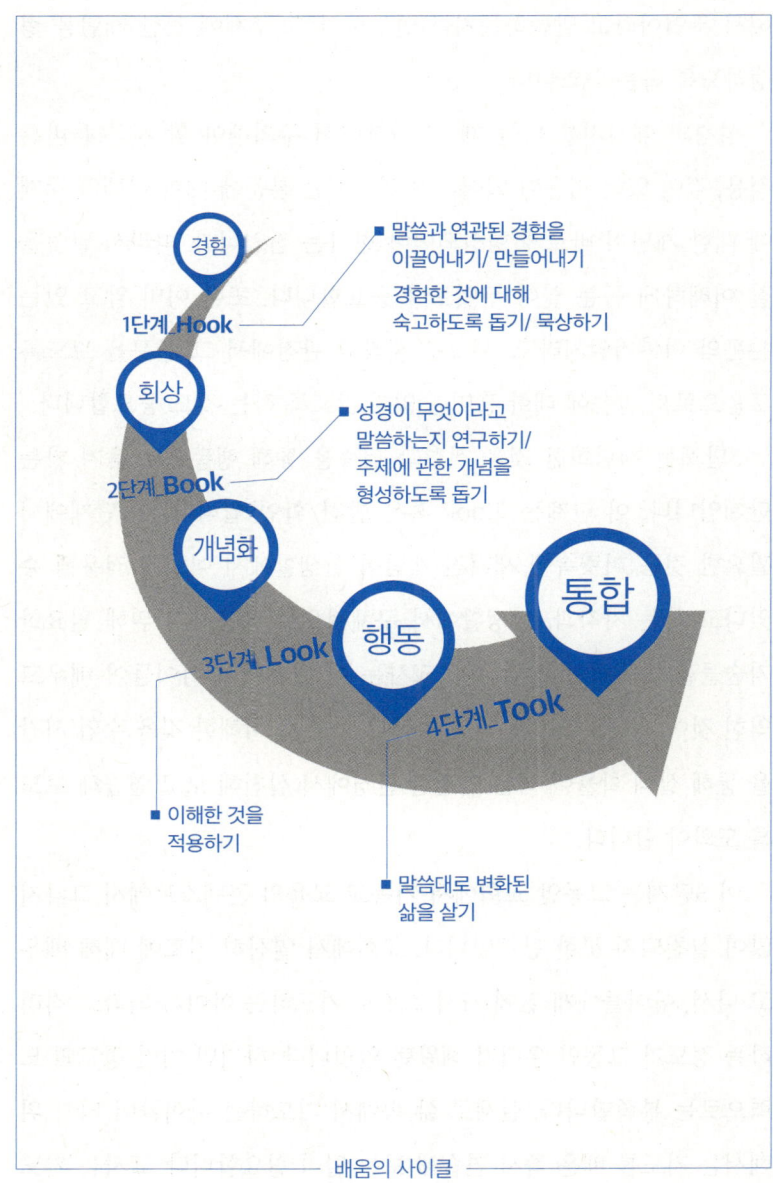

배움의 사이클

해서 무엇이라고 말씀하는지를 연구하여 그 주제에 관한 개념을 형성하도록 돕는 일입니다.

성경의 메시지를 나눌 때 이 단계에서 주의해야 할 것은 올바른 적용, 깊이 있는 적용이 일어나기 위해서는 본문에 대한 이해와 주제에 대한 개념이 바르게 형성되어야 한다는 점입니다. 따라서 말씀을 잘 이해하게 돕는 일이 무엇보다 중요합니다. 또한 이미 알고 있는 본문의 이야기일지라도, 새로운 시각과 관점에서 그 본문을 보도록 도움으로써 말씀에 대한 흥미를 잃지 않도록 하는 것도 중요합니다.

3단계는 개념화한 것을 실험과 검증을 통해 행동으로 옮겨 가는 단계입니다. 이 단계는 "Look 혹은 발견/확인"입니다. 이 단계에서 필요한 것은 머릿속에 새겨진 개념이 실생활에서 이렇게 적용될 수 있다고 하는 자각과, 실생활에서 구체적으로 적용하기 위해 필요한 기술들을 습득하는 것입니다. 교사는 이 단계에서 아이들이 배우고 익힌 것이 제대로 되었는지 확인하고, 스스로 이해한 것을 수업 시간을 통해 실패 확률이 적은 안전한 환경에서 실천해 보고 연습해 보도록 도와야 합니다.

이 3단계는 그동안 교회에서 기독교 교육의 콘텍스트에서 그다지 많이 실천되지 못한 단계입니다. 교회에서 열심히 기도에 대해 배우고 나서, 아이들에게 집에 가서 스스로 기도하는 아이가 되라고 격려하는 정도가 그동안 우리가 해왔던 일입니다. 하지만 이런 정도의 노력으로는 부족합니다. 실제로 삶 속에서 기도하는 아이들이 되기 위해서는 기도를 배운 즉시 연습해 보는 일이 필요합니다. 교사는 기도의 내용을 어떻게 해야 하는지, 기도할 때의 자세는 어떠해야 하는지 등 성경이 교훈하는 기도의 실제를 보여 주어야 합니다. 아이들 또한 배운 기도를 바로 연습해 봄으로써 기도하는 것에 익숙해지도록 노력해야 합니다.

4단계는 실제 삶 속에서 실천함으로써 배움이 완성되도록 돕는 단계로 "Took 혹은 다짐/실천"이라고 부릅니다. 이 단계에서는 아이들이 구체적인 결단을 하게 하고 구체적인 실천을 위한 행동 계획을 세우고 기도로 그것을 하나님께 올려드리게 도와야 합니다. 그리고 삶 속에서 실천하도록 격려하고 실천을 확인하는 것이 필요합니다.

과부와 재판장, 바리새인과 세리의 이야기를 통해 예수님이 가르쳐주신 기도를 배운다고 할 때, 주어진 목표와 평가 지표를 반영하여 단계별로 가르칠 내용을 정리해 보면 다음과 같습니다.

기도를 배워요: 과부와 재판장/ 바리새인과 세리(눅 18:1-14)

1단계 Hook "Life Need"
- 정말 필요한 것이 있어서 오랫동안 엄마 아빠를 조르면서 부탁하고 기다려본 일이 있니?
- 엄마 아빠가 들어줄 수 없는 부탁은 누구에게 해야 할까?

2단계 Book "Bible Learning"
- 기도는 하나님께 갈씀드리는 거야. 하나님께도 우리의 필요를 말씀드리면 된단다.
- 하나님께서 금방 들어주지 않으셨다고?

- 정말 필요한 것이 있다면, 계속해서 끝까지 말씀드려야 해. 과부가 그랬던 것처럼.
- 하지만 잊지 마. 겸손하게 나를 돌아보면서 기도해야 한다는 것을 말이야.

3단계 Look "Bible Application"
- 하나님께 부탁하고 싶은 것들을 적어보자.
- 두 손을 모으고 무릎을 꿇고 진심으로 하나님께 말씀드려 볼까?

4단계 Took "Life Response"
- 이번 한 주 동안 누구를 위해서, 무엇을 위해서 기도하고 싶니?
- 매일매일 기도하려면 어떻게 하면 좋을까?
- 한 주 동안 기도해 보니 어땠니?

이런 이해를 바탕으로 준비물과 기타 수업에 필요한 것을 함께 고려하여 정리하면 좋은 교안이 될 것입니다.

샘플 교안

제목: 기도를 배워요
본문: 누가복음 18:1-14
목표: 기도가 무엇인지 알고, 올바른 기도의 자세를 익힌다.
  1. 기도가 하나님과의 대화라는 것을 안다.
  2. 기도는 항상 해야 하고, 응답을 기다리는 간절한 마음이 있어야 함을 안다.
  3. 기도는 겸손하게 자신을 하나님 앞에 돌아보며 해야 함을 안다.
  4. 기도를 연습한다.

단계	시간	내용	준비
도입	5분	■ 부탁을 하고 나서 오래 기다려본 경험을 나눈다. 　- 정말 필요한 것이 있어서 오랫동안 엄마 아빠를 조르면서 부탁하고 기다려본 일이 있니? ■ 모든 것을 부탁드릴 수 있는 분에 대해 생각하게 한다. 　- 엄마 아빠도 들어줄 수 없는 부탁은 누구에게 해야 할까? 　- 어떤 일이든, 무엇이든 부탁드릴 수 있는 분이 계실까?	
설명/학습	20분	■ 기도가 무엇인지 알게 한다. 　- 기도는 하나님과의 대화이다. ■ 기도의 요소를 설명한다. ■ 기도하는 모습은 어떠해야 하는지 알게 한다. 　- 우리의 필요를 하나님께 아뢰어야 한다. 　- 과부처럼 계속해서 끝까지 말씀드려야 한다. 　- 기도할 때는 항상 겸손하게 나를 돌아보며 기도해야 한다.	기도 손 그림, ppt, 기도 손 만들기 자료
확인	10분	■ 필요한 것을 생각해 보게 한다. 　- 하나님께 부탁하고 싶은 것들을 적어본다. 　- 필요와 욕심을 구분하도록 돕는다. ■ 기도를 연습한다. 　- 두 손을 모으고 무릎을 꿇고 진심으로 하나님께 말씀드려 볼까?	필기 도구
적용	5분	■ 기도 계획을 세운다. 한 주 동안 기도한다. 　- 이번 한 주 동안 누구를 위해, 무엇을 위해 기도하고 싶니?	
평가		■ 기도하고 있는지 확인한다. 　- 기도해 보니 어땠니?	주중, 다음 수업 전에 확인한다.

(5) 가르치라

교안이 준비되었다면, 이제 실제로 아이들을 가르치는 일이 필요합니다.

가르침과 관련하여 꼭 기억해야 할 것이 있다면, 전인적 양육가인 교사는 단순한 지식 전달자가 아니라는 점입니다. 교사는 짧은 시간에 많은 것을 전달하려는 유혹에서 벗어나 주제에 대해 학생들 스스로가 탐구해 보고 그것을 표현할 수 있도록 도와주어야 합니다. 또한 연령별 발달과 특성을 고려하고 아이들에게 맞는 방법을 사용하여 진정한 의미의 배움이 일어나도록 최선을 다해서 도와야 한다는 것을 잊지 말아야 합니다.

전인적 양육을 위해 사용되는 교육 방법 가운데 기초적이고 동시에 가장 중요한 것은 질문과 대화입니다. 사실, 질문과 대화는 모든 형태의 교육에서 사용된다는 측면에서 가장 폭넓게 쓰이는 교육 방법입니다. 그런데 이를 잘 활용하는 것은 그리 쉬운 일이 아닙니다. 특별히 우리가 사용하는 질문과 대화가 아이들의 전인적인 성장을 돕는 것이 되기 위해서는 더더욱 주의 깊은 노력이 필요합니다. 전인적 성장을 돕기 위해 우리는 어린이들이 질문과 대화를 통해 사고하고, 성경의 진리를 발견하도록 도와야 합니다. 질문과 대답을 통해 성경적인 가치관을 심는 일과 구체적인 삶의 변화를 결단하도록 이끌어가는 것이 필요합니다.

먼저 질문의 성격에 대한 이해와 함께 어떤 질문을 먼저 던져야 하는지, 반드시 어떤 것들을 물어보아야 하는지 알아야 할 필요가 있습니다.

예를 들어, "예수님은 어디에 달려 죽으셨니?"와 같은 성경의 사실을 확인하는 질문을 던졌다면, 반드시 "예수님의 십자가가 너를 위한 것임을 믿니?"와 같이 그 사건이 나와 무슨 관계가 있는지를 생각해 보게 하는 질문이 필요합니다. 예수님의 십자가를 나를 위한 것으로 믿고 받아들인 뒤에는 "그러면 우리를 위해 십자가에 달리신 예수님을 위해 너는 무엇을 하고 싶니?"와 같이 그 사건에 대한 나의 반응과 결단, 변화로 이끌어가는 질문으로 더 나아가야 합니다.

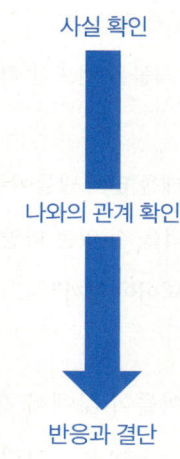

질문의 범위와 생각의 범위도 영적인 것에 머물지 말고, 전인적인 영역으로 확대되어 나아가야 합니다.

[사회-정서 영역: 커뮤니케이션]
- 말(언어)은 하나님이 우리에게 주신 특별한 선물이야. 그런데 말을 잘못 사용하면 큰 어려움을 겪을 수도 있어.
- 말을 잘못해서 싸움이 나거나 서로의 마음이 상했던 적이 있니?
- 어떤 말을 사용할 때 이런 일이 생기는 걸까?
- 우리는 왜 그런 실수들을 할까? 짜증나고 화날 때, 기분이 나쁘거나 너무 슬플 때 말로 실수하지 않으려면 어떻게 해야 할까?

[신체 영역: 음식 습관]
- 하나님이 식물을 어떻게 만드셨지?
- 이렇게 많고 다양한 식물을 만드신 하나님은 얼마나 능력이 많으실까?
- 왜 이렇게 맛있는 열매를 많이 만들어주신 걸까?
- 하나님이 우리에게 먹을 수 있는 다양한 식물을 주셨다면, 우리는 이 식물들을 어떻게 먹어야 할까?

또한 질문을 던질 때 아이들이 삶에서 경험하고 있거나, 고민하는 문제로부터 출발하는 것이 좋습니다. 그리고 그 문제에 대해 좀 더 깊이 생각해 볼 수 있도록 질문의 깊이도 더해가야 합니다.

예를 들어 죄의 문제를 다룬다면 단순히 죄의 목록을 열거하는 식의 질문을 벗어나, 누구나 한 번쯤 고민했던 문제들을 생각해 보고 드러내게 하는 것이 유익합니다. 또한 질문을 통해 근본적인 죄의 뿌리까지 생각해 보게 하고 궁극적인 해결책이신 예수님에게까지 이끌어가는 노력이 필요합니다.

- 죄에는 어떤 것들이 있을까?
- 혹시 이런 죄를 지은 적이 있니? 죄를 지었을 때 어떤 기분이 들었니?
- '다음번에는 그러지 말아야지!'라고 결심했는데 똑같은 잘못을 했던 일은 없었니?
- 왜 우리는 그것이 나쁘다는 것을 알면서도 또 같은 잘못을 하게 되는 걸까?
- 이럴 때 우리는 어떻게 해야 할까?

C. 양육하라

마지막으로 전인적 양육이 이루어지기 위해서는 좋은 목표를 가지고 잘 가르치는 것에 그치는 것이 아니라, 잘 돌보고 양육하는 일이 꼭 필요합니다.

최고의 교사이신 예수님이 선한 목자로서 양을 돌보는 모습을 그리고 있는 요한복음 10장 1-16절 말씀을 살펴보면, 어떻게 하는 것이 전인적인 양육을 가능케 하는 돌봄인지 알 수 있습니다.[250]

(1) 관심, 소통

먼저 3절 말씀입니다. "그가 자기 양의 이름을 각각 불러 인도하여 내느니라." 전인적 양육가인 교사는 먼저 자기가 맡은 아이들의 이름을 알아야 합니다. 단순히 아이의 이름을 외워 불러주는 것을 넘어 각각 불러 인도할 수 있을 정도로 아이들 개개인의 특성과 성향, 그들의 필요에 민감해야 합니다.

(2) 솔선수범, 모델

4절에서 예수님은 목자는 양을 앞서가고 양은 목자를 따라온다고 말씀하십니다. 교사는 모든 일에 있어서 아이들의 모델이 되어야 합니다. 앞에 가며 인도하고 아이들은 교사의 모습에서 가야 할 길을 발견하고 따라야 합니다.

(3) 구원, 영육의 양식

7절과 9절에서 예수님은 목자이신 예수님을 통해 양들이 구원을 얻고 필요한 것들을 공급받는다고 말씀하십니다. 전인적 양육가인 교사는 아이들을 예수님께로 인도하는 사람이어야 합니다. 선생님을 통해 반 아이들이 예수님을 만나고 구원을 얻게 되는 일이 일어나야 합니다. 또한 교사는 양들을 위해 필요한 것들, 특별히 영적인 양식뿐 아니라 육적인 양식도 공급하고 위험으로부터 이들을 보호하는 역할을 감당해야 합니다.

(4) 사랑과 희생

11-15절 말씀에서는 목자이신 예수님이 양을 사랑하여 그들을 위

해 희생하고 버리지 않으시는 모습을 볼 수 있습니다. 16절에서는 또한 잃어버린 양을 찾으시는 모습도 볼 수 있습니다. 희생적인 사랑, 하나님이 나에게 이 아이들을 맡겨 주셨다는 사명감에서 오는 헌신이 전인적 양육가인 교사에게 꼭 필요합니다. 또한 잃어버린 양에 대한 안타까운 마음과 그 양들까지 품으려는 마음이 늘 있어야 합니다.

정리해 보면, 교사는 단순히 성경의 지식을 전달하는 사람이 아니라 전인적 양육가여야 합니다. 교사는 전인적 성장이 무엇인지 알고 이해할 뿐 아니라, 어린이들이 전인적으로 자라도록 지속적인 돌봄을 제공해야 합니다. 교사는 하나님을 사랑하고, 하나님의 말씀을 삶 속에서 실천함으로써 모델이 될 수 있는 사람이어야 합니다. 특별히 삶의 여러 영역에서 성경적인 세계관을 바탕으로 어린이들의 영적인 면 뿐만 아니라 사회-정서적인 면, 지적인 면, 신체적인 모든 면에 대해 관심을 가지고 돌봄을 제공할 수 있는 사람이어야 합니다.

3. 성경의 교사들[25]

우리는 지금까지 교사가 하나님의 말씀을 맡은 자로서 하나님이 맡기신 사람들을 가르치고 양육하는 책임을 맡은 사람이라는 것을 살펴보았습니다. 교사는 이처럼 중요한 사명을 가진 사람이기 때문에 교사를 세우는 일과, 그 한 사람을 교사다운 교사로 잘 준비시키는 일은 너무나도 중요합니다.

하나님은 스스로가 교사가 되어주셨을 뿐 아니라, 인류 역사를 통틀어 하나님의 사람을 세우는 일을 위해 교사를 세워주셨습니다. 인류 최초의 교사이신 하나님은 교사로서 어떤 모습이셨는지, 그리고 하나님이 세우신 교사들은 누구이고 어떤 역할을 감당했는지를 살펴보도록 하겠습니다.

1) 인류의 교사이신 하나님

하나님은 누구신가요?

우리가 하나님을 생각할 때 가장 먼저 떠올리는 생각은 창조주 하나님, 전능하신 하나님, 온 우주 만물을 다스리는 통치자 하나님 등입니다. 우리가 기도할 때 하나님을 아버지라고 부르는 것도 결국은 하나님이 우리를 지으신 분이며 우리를 돌보고 계신다는 인식에 기초하고 있습니다. 그렇습니다. 하나님은 우리를 지으신 분이시고, 온 우주 만물을 다스리시는 분이시며, 지금도 온 우주를 통치하고 계시는 분이십니다. 그런데 우리가 잘 인식하지 못하고 있는 하나님의 모습 가운데 하나는 하나님이 바로 우리의 교사가 되신다는 사실입니다.

하나님은 인류 최초의 교사이십니다. 욥기 35장 11절을 말씀을 보면, 욥은 하나님을 가리켜 "땅의 짐승들보다도 우리를 더욱 가르치시고 하늘의 새들보다도 우리를 더욱 지혜롭게 하시는 이"라고 표현합니다. 실제로 하나님은 아담과 하와를 창조하신 직후 그들에게 하나님이 누구신지, 그들을 창조하신 목적이 무엇인지, 그들이 어떻게 살아야 하는지를 가르치셨습니다(창 1:26-31, 2:16-17). 하나님의 가르침은 족장들의 시대, 모세의 시대, 그리고 선지자들의 시대에도 지속되었고, 이스라엘의 왕들 역시 그 가르침의 대상이 되었습니다. 더하여서 하나님의 가르침은 인류 역사상 멈춘 적이 없으며, 하나님은 지금도 하나님의 백성들을 가르치고 계십니다. 실로 하나님은 인류의 스승이시며 그분의 가르침은 그분의 창조물을 통해, 양심의 소리를 통해, 기록된 하나님의 말씀을 통해 계속되고 있습니다.[252] 이런 의미에서 다윗이 하나님을 향해 "하나님이여 나를 어려서부터 교훈하셨으므로"(시 71:17)라고 고백한 것은 너무나도 당연한 일일 것입니다.

하나님은 그의 백성의 상황과 환경에 따라 다양한 교육 방법을 사용하셨습니다. 성경은 하나님이 직접 말씀하시고 가르치신 일이나 (Oral Instruction), 꿈이나 환상을 통해 말씀하신 일, 이적과 기사를 보여 주시며 교훈하신 일들을 기록하고 있습니다. 예를 들어 하나님은 99세의 아브라함에게 나타나셔서 "나는 전능한 하나님이라 너는 내 앞에서 행하여 완전하라"(창 17:1)라고 말씀해 주셨습니다. 솔로몬이 성전 건축을 마친 뒤 하나님께 기도했을 때, 하나님은 그에게 나타나셔서 아버지 다윗과 같이 마음을 온전히 하고 바르게 하여 하나님이 명령하신 모든 일에 순종하며 법도와 율례를 지킬 것을 말씀해 주셨습니다(왕상 9:4). 또한 출애굽 하는 이스라엘 백성을 구름 기둥과 불 기둥으로 인도하시고, 홍해를 가르시는 이적을 보이시고, 만나와 메추라기로 먹여 주시며 40년이라는 오랜 세월 동안 그들이 하나님의 백성답게 살아가도록 훈련해 주셨습니다.

　하나님은 절기나 축제와 같은 특별한 날을 정하여 하나님을 알게 하시고 하나님의 백성답게 살아가도록 교훈해 주셨습니다. 이스라엘은 지금도 출애굽 당시 하나님께 구원받은 것을 기념하는 유월절이나, 보리를 추수하고 감사하는 맥추절(오순절), 광야 40년 동안 이스라엘이 장막에 거하였음을 기억하고 하나님이 그들을 돌보아 주셨음을 기억하는 초막절 등과 같은 절기를 지킵니다. 이러한 절기는 하나님이 어떤 분이신지, 하나님이 이스라엘을 위해 어떤 일들을 행하셨는지를 기억하고 그 일의 의미를 생각하게 하는 다양한 장치를 가지고 있고, 이를 통해 지금도 동일한 하나님의 교훈이 전달되도록 하고 있습니다. 특별히 유월절 절기를 생각해 보면, 이날 유대인들은 그들이 애굽에서 종살이하던 때의 고통을 기억하기 위한 장치로 누룩을 넣지 않은 빵인 무교병과 쓴 나물을 먹어야 했고, 애굽을 떠나기 전날 죽음의 천사로부터 보호하심을 바라며 가족 단위로 양을 잡아 그 피를 문설주와 좌우 인방에 발랐던 것을 기억하며 불에 구운 양을 먹어야 했습니다. 또한 그들은 이런 예전을 위한 특별한 음식을 먹으면서, 자녀들에게 "이는 여호와의 유월절 제사라 여호와께서 애굽 사람에게 재앙을 내리실 때에 애굽에 있는 이스라엘 자손의 집을 넘으사 우리의 집을 구원하셨느니라"(출 12:27)라는 교훈을 반복적으로 들려주어야 했습니다.

　하나님은 성막을 세우시고 그곳에서 행해지는 제사 제도를 통해서 실물 교육도 이루어지도록 하셨습니다. 성막을 이스라엘 백성 한 가운데 둠으로써, 하나님의 백성은 하나님을 중심에 두고 생활해야 함을 알게 하셨고, 번제단과 물두멍을 통해 하나님께 나아오는 사람은 자신의 죄를 회개하고 하나님의 용서를 구해야 함을 알게 해주셨습니다.

2) 구약의 교사들

구약에는 율법 교사로 불리는 다양한 그룹의 사람들이 있습니다. 때로 하나님은 개인에게 직접적인 가르침을 주기도 하셨지만, 하나님의 직접적 교훈은 모든 사람을 위한 것은 아니었습니다. 대신 하나님은 부모, 제사장, 선지자, 지혜자들에게 하나님이 누구신지 하나님이 무엇을 기대하시는지를 가르칠 책임을 부여해 주셨습니다.[253] 즉, 하나님은 하나님의 백성을 가르칠 사람들을 세우시고, 그들이 또 다른 사람들을 가르치게 하는 방법을 사용하신 것입니다.

A. 족장

창세기 18장 19절은 하나님이 아브라함을 부르신 이유를 그의 자녀와 가속들에게 하나님의 길을 가르쳐 따르게 하기 위함이라고 기록합니다.

> 나는 아브라함이 자기 자녀들과 자손들을 가르쳐 여호와의 길을 잘 따르게 하기 위해 그를 선택했다. 그의 자손이 아브라함에게 배운 대로 하면, 나 여호와가 아브라함에게 한 모든 약속을 지키겠다(창 18:19,

쉬운성경).

하나님은 범죄 한 인류를 구원하시기 위해 아브라함을 부르시고 그와 그의 후손들을 복이 되게 하셨습니다. 하나님이 아브라함에게 약속하신 복은 그와 그의 자손이 하나님을 알게 하고 하나님의 백성이 되게 하는 것을 말합니다. 그런데 하나님은 이 일을 하시기 위해, 아브라함에게 그의 자녀들과 자손들에게 여호와의 길을 잘 가르치고 따르게 할 책임을 주셨던 것입니다. 자녀에게 하나님이 누구신지 알려 주고 하나님의 말씀을 따라 살도록 교훈하고 가르치는 이 사명은 하나님의 언약의 계승자였던 모든 이들에게 이어졌고, 신명기 6장 4-9절 말씀에서 보듯이 이스라엘 모든 부모에게 전수되었습니다.

하나님은 가정이 자녀들에게 신앙을 전수하는 곳이 되기를 원하십니다. 따라서 하나님께 구두 가르침을 받았던 족장들은 물론이고, 하나님의 백성으로 부름을 받은 모든 부모는 하나님이 세우신 교사입니다.

B. 제사장

레위 제사장들의 주된 임무는 하나님께 드리는 제사를 관장하는 일입니다. 그들은 이스라엘 백성이 하나님께 나아와 드리는 모든 제사를 주관해야 하는 책임을 가지고 있었습니다. 하지만 하나님이 제사장들에게 요구하신 것은 제사를 주관하는 것만이 아닙니다. 하나님은 그들에게 하나님의 율례를 가르칠 것을 명령하고 계십니다.

하나님은 제사장들에게 이렇게 말씀하셨습니다.

> 너희는 성물을 거룩하지 않은 것과 구별하여라. 너희는 또한 깨끗한 것과 부정한 것을 구별하여라. 너희는 여호와께서 모세에게 말씀하신 모든 율법을 이스라엘 백성에게 가르쳐라 (레 10:10-11, 쉬운성경).

또한 말라기 2장 7절에는 "제사장의 입술은 지식을 지켜야 하겠고 사람들은 그의 입에서 율법을 구하게 되어야 할 것이니 제사장은 만군의 여호와의 사자가 됨이거늘"이라고 기록되어 있습니다. 즉 제사장들은 백성에게 율법을 설명해야 했고, 유대 절기와 축제들의 의미를 가르치며 하나님께 제사하는 방법을 교훈해야 했습니다. 그들은 무엇이 정결한 것이고 무엇이 부정한 것인지 구별하고 거룩한 삶에 관해 사람들에게 교훈해야 했습니다. 더 나아가 그들은 미래의 왕들을 위해 율법을 보존하고, 후임자를 훈련해야 할 필요도 있었습니다.[254]

제사장들은 하나님이 가정 밖에서 가르침의 의무를 부여해 주신 첫 번째 부류라는 점에서 특별한 중요성을 가지고 있습니다.[255] 성경에 하나님이 제사장들에게도 가르침의 의무를 부여하신 이유는 명시적으로 드러나 있지는 않습니다. 하지만 가정에서의 신앙 교육과 아울러서 제사로 모이는 공적인 자리에서도 하나님의 말씀을 가르치는 것이 중요한 일임을 알게 하시기 위해서, 또 가정에서 이루어지는 교육과 함께 하나님을 알게 하는 일을 더 잘 감당하도록 하시기 위해서 제사장들도 교사의 역할을 감당하게 하신 것이라고 생각합니다.

제사장들은 구두 가르침(Oral Teaching)을 주로 사용했고, 실물 교육 방법도 사용했습니다. 신명기 27장 14-25절에 기록된 제사장들의 구두 가르침은 제사장들이 하나님의 말씀을 큰 소리로 외치고 하나님의 백성은 그 말씀에 화답하는 형태입니다. 하나님의 말씀을 반복적으로 외치고 암송하고 그 말씀에 화답하는 일을 반복함으로써, 듣는 이들의 마음속에 하나님의 말씀이 새겨지는 효과가 생겼을 것입니다.

제사장들은 하나님의 뜻을 알기 위해 우림과 둠밈이라는 돌과 판결의 흉패 등을 사용했는데 이런 것들은 일종의 실물 교육 방법이라고 말할 수 있습니다. 심지어 그들은 "여호와께 성결"이라고 새긴 머리띠를 띠어야 했는데(출 39:30), 이런 제사장들의 복장 역시도 실물 교육의 도구로서 하나님이 이스라엘 백성에게 무엇을 원하시는지를 알게 하는 역할을 했습니다.

C. 선지자

선지자들은 그들 시대에 하나님의 대리자요, 하나님의 메신저였습니다. 하나님은 백성들과 지도자들이 하나님 앞에 범죄 하고 하나님을 떠나 살 때 선지자들을 세워 죄를 깨우치게 하시고, 하나님의 메시지를 들려주셨습니다. 하나님이 선지자들을 통해 "회개하라 하나님께 돌아오라"라는 메시지를 전하게 하셨기 때문에 그들은 그들 시대의 개혁자로서 하나님을 떠난 이들의 죄를 지적하고, 사회적인 불의에 맞서 정의를 외치는 일들을 했습니다.

특별히 선지자들은 그 시대 최고의 교사였습니다. 왜냐하면 가정에서의 신앙 교육이 무너졌을 뿐 아니라 하나님이 세우신 제사장들마저 타락하여 교사로서의 역할을 제대로 감당하지 못하고 있었기 때문입니다.[256]

선지자들의 주된 교육 방법은 상징적인 행동과 실물 교육이었습니다.[257] 예를 들어 이사야는 3년 동안 벗은 몸과 벗은 발로 다니며 애굽과 구스의 사로잡힘에 대한 예표를 보여주었습니다.

> 여호와께서 이르시되 나의 종 이사야가 삼 년 동안 벗은 몸과 벗은 발로 다니며 애굽과 구스에 대하여 징조와 예표가 되었느니라(사 20:3).

예레미야는 베로 만든 띠를 유브라데 강 근처 바위틈에 감추어 두었다가 다시 찾았습니다. 감추어둔 띠가 썩어서 쓸 수 없게 되자, 하나님은 예레미야에게 유다의 교만과 예루살렘의 교만을 이렇게 썩게 하시겠다고 말씀해 주셨습니다(렘 13:1-11). 에스겔은 짐을 싸고 벽에 구멍을 뚫고 짐을 옮김으로써, 이스라엘이 포로로 잡혀갈 것이라는 하나님의 메시지를 전하기도 했습니다(겔 12:1-16). 이처럼 선지자들은 그들 시대에 하나님이 세우신 메신저로서 하나님의 메시지를 담은 상징적인 행동과 실물 교육이라는 방법을 통해 하나님의 말씀이 이스라엘 백성들의 마음에 꽂히도록 도왔습니다.

D. 지혜자(Sages)

지혜자들은 "하나님의 지혜의 통로"라고 불린 사람들로 그 시대의 학자들이었습니다.[258] 그들은 율법의 윤리적인 요구들을 강조하고 이것을 실생활에 적용했으며 지혜 문학을 집대성했습니다. 지혜자들은 일종의 상담가로서 왕들에게 자문을 제공했고, 백성을 위로하고 인도하는 역할을 담당했습니다. 그들은 멘토와 같은 역할을 하는 사람들, 국가의 상담가(렘 18:18)였습니다.[259] 지혜자들은 잠언, 격언, 비유, 수수께끼 등을 사용하여 듣는 이들이 메시지를 오래 기억할 수 있도록 도왔습니다. 이런 방법으로 그들은 이스라엘 지혜 문학이 후대에까지 정확하게 전달될 수 있도록 했습니다.[260]

하나님은 교사로서 하나님의 백성을 가르치는 일을 하고 계십니다. 또한 시대마다 하나님의 말씀을 다양한 방법으로 가르칠 교사들을 세워주셨습니다. 하나님이 세우신 교사들은 모두 하나님의 백성으로 하여금 하나님을 알게 하고 하나님과의 언약 관계를 유지하도록 돕는 역할을 감당했습니다. 하나님은 이런 교사들을 통해 하나님의 말씀을 하나님의 백성들에게 알게 하셨습니다. 그뿐만 아니라 하나님의 때에 영원한 최고의 교사이신 예수님을 보내주셨습니다.[261]

3) 최고의 교사 예수님

예수님을 부르는 칭호는 주, 그리스도, 메시야와 같이 다양합니다. 하지만 성경에서 예수님을 부를 때 가장 많이 사용된 용어는 "선생님"

이라는 칭호입니다. 사람들은 예수님을 선생님 혹은 랍비라고 불렀습니다. 예수님은 그들에게 하나님의 말씀을 가르치셨고 천국에 가는 길을 보여주셨습니다.[262]

복음서가 기록하고 있는 예수님은 다른 이들이 가지지 못한 하나님에 관한 완전한 지식과, 온전한 성품, 섬김의 마음과 사역에 대한 확신, 그리고 탁월한 교수 방법 등을 가지신 분이십니다. 예수님은 최고의 스승이십니다.

A. 예수님의 교육 스타일

마가는 가버나움 회당에서 가르치시는 예수님의 가르침을 보며 "뭇 사람이 그의 교훈에 놀라니 이는 그가 가르치시는 것이 권위 있는 자와 같고 서기관들과 같지 아니함일러라"(막 1:22)라고 이야기합니다. 최고의 교사이신 예수님의 가르침에 특별한 점이 있었음을 알 수 있는 대목입니다.

예수님의 가르침은 권위가 있었지만 권위주의적인 것은 아니었습니다.[263] 예수님은 하나님의 아들로서 최고의 권위를 가지신 분입니다. 하지만 그분은 자신의 말을 일방적으로 강요하거나 강제적인 방법을 사용하여 메시지를 듣게 하신 것이 아닙니다. 예수님은 "누구든지 나를 따라오려거든 자기를 부인하고 자기 십자가를 지고 나를 따를 것이니라"(막 8:34)라고 말씀하시며 예수님을 따를 때 어떤 대가를 지불해야 하는지를 가르쳐 주셨고, 스스로 결단하여 예수님을 따르도록 격려해 주셨습니다. 예수님은 예수님이 가르치신 모습 그대로 사시면서 온전한 모델도 되어주셨습니다.

예수님의 가르침은 학습자를 몰입시키는 것이었습니다. 예수님은 듣는 이들이 생각하고 스스로 깨달음에 이르도록 돕는 질문들을 사용하셨습니다. 또한 제자들이 예수님께 나아와 묻고 답하는 과정을 통해서 진리를 깨달아가도록 돕는 일을 하셨습니다.[264]

예수님의 가르침은 진정성 있는 것이었습니다. 예수님께서는 목자 없는 양과 같은 이들을 돌보시고 어둠에 속해 있고 사망의 그늘에 앉은 이들에게 참 소망이 되어주시려는 간절한 마음이 있으셨습니다. 마가복음 6장 34절에는 "예수께서 나오사 큰 무리를 보시고 그 목자 없는 양 같음으로 인하여 불쌍히 여기사 이에 여러 가지로 가르치시더라"라고 기록되어 있습니다.

예수님의 가르침은 관계 중심적이며, 학습자의 배움의 속도에 민감한 것이었습니다.[265] 예수님은 제자들을 사랑하셨고 가까이서 그들과 함께해 주셨습니다. 단순히 지식과 정보를 전달하는 것을 넘어 삶을 나누고 함께 거하시면서 그들의 멘토로서의 역할을 감당해 주셨습니다. 예수님은 제자들의 배움의 속도에도 매우 민감하셨습니다. 그래서 마가는 예수님에 대해 "그들이 알아 들을 수 있는 대로 가르치시되"(막 4:33)라고 기록하고 있습니다.

> With many similar parables Jesus spoke the word to them, as much as they could understand(NIV).

예수님의 가르침은 개개인 한 사람 한 사람을 향한 것이었습니다. 예수님은 대중적인 가르침에도 능통하셨지만, 언제나 한 사람 한 사람의 문제에 관심을 가져주셨고, 한 사람 한 사람을 독립적인 인격체로서 대우해 주셨습니다.[266]

B. 예수님의 교육 방법

예수님은 창조적인 교사셨습니다. 예수님은 다양한 교육 방법을 적절하게 효과적으로 사용하셨고, 성경 교육의 모델이 되어주셨습니다.

먼저, 예수님의 성육신은 하나님의 말씀을 커뮤니케이션하기 위한 최고의 교육이 어떤 것인지를 보여주는 최고의 방법이었습니다. 성육신(成肉身)이라는 말은 인간이 되셨다는 뜻입니다. 이 용어는 하나님의 신성과 인성이 하나로 연합되었음을 가리키는 특별한 용어로서 "말씀이 육신이 되어 우리 가운데 거하시매"(요 1:14)라는 성경의 기록과 일치합니다. 그런데 하나님은 바로 이 방법을 통해 그의 백성과 소통하셨습니다(히 1:1-2). 하나님이신 그분이 인간의 몸을 입고 이 땅에 오셔서 사람들과 함께 거하시며 하나님의 말씀을 가르쳐 주셨기 때문에 성육신은 이전의 그 무엇도 예수님을 통해 계시된 것과 비교할 수 없게 되었습니다. 하나님은 성육신을 통해 사람들의 배움의 방식에 가장 잘 맞는 방법으로 하나님의 말씀을 선포하셨습니다. 학습자 중심의 교육 방법을 사용하여 그들에게 가장 잘 맞는 방법으로 가르쳐 주셨습니다.[267] 교사이신 하나님이 직접 사람이 되셔서 학습자인 사람들 가운데 거하시며 함께 살면서, 삶으로 교훈해 주셨기 때문에 성육신은 하나님이 그의 백성들과 소통하기 위해 선택하신 최고의 교육 방법입니다.

둘째, 예수님은 상징, 비유, 이야기, 질문, 반복, 대조 등과 같은 다양한 문학적 장치들을 사용하여 가르치셨습니다. 예수님은 비유를 자주 그리고 효과적으로 사용하셨습니다. 비유란 중심적인 진리를 보여주기 위해 사용하는 이야기를 말합니다. 예수님은 사람들에게 친숙하고 익숙한 상황을 이야기로 가져와 그들이 아는 것에서 알지 못하는 것, 단순한 것에서 심오한 진리를 깨닫는 길로 나아가도록 도와주셨습니다. 예수님의 말씀에는 비유가 정말 많이 등장합니다. 마태는 이런 예수님의 모습을 "예수께서 이 모든 것을 무리에게 비유로 말씀하시고 비유가 아니면 아무 것도 말씀하지 아니하셨으니"(마 13:34)라고까지 기록하고 있습니다.

질문은 예수님의 가르침의 핵심이라고 할 만큼 그의 가르침의 방법에서 중요한 역할을 차지하고 있습니다. 예수님은 매우 다양한 형태의 질문을 사용하셨습니다. 어떤 때는 "율법에 무엇이라 기록되었으며 네가 어떻게 읽느냐"(눅 10:26)와 같이 정확한 정보를 알고 있는지를 물으셨습니다. 또 어떤 때는 "너희는 나를 누구라 하느냐"(마 16:15)와 같이 그들의 생각이 어떠한지를 확인하는 질문을 하셨습니다. 또 다른 곳에서는 그리스도가 누구의 자손이냐 물으신 뒤에, 다윗의 자손이니이다라고 대답하는 이들을 향해, "다윗이 그리스도를 주라 칭하였은즉 어찌 그의 자손이 되겠느냐"(마 22:45)라고 되물으심으로써,

청중이 스스로 진리를 찾아가며 발견에 이르도록 질문을 사용하셨습니다. 이처럼 예수님은 다양한 형태의, 다양한 목적을 이루게 하는 질문과 그 후에 뒤따르는 대화라는 방법을 통해 사람들이 배움에 능동적으로 참여하도록 자극하셨습니다.[268]

셋째, 예수님은 시각 자료와 다양한 활동을 교육 방법으로 사용하셨습니다.[269] 최후의 만찬에서 떡과 잔을 사용하신 것이나(막 14:22-24), 세금 문제를 놓고 교훈하시면서 먼저 데나리온을 가져오게 하신 뒤 데나리온에 새겨진 인물이 누구인지를 물으시고 "가이사의 것은 가이사에게"라고 말씀하신 것(눅 20:22-25), 또 섬김을 교훈하시면서 직접 대야에 물을 담아 오시고 수건을 두르신 뒤에 제자들의 발을 씻기신 것(요 13:5-14) 등이 좋은 예입니다.

정리해 보면, 예수님은 그의 교훈에 관한 완벽한 지식을 소유한 분으로 탁월한 교사이십니다. 예수님은 자신의 삶을 가르치는 일에 헌신하셨습니다. 또한 예수님은 "질문, 강의, 스토리텔링, 대화, 토론, 드라마, 실물, 프로젝트 활동, 시범 보이기 등과 같은 오늘날 사용되는 모든 교육 방법을 실질적으로 사용하신 분"이십니다.[270] 예수님이야말로 진정 최고의 교사이십니다.

4) 가르치시는 성령님

기독교 교육에서 교사를 이야기할 때 빼놓을 수 없는 분이 계십니다. 그분은 바로 성령 하나님이십니다. 예수님은 승천하시면서 보혜사 성령님을 보내겠다고 약속해 주셨습니다. 그리고 성령님이 생각나게 하시고 가르치게 하시는 일을 통해 이 땅에서 예수님이 하셨던 가르치는 사역을 계속하게 도우실 것이라고 말씀해 주셨습니다.

> 보혜사 곧 아버지께서 내 이름으로 보내실 성령 그가 너희에게 모든 것을 가르치고 내가 너희에게 말한 모든 것을 생각나게 하리라 (요 14:26).

예수님의 말씀대로 성령 하나님의 가르치시는 일, 하나님의 말씀을 기억하게 하고 깨닫고 믿게 하시는 일 없이는 기독교적인 가르침과 배움은 모두 불가능합니다.

성령의 사역은 기독교 교육의 독특하고 특별한 면입니다. 특별히 기독교 교육이 하나님의 말씀인 성경을 기초로 하고 있음을 생각해 볼 때 더더욱 그러합니다. 하나님은 영적인 진리를 성령을 통해 계시하십니다(고전 2:10). 성령님은 하나님의 교훈을 사람들에게 알게 하시고 조명해 주십니다. 보다 근본적으로 성령님은 기독교 교사를 부르시고 길러주시는 분이며 가르침의 은사를 주셔서 가르칠 수 있게 하시는 분입니다(출 35:34, 엡 4:11). 이런 모든 것을 생각할 때 탁월한 기독교 교사는 오직 성령의 역사로만 세워질 수 있습니다.[271]

성령은 교사가 교수 방법을 선택하고 사용할 때에도 중요한 역할을 하십니다. 성령은 지혜의 영으로 교사가 수업을 디자인할 때 그것이 효과적인 것이 되도록 도와주십니다. 또한 내용을 말할 때, 효과적으로 커뮤니케이션을 하도록 도우시고, 보다 생생하고 능력 있게 하나님의 말씀을 전하도록 능력을 주십니다. 더하여서 성령님은 교사가 따뜻하고 사랑하는 교육 환경을 만들 수 있도록 도우십니다. 성령님은 가장 효과적인 방법을 아시고 교사가 그것을 가르침에 적용하도록 도우시는 분입니다.[272]

요약하면 성령의 사역은 기독교 교육에서 필수 불가결한 것입니다. 성령님은 교사 안에서 교사를 통하여 일하십니다. 성령님은 교사가 하나님의 말씀을 기억하고 깨닫도록 도우십니다. 학습자의 마음을 여시며, 이들에게 맞는 교육 방법을 찾고 적용하도록 도우십니다. 성령의 도움 없이는 하나님의 말씀을 전하려고 하는 그 어떤 시도도 공허한 것이 되고 맙니다. 그러므로 기독교 교육가들은 성령의 역할이 무엇인지 알고, 그분의 인도와 도움을 기도를 통해 구해야 합니다.[273]

우리는 지금까지 교사의 정체성과 사명, 전인적 양육가로서 교사가 해야 하는 역할들을 살펴보았습니다. 정리해 보면, 전인적 양육가로서 우리가 해야 할 것은 크게 두 가지입니다. 첫째는 '예수님께로 인도한다'는 것입니다. 예수님을 알지 못하는 이들에게 예수님을 알게 하는 것, 예수님을 만나 구원받은 하나님의 자녀가 되게 하는 것이 가장 우선되어야 할 일입니다. 둘째는 '예수님처럼 자라게 한다'는 것입니다. 예수님을 만나 구원받은 하나님의 자녀가 되었다면, 그는 예수님처럼 전인적인 면에서 건강하게 자라나는 일이 필요합니다. 이를 위해 전인적인 관점에서 목표도 세워야 하고, 성경이 교사들에게 교훈하신 것을 본받아 가르치는 일에도 힘써야 하겠습니다. 특별히 성령님의 도우심을 기도로 구하며 하나님이 우리에게 맡기신 아이들을 돌보는 일에 헌신된 교사가 되어야 하겠습니다.

II. 전인적 양육과 가정

　전인적 양육 커리큘럼이 준비되고 교사가 준비되었다 하더라도 가정의 협력 없이는 전인적 양육이 이루어질 수 없습니다. 전인적 양육을 생각할 때 가정의 도움과 협력은 필수적입니다. 왜냐하면 아이들이 가장 많은 시간을 머무르는 곳이 가정이고, 아이들의 성장과 삶에 가장 큰 영향을 주는 곳 역시 가정이기 때문입니다.
　어린이의 전인적 성장을 위해 부모가 해야 할 일은 무엇일까요? 저는 그 해답이 부모 됨의 의미와 사명을 이해하고 받아들이는 것과, 아울러서 가정을 전인적인 양육이 이루어지는 공간으로 만들어가는 것이라고 생각합니다.

1. 부모 됨의 의미와 사명

저는 세 아이의 아빠입니다. 하나님은 제게 첫째 딸 하원이와 둘째 아들 지원이, 그리고 막내 딸 희원이를 주셔서 부모가 되게 하셨습니다. 오래된 일이긴 하지만 아내가 하원이를 가졌을 때가 생각납니다. 처음 임신 소식을 들었을 때, 또 아내와 함께 병원을 찾았을 때, 저는 기쁘면서도 무언가 조금은 당황한 듯한 느낌을 가지고 있었습니다. 이제 막 결혼을 했고 자녀에 대한 생각은 해보지 않은 상태에서 '제대로 준비도 되지 않은 채 부모가 되는 것이 아닐까…' 하는 마음이 있었기 때문입니다. 아이가 태어날 날이 다가올수록 정확히 뭐라 말할 수 없는 복잡한 마음이 생기기도 했습니다. 한때 유행했던 〈어쩌다 어른〉이라는 텔레비전 프로그램의 제목처럼, 자녀를 놓고 기도하고 생각하고 계획을 세워서 아이를 가졌다기보다는, 갑작스레 무엇을 준비해야 할지도 모른 채 '어쩌다 부모'가 되는 것은 아닐까라는 생각에 두려움이 생겼던 것도 사실입니다. 그렇게 1년 반의 터울로 두 아이가 태어나고 아이들이 초등학교에 들어갈 무렵, 제가 마흔을 넘은 상황에서 막내가 태어났습니다. 전혀 예상치 못한 늦둥이를 갖게 되었을 때 제 머리에 떠오른 것은, 아빠 품에 포근히 안긴 아이의 따스함을 다시 느끼게 되었다는 기쁨과 함께 오래전 읽었던 『이 모든 괴로움을 또다시』라는 수필 제목이었습니다.

부모가 되면서 느꼈던 저의 이런 이중적인 감정은 많은 이들이 동일하게 느끼는 감정이기도 합니다. 2015년 2,200명의 부모를 대상으로 미국에서 진행된 한 설문 결과를 보면 부모가 되었을 때 느꼈던 감정은 한마디로 "이것은 나의 가장 큰 기쁨이다(91%), [동시에] 가장 큰 도전이었다(73%)"였습니다.[274]

부모가 되는 과정에서 겪게 되는 이런 정체성과 감정적인 부분에서의 혼란은 하나님의 말씀으로 분명하게 정립되지 않으면 오랜 시간이 지났다손 치더라도 근본적으로 해결되지 않는 문제입니다. 성경은 우리에게 하나님이 가정을 설계하시고 우리로 하여금 부모가 되게 하신 분임을 알게 합니다. 따라서 우리는 부모 됨의 의미 역시도 하나님의 말씀 속에서 찾아야 하고 종합적으로 이해해야 할 필요가 있습니다. 특별히 아이를 전인적으로 양육하는 일에 헌신된 부모가 되기 위해서는 더더욱 성경이 부모 됨에 관해 말씀하고 있는 바를 분명하게 인식해야 합니다.

1) 부모 됨은 축복입니다

언젠가 설교를 통해 어느 목사님이 성경이 말하는 부모 됨의 의미에 대해 "B.P.M" 즉 "Blessing(축복), Pain(고통/수고), Mission(사명)"이라는 세 개의 단어를 사용하여 설명한 것을 보았습니다. 간단하지만 성경의 핵심을 잘 표현하고 있다는 생각이 듭니다.

먼저, 부모 됨은 축복입니다. 성경은 부모가 되는 것이 축복이라고 말합니다. 창세기 1장 28절에는 "하나님이 그들에게 복을 주시며 하나님이 그들에게 이르시되 생육하고 번성하여 땅에 충만하라, 땅을 정복하라, 바다의 물고기와 하늘의 새와 땅에 움직이는 모든 생물을 다스리라"라고 쓰여 있습니다. 여기서 생육하고 번성하라는 말씀은 다른 말로 하면 '부모가 되어라'라는 말씀입니다.

하나님은 사람을 지으신 뒤 부모가 되라고 축복해 주셨습니다. 그리고 사람이 부모가 되는 것을 통해서 하나님의 창조 목적이 이루어지게 하셨습니다. 하나님이 만드신 세상에 충만해지고, 하나님이 만드신 세상을 정복하고 다스리는 일은 생육하고 번성하는 일을 통해서 이루어지게 됩니다. 그러므로 부모가 되는 것은 성경이 기록하고 있는 첫 번째 축복입니다.

부모가 되는 것이 축복인 또 다른 이유는 하나님이 우리에게 자녀를 통해 기쁨과 안전을 얻게 하셨기 때문입니다. 창세기 5장 29절에 보면 라멕이 182세에 아들을 낳고 했던 말이 기록되어 있습니다. 라멕은 이렇게 이야기했습니다. "이 아이의 이름은 노아다. 여호와께서 땅을 저주하시므로 수고롭게 일하는 우리를 이 아들이 안위할 것이다."

자녀가 태어나는 것은 부모가 경험하게 되는 가장 큰 기쁨 가운데 하나입니다. 또한 자녀들을 통해 부모는 안정감을 누리게 됩니다. 그래서 예로부터 모든 문화권에서 다산을 축복으로 여겼습니다. 범죄 한 이후 자녀를 낳고 기르는 일에 어려움과 고통이 따르고 자녀로 인해 눈물을 흘리는 경우도 많지만, 성경은 분명히 이렇게 이야기합니다.

> 보라 자식들은 여호와의 기업이요 태의 열매는 그의 상급이로다 젊은 자의 자식은 장사의 수중의 화살 같으니 이것이 그의 화살통에 가

득한 자는 복되도다 그들이 성문에서 그들의 원수와 담판할 때에 수치를 당하지 아니하리로다(시 127:3-5).

그렇습니다. 부모가 된다는 것은 하나님의 창조 목적을 이루기 위해, 하나님이 인간들에게 허락하신 첫 번째 축복이고, 하나님이 주신 자녀를 얻는 것은 기쁨이고 즐거움이며, 하나님이 우리에게 주신 큰 상과 같습니다.

세 번째로 부모가 되는 것이 축복인 이유는 부모 됨을 통해서 하나님이 내게 허락하신 나의 부모님을 더 잘 이해할 수 있게 되고, 더 나아가 아버지 되신 하나님의 마음을 더 잘 알 수 있게 되기 때문입니다.

예수님은 사람들에게 "너희 중에 누가 아들이 떡을 달라 하는데 돌을 주며 생선을 달라 하는데 뱀을 줄 사람이 있겠느냐 너희가 악한 자라도 좋은 것으로 자식에게 줄 줄 알거든 하물며 하늘에 계신 너희 아버지께서 구하는 자에게 좋은 것으로 주시지 않겠느냐"(마 7:9-11)라고 말씀하셨습니다. 또 다른 곳에서는 "내가 너희를 고아와 같이 버려두지 아니하고 너희에게로 오리라"(요 14:18)라고 말씀하셨습니다.

예수님이 말씀하신 이 교훈과 약속에는 '부모와 자녀'라는 우리에게 가장 친숙한 관계에 대한 이해가 담겨 있습니다. 특히나 이 말씀은 부모가 되어 자녀를 양육한 경험이 있는 이들에게는 더더욱 가깝게 느껴지는 말씀입니다. 우리는 부모가 됨으로써 부모님의 마음을 더 잘 알게 됩니다. 또한 자녀를 양육하면서 우리를 자녀 삼으신 하나님 아버지의 마음을 더 잘 이해할 수 있습니다.

2) 부모 됨에는 고통과 수고가 따릅니다

그런데 아담과 하와가 범죄 한 이후 하나님이 아담과 하와에게 주신 벌을 살펴보면, 이런 놀라운 축복인 부모 됨에 고통이 따르게 하신 것을 볼 수 있습니다.

먼저 자녀를 낳는 일에는 고통(עִצָּבוֹן: 상처, 아픔, 슬픔)이 따릅니다. 하나님은 죄를 범한 하와에게 "임신하는 고통을 크게 더하리니 네가 수고하고 자식을 낳을 것이며"(창 3:16)라고 말씀하셨습니다. 실제로 죄를 범한 후 해산의 고통은 여자가 일상적인 생활에서 느낄 수 있는 가장 큰 고통이 되었습니다. 심지어는 때때로 해산하는 과정에서 생명을 잃기도 했습니다(창 35:18).

둘째로 자녀를 기르는 일에도 고통과 수고가 따릅니다. 인간의 범죄 후 하나님은 아담에게 "너는 네 평생에 수고하여야 그 소산을 먹으리라"(창 3:17)라고 말씀하셨습니다. 여기서 수고라고 번역된 말은 히브리어로는 이짜본(עִצָּבוֹן)인데 해산의 고통을 말할 때 사용된 히브리어와 동일한 단어입니다. 하나님은 여자에게는 해산의 고통을, 남자에게는 평생 수고해야 하는 고통을 그들의 불순종의 결과로 허락해 주셨습니다. 따라서 부모 된 이들은 아이를 낳는 고통을 감당해야 했고, 또한 그 아이를 기르기 위해 더 많이 일해야 하는 수고를 감당하게 되었습니다.

셋째로 부모가 되며 관계적/정신적인 고통도 감당하게 되었습니다. 죄의 영향으로 말미암아, 자녀가 아버지와 어머니를 경홀히 여기고 함부로 대하거나, 자기 부모를 저주하는 일이 생겨났습니다(신 27:16, 잠 20:20). 또한 동시에 부모가 자녀를 함부로 대하거나 극심한 분노에 빠뜨리는 일도 생겨났습니다(골 3:21).

부모로서 우리는 해산의 수고를 해야 합니다. 아이를 양육하면서 때로는 아픈 아이로 인해 견딜 수 없는 고통을 경험할 때도 있습니다. 또한 자녀와 좋은 관계를 유지하는 것에서 어려움을 겪기도 하고, 어떻게 훈육해야 할지 몰라 애를 태우기도 합니다. 이뿐만이 아닙니다. 부모는 자녀가 자라는 동안 나로 인해 우리 아이가 다른 아이들보다 못하게 되는 것은 아닌지, 내가 부모 역할을 잘하지 못해서 이런 일이 생겨난 것은 아닌지 고민하게 되는 순간을 맞이하기도 합니다. 부모 됨이란 정말 고통과 수고 없이는 되지 않는 일입니다.

2019년 통계청이 발표한 한국의 합계 출산율은 0.98명으로 출생 통계를 작성한 1970년 이래 가장 낮았습니다.[275] 이미 우리나라는 "데드 크로스(Death Cross)"라고 하여 죽는 사람이 태어나는 사람보다 많은 인구절벽 현상이 시작되었습니다. 옥스퍼드대학 인구 문제 연구소는 한국의 출산율을 기준으로 미래 인구 변화를 예측하면, "2413년에 부산에서 아기의 마지막 웃음소리가 들리고, 2505년에는 서울에서 마지막 시민이 태어나며, 2750년에는 인구가 없어 지구상에서 소멸하는 첫 번째 국가"가 될 것이라고 전망하기도 했습니다.[276]

왜 이런 일들이 일어날까요? 그것은 부모 됨의 고통을 너무나 크게 느낀 나머지 부모가 되라고 하신 하나님의 축복을 우리 마음속에서 잃어버리고 살았기 때문이 아닐까요? 분명, 부모 됨에는 고통과 수고가 수반되지만 그리스도인인 우리는 부모가 되게 하신 것이 하나님의 축복이라는 것을 인식하고 하나님이 우리에게 맡기신 자녀를 우리의 사명으로 받아들여야 합니다.

3) 부모에게는 하나님이 주신 사명이 있습니다

부모 됨의 마지막 의미는 부모 됨이 사명이라는 것입니다. 사명이란 하나님이 그 일을 위해 우리를 부르신 것이고 하나님이 나에게 맡기신 일이라는 의미를 가지고 있습니다.

하나님이 부모에게 주신 사명은 무엇일까요?

먼저 하나님은 우리에게 좋은 부모가 될 사명을 주셨습니다. 여기서 좋은 부모란 자녀를 나의 소유로 생각하는 것이 아니라 하나님이 내게 맡기신 선물로 이해하고, 주의 교훈과 훈계로 바르게 양육하는 부모를 가리킵니다.

시편 기자는 "보라 자식들은 여호와의 기업이요 태의 열매는 그의 상급이로다"(시 127:3)라고 고백했습니다. 자녀를 내 것이 아니라 하나님이 주신 것으로, 하나님이 내게 주신 축복으로 받았다는 말입니다. 부모인 우리는 자녀가 하나님이 주신 기업으로서 그들 인생의 가장 중요한 시기를 우리와 함께 보내며 건강하게 성장하도록 하나님이 우리에게 맡겨 주셨음을 알고, 좋은 부모가 되기 위해 노력해야 합니다.

하나님이 부모에게 주신 또 다른 사명은 바로 신앙 전수의 사명입니다. 이것은 부모가 단순히 자녀들의 육적인 양육 책임자일 뿐 아니라 영적인 양육 책임자라는 것을 이야기합니다.

창세기 18장 19절을 보면, 이삭이 태어나기 전 하나님이 아브라함에게 하신 말씀이 기록되어 있습니다.

> 나는 아브라함이 자기 자녀들과 자손들을 가르쳐 여호와의 길을 잘 따르게 하기 위해 그를 선택했다. 그의 자손이 아브라함에게 배운 대로 하면, 나 여호와가 아브라함에게 한 모든 약속을 지키겠다(쉬운성경).

하나님은 갈대아 우르에서 아브라함을 불러 하나님의 백성으로 삼아주셨습니다. 그에게 복을 주겠다고 약속하시고, 이스라엘의 조상이 되게 하셨습니다. 그런데 세상 모든 민족 가운데 아브라함을 택해 하나님의 백성으로 삼으시고 그로 나라와 민족을 세우게 하신 이유에 대해 하나님은 "나는 아브라함이 자기 자녀들과 자손들을 가르쳐 여호와의 길을 잘 따르게 하기 위해 그를 선택했다"라고 말씀하고 계신 것입니다. 하나님은 아브라함을 세워 아브라함의 자녀들이 하나님에 대해 바른 믿음을 가지고 살아가도록 하셨습니다. 또한 하나님은 부모 된 모든 사람에게 동일하게 신앙 전수의 사명을 허락해 주셨습니다.

한 사람의 신앙이 자라기 위해서 신앙 공동체의 역할을 강조하는 신앙 공동체 이론가들은 어린이들이 겪는 "경험의 범위를 교실 수업 형태 안으로 제한시킬 경우 그 경험은 교사나 교육 과정 개발자가 의도한 경험 안으로 축소될 수밖에 없고, 그 결과 학습자의 창조성 내지 초월적 자율성은 그만큼 제한받게 된다"[277]라고 주장했습니다. 만약 우리가 우리 자녀들의 신앙 교육을 교회나 기독교 학교에만 맡겨 둔다면, 당연히 우리 자녀들은 제한된 범위 안에서 그것도 수업이라는 형태로만 신앙적인 양육을 받게 될 것입니다. 가정이 하나님이 맡기신 자녀들을 신앙으로 바르게 양육하기 위한 신앙 교육의 장이 되어야 할 이유가 여기에 있습니다.

그리스도인인 우리는 좋은 부모가 되기 위해 애써야 합니다. 부모 됨을 축복으로 받아들이고, 부모 됨에 따르는 수고, 고통, 희생을 잘 감당해야 합니다. 그리스도인인 우리는 하나님이 아브라함에게 말씀하신 것처럼, "자기 자녀들과 자손들을 가르쳐 여호와의 길을 잘 따르게" 하는 일을 사명으로 받아들이고 자녀들에게 믿음의 유산을 남겨 주기 위해 애써야 합니다. 자녀에게 믿음을 물려주는 일이야말로 하나님이 우리에게 맡기신 가장 큰 사명임을 분명히 인식해야 합니다. 그리고 더 나아가 우리의 가정을 신앙 교육의 장이 되도록, 우리의 가정 안에서 자녀들이 신앙 공동체를 경험하도록 도와야 합니다.

그렇다면 구체적으로 우리 가정이 신앙 공동체가 되고 가정을 통해 전인적 양육이 일어나려면 어떻게 해야 할까요?

2. 가정에서의 전인적 자녀 양육

〈사철에 봄바람 불어 잇고〉

사철에 봄바람 불어 잇고 하나님 아버지 모셨으니
믿음의 반석도 든든하다 우리 집 즐거운 동산이라

어버이 우리를 고이시고 동기들 사랑에 뭉쳐 있고
기쁨과 설움도 같이하니 한간의 초가도 천국이라

아침과 저녁에 수고하여 다 같이 일하는 온 식구가
한 상에 둘러서 먹고 마셔 여기가 우리의 낙원이라

고마워라 임마누엘 예수만 섬기는 우리 집
고마워라 임마누엘 복되고 즐거운 하루하루

지금은 하늘나라에 계시는 저희 어머니는 이 찬양을 즐겨 부르셨습니다. 왜 그러셨는지는 모르지만 찬양을 부르실 때마다 눈물을 글썽이기도 하셨고요. 그래서 그런지 저에게 이 찬양은 슬픈 찬양이라는 느낌이 있습니다. 문득 이런 생각을 가져봅니다. '이렇게 아름다운 찬양도 없는데, 너무 아름답고 이상적인 가정을 노래하고 있는데, 왜 찬양을 부르는 어머니에게는 슬픔이 보였을까?' 역설적이긴 하지만

"파르라니 깎은 머리 박사 고깔에 감추오고 두 볼에 흐르는 빛이 정작으로 고와서 서러워라"라고 노래한 한용운 시인처럼, 너무 아름다운 가정의 모습이 삶에 지치고 힘든 어머니의 마음을 울렸던 것은 아니었을까요?

가정을 이루고 자녀들을 키우면서 저도 이 찬양을 부를 때 눈물이 흐르는 일이 많아졌습니다. 하나님 아버지를 섬기는 믿음이 든든한 가정, 가족 모두가 사랑하며 함께 기쁨과 어려움을 이겨가는 가정, 매일 수고하며 자신의 일을 하지만 저녁에 함께 모여 식탁 교제를 나눌 수 있는 가정, 예수님을 섬기며 주님과 동행하는 가정을 세워가기를 간절히 바라지만 때때로 나의 모습에서, 우리 가정의 모습에서 많은 부족함을 느끼곤 하기 때문입니다.

쉬운 일은 아니지만 찬양의 가사처럼 우리 가정이 하나님만을 섬기는 가정, 예수님과 동행하는 가정이 되려면 해야 할 일들이 있습니다. 그것은 우리 아이들을 전인적으로 양육하는 일입니다. 특별히 아이들에게 하나님을 향한 바른 신앙을 갖게 하는 일과, 그들이 성경적인 시각으로 세상을 바라보게 하고, 구체적인 삶의 현장에서 그리스도인답게 행동하도록 양육하기 위해, 부모인 우리는 아이의 영적인 면, 사회-정서적인 면, 지적인 면, 신체적인 면 모두를 건강하게 성장시키려고 노력해야 합니다.

하나님이 맡겨 주신 자녀들을 전인적으로 양육하기 위해 가정에서 부모인 우리가 해야 하는 일들을 정리해 보면 다음과 같습니다.

1) 가정을 세우신 하나님의 뜻을 기억하라

먼저 가정을 세우신 하나님의 뜻을 기억하고 그것을 나의 사명으로 받아들이는 일이 필요합니다. 창세기 2장 18절에서 하나님은 "사람이 혼자 사는 것이 좋지 아니하니 내가 그를 위하여 돕는 배필을 지으리라"라고 말씀하셨습니다. 하나님이 가정을 세우신 이유가 독처하는 것, 즉 혼자 살아가는 것이 좋지 않아서라는 말씀입니다.

여기서 좋지 않다는 말은 창세기 1장에서 하나님이 보시기에 좋았다라고 하신 말씀과 반대되는 표현입니다. 이 말은 사람이 혼자 사는 것은 하나님이 원래 의도하셨던 바가 아니다, 즉 아직 완전한 상태가 아님을 의미합니다. 하나님은 사람을 지으실 때부터 홀로 살아가는 존재가 아니라 함께 살아가는 존재로 계획하셨다는 뜻입니다.

하나님은 혼자 있는 아담을 잠들게 하신 뒤에 그의 갈비뼈 하나를 취하셔서 아담의 돕는 배필인 여자를 만드셨습니다. 돕는 배필이란 그에게 딱 맞는 도움이라는 뜻으로, 이 표현은 하나님이 만드신 남자와 여자가 서로에게 꼭 필요한 존재이며 서로를 돕는 존재임을 알게 해줍니다.

이렇게 아담을 위해 하와를 만드신 하나님은 하와를 아담에게 이끌어 오셨고, 둘이 한 몸을 이루게 하셨습니다. 아담과 하와가 한 몸을 이루기 전까지 성경은 하와를 "한 여자(A woman; 창 2:22)"라고 지칭합니다. 그러나 한 몸을 이룬 뒤에는 그 표현이 소유격을 사용하여 "아담의 아내(His wife or his woman; 창 2:24, 25)"로 바뀌어 있는 것이 보입니다. 남자와 여자가 결혼을 하게 된 이후에는 그 신분이 서로에게 소유된 존재가 되었음을 단적으로 보여주는 말씀입니다.

하나님은 이렇게 남자와 여자를 만드신 뒤 한 몸이 되도록 하셨습니다. 그리고 창세기 1장 28절에 기록된 것처럼, 그들에게 복을 주시며 "생육하고 번성하여 땅에 충만하라"라고 말씀하셨습니다. 그러니까 생육하고 번성하여 땅에 충만해지는 일, 즉 자녀를 낳아 기르며 그들이 또 다른 자녀를 낳아 기름으로써 땅에 충만하게 되는 일은 하나님이 가정을 통해 이루시기 원하는 일이었습니다.

그런데 여기에 보다 깊은 의미가 있습니다. 말라기 선지자는 이 부분을 "여호와께서는 남편과 아내를 만드시고 둘이 한 몸과 영이 되어 하나님의 것이 되게 하셨다. 그리고 그들이 하나님께 성실한 자녀(Godly Offsprings)를 낳기를 바라셨다"(말 2:15, 쉬운성경)라고 기록합니다. 즉, 말라기 선지자는 하나님이 가정을 세우시고 생육하고 번성하라고 말씀하신 것이 단순히 자녀를 많이 낳아 기르는 것을 의미하지 않는다는 것입니다. 하나님을 섬기는 자녀, 하나님의 성품을 닮은 자녀를 만들기 위해 하신 일이었다고 말하는 것입니다.

정리해 보면, 하나님이 가정을 세우신 일 속에는 서로가 서로에게 가장 필요한 존재로서 서로 도우며 살아가는 공동체를 세우기 원하시는 하나님의 마음이 담겨 있으며, 남녀의 하나 됨의 결과로 생겨나는 자손을 통해 생육하고 번성하여 땅에 충만하고 땅을 정복하며, 하나님이 만드신 생명체들을 관리하고 다스리기 원하시는 하나님의 마음이 담겨 있습니다. 특별히 죄를 범한 이후, 하나님은 가정이 하나님의 성품을 닮은 자녀를 길러내는 곳, 신앙의 전수가 이루어지는 곳이 되기를 바라셨다는 것도 알 수 있습니다. 그러므로 부모인 우리가 해야 하는 첫 번째 일은 이런 하나님의 마음을 알고 이해하고 깊이 새기는 것입니다.

2) 다른 세대가 아닌 다음세대를 세우기 위해 애쓰라

두 번째로 우리가 해야 할 일은 우리의 자녀들을 신앙의 계승자로 길러내려는 노력입니다. 즉, 가정이 믿음의 다음세대를 키우는 곳임을 이해하고 마음으로 그것을 사명으로 받아들였다면, 그다음에 해야 할 일은 우리의 자녀들이 '다른 세대'가 아니라 '믿음의 다음세대'가 되게 하기 위한 수고입니다.

A. 다른 세대란?(삿 2:10)

불행하게도 믿음의 가정에서 태어났지만 신앙의 계승이 일어나지 않아 '다른 세대'가 되어버리는 일이 종종 있습니다. 사사기에는 이런 현상을 잘 보여주는 예가 등장합니다.

사사기 2장 10절 말씀입니다.

> 그 세대의 사람도 다 그 조상들에게로 돌아갔고 그 후에 일어난 다른 세대는 여호와를 알지 못하며 여호와께서 이스라엘을 위하여 행하신 일도 알지 못하였더라.

사사기 2장은 이스라엘이 가나안 땅에 정착한 후 얼마간의 세월

이 흐른 뒤의 상황을 기록하면서, 이전 세대와는 완전히 다른 특성을 가진 세대가 태어났음을 말해주고 있습니다. 사사기에서 '다른 세대'라고 지칭하는 이 세대가 이전 세대와 구별되는 가장 큰 특징은 '그들이 하나님을 알지 못했고, 하나님이 그들을 위해 하신 일에 대한 기억을 공유하고 있지 못했다'는 것입니다. 그들은 하나님이 누구이신지를 알지 못하는 세대였습니다. 쉬운 말로 하나님을 섬기지 않는 세대였습니다. 그들은 하나님이 애굽에서 그들을 구원하시고 광야 40년의 시간 동안 지켜주셨고, 또 여호수아를 통해 가나안의 일곱 족속과의 싸움에서 이기게 하셔서 아브라함에게 약속하셨던 가나안 땅을 주셨다는 사실도 알지 못했습니다. 한마디로 신앙의 단절이 일어났다는 것입니다. 역사의 단절이 일어났다는 것입니다. 그들이 이전 세대와 공유된 기억을 갖지 못했다는 것입니다. 그리 오랜 시간이 지나지도 않았는데 어떻게 이런 일이 벌어졌는지 정말 안타까울 뿐입니다.

B. 다음세대란? (수 24:31)

이에 반해서 '다음세대'란 다른 세대와 대비하여 사용되는 용어로, 신앙의 계승이 이루어진 세대를 가리킵니다.●

여호수아의 마지막 설교를 기록하고 있는 여호수아 24장의 마지

● 다음세대라는 용어는 사회학적으로는 '기존의 것을 대체하는 세대'라는 뜻으로 영유아기부터 청소년기까지의 사람을 지칭하는 용어이지만, 여기서는 사사기에 등장하는 다른 세대와 구별하여 신앙의 정통성을 계승한 세대를 가리킵니다.

막 부분에는 여호수아의 죽음에 관한 이야기와 함께 다음과 같은 말씀이 기록되어 있습니다.

> 이스라엘이 여호수아가 사는 날 동안과 여호수아 뒤에 생존한 장로들 곧 여호와께서 이스라엘을 위하여 행하신 모든 일을 아는 자들이 사는 날 동안 여호와를 섬겼더라(수 24:31).

이스라엘이 여호수아가 사는 날 동안, 또 그가 죽은 이후 적어도 하나님에 대한 기억을 간직한 장로들이 생존해 있는 동안에는 하나님을 섬겼다는 것입니다. 신앙의 계승이 일어났다는 것입니다.

여기서 우리는 매우 중요한 사실을 발견하게 됩니다. 그것은 '하나님을 섬기는 일'과 '하나님이 하신 일에 대한 기억을 공유'하는 일이 매우 밀접하게 연결되어 있다는 것입니다. 그런데 이런 기억은 누가 누구에게 공유해 주어야 하는 일일까요? 일차적으로 부모가 그들의 자녀들에게 공유해 주어야 하고, 더 나아가서는 믿음의 공동체인 교회가 그 일을 해야 한다는 것입니다.

정리해 보면, 다음세대란 하나님을 섬기는 세대, 하나님이 행하신 일에 대한 기억을 공유하고 있는 세대를 말합니다. 그러므로 내 아이를 믿음의 다음세대로 기르기 위해서는 내 아이가 하나님을 알게 도와야 하고, 하나님이 '우리 가정, 우리 교회, 우리나라'를 위해 하신 일에 대한 기억을 공유하도록 도와야 합니다.

3) 배우라: 유대인 가정의 신앙 교육

세 번째로 해야 할 일은 이 일을 어떻게 감당해야 할 것인지에 관해 배우고 지혜를 얻는 일입니다. 가정에서의 신앙 교육에 대해 생각할 때 유대인의 가정 교육을 살펴보는 것은 매우 의미 있는 일입니다.

유대인 부모들이 자녀들에게 분명한 유대인으로서의 정체성과 자존감을 갖게 하고, 자녀들을 사회 여러 분야에서 두각을 나타내는 사람으로 길러왔음은 익히 알려진 사실입니다. 유대인들이 세상에서 두각을 나타내기 때문에 이들의 자녀 교육 방법에 대한 관심도 높은 편입니다. 그래서 쉐마 교육, 하브루타 등이 유대인들의 천재 교육 방법으로 혹은 유대인 교육의 특별함을 보여주는 것으로 알려져 왔습니다. 그런데 유대인들의 교육을 자세히 살펴보면 가정이 신앙 공동체로서, 영적인 영역인 신앙 교육을 중심으로 하여 사회-정서적, 지적, 신체적 영역에 이르기까지 통합적인 교육을 하고 있다는 것, 즉 전인적인 양육이 바로 유대인 자녀 교육의 성공을 이끈 핵심이었음을 발견하게 됩니다.

A. 유대인의 가정 교육

(1) 신앙 공동체

유대인에게 가정이란 혈연을 중심으로 이루어진 자연적인 공동체를 넘어 하나님을 섬기는 같은 신앙을 가진 신앙 공동체입니다. 유대인들이 연령을 초월하여 함께 모여 하나님을 예배하는 것이나, 함께 안식일 식탁 교제를 나누는 가장 큰 이유는 바로 이들이 하나님의 백성으로서 하나님을 섬기는 같은 신앙 공동체이기에 가능한 것입니다. 물론 유대인들 중에는 하나님을 섬기지 않는 세속적인 유대인들도 있지만, 일반적으로 유대인 가정에서 태어난 아이들은 네 살부터 아버지로부터 모세 오경, 즉 토라를 배우고, 이 율법에 기초한 생활 법칙들을 배우며 안식일에는 부모와 함께 회당에 다니게 됩니다.[278] 마치 모태 신앙으로 태어난 아이들이 어려서부터 자연스럽게 교회 생활에 익숙해지는 것과 마찬가지로 유대인 가정에서 태어난 아이들은 유대인으로서의 생활에 익숙해지는 것입니다.

유대 가정에서 교육의 책임은 부모에게 있습니다. 유대인 부모는 자녀들을 교육하는 데 매우 헌신되어 있습니다. 그들은 신명기 6장 4-9절에 기록된 대로, 하나님이 이스라엘의 모든 부모에게 하나님의 말씀을 가르칠 책임과 의무를 부여해 주셨음을 매우 심각하게 받아들이고 있으며 매일 아침저녁으로 이 말씀을 암송합니다. 이런 전통 때문에 "유대인의 자녀들은 유년 시절에는 어머니에 의해서 유대인으로 키워지며, 말을 배우고 글을 배울 무렵에는 아버지에 의해서 하나님을 배우고 율법을 배우며 성서를 읽기 위해서 글을 배운다"[279]라고 알려지게 되었습니다.

(2) 가정 교육의 핵심어: 하나님, 민족, 지혜

유대인 가정 교육의 특징은 "하나님, 민족, 지혜"라는 세 개의 핵심어로 이야기할 수 있습니다.[280]

먼저 '하나님'은, 유대인에게 가정은 하나님을 섬기는 신앙 공동체로서, 신앙 전수의 장임을 나타냅니다. 유대인들은 하나님의 언약 백성으로서 하나님의 뜻을 찾아 행하는 것을 가정 교육의 핵심으로 두고 있습니다. 그들은 구약의 모세 오경인 토라를 가르치고 암송하고 토론하는 것을 즐깁니다. 그리고 선택의 상황에서 하나님의 뜻에 따라 행동하는지를 확인하고 시험하며, 잘못한 일에 대해 하나님의 말씀에 기초하여 훈육합니다. 그들은 신명기 6장 4-9절에 기록된 다양한 방법과 도구를 신앙 교육에 활용하는데, 머리에 쓰는 키파(כיפה), 기도할 때 이마에 착용하는 테필린(תפילין)이나 문설주에 붙여 놓는 메주자(מזוזה) 등은 하나님을 향한 그들의 신앙을 보여주는 대표적인 신앙의 도구입니다.

'민족 정신'은 유대인으로서의 정체성과 민족적 긍지를 갖게 하는 것으로, 유대인 가정 교육에서 빼놓을 수 없는 부분입니다. 출애굽기 2장에는 바로의 딸이 물에서 건진 모세를 그 어머니에게 맡겨 젖을 뗄 때까지 양육하게 한 사건이 기록되어 있습니다. 그런데 그다음에 이어지는 본문에 "모세가 장성한 후에 한번은 자기 형제들에게 나가서 그들이 고되게 노동하는 것을 보더니 어떤 애굽 사람이 한 히브리 사람 곧 자기 형제를 치는 것을 본지라… 그 애굽 사람을 쳐죽여 모래 속에 감추니라"(출 2:11-12)라고 되어 있습니다. 성경의 기록에 의하면 모세는 젖을 뗀 뒤부터 애굽 공주의 아들로서 왕궁에서 자랐습니다. 그런데 본문에서 볼 수 있는 것처럼 장성한 모세의 마음속에는 히브리 사람을 자기 형제라고 여기는 마음이 있었다는 것입니다. 그래서 그는 자기 형제가 애굽 사람에게 매를 맞고 고통 받는 것을 보면서 분노한 나머지 애굽 사람을 쳐 죽이기까지 했다는 것입니다. 비록 애굽의 왕자로 컸지만 모세의 마음속에는 히브리 사람이라는 정체성이 있었음을 알 수 있는 부분입니다. 그래서 히브리서 기자는 모세를 가리켜 이렇게 이야기합니다. "하나님의 백성과 함께 고난 받기를 잠시 죄악의 낙을 누리는 것보다 더 좋아하고"(히 11:25). 성경에 명확하게 기록되어 있지는 않지만, 모세가 가진 이런 히브리인으로서의 정체성은 모세의 어머니 요게벳이 하나님을 의지하고 신앙적으로 모세를 양육한 결과였을 것입니다.

모세의 어머니가 그러했고, 역사 속에서 수많은 유대인 어머니들이 그러했던 것처럼 "유대인 부모는 어린이가 독립된 인격으로 성장하기 이전에 뚜렷한 유대인으로 성장해 주기를 기대합니다."[281] 또한 그들이 뛰어난 인물이 되어 유대 민족의 긍지를 드높이고 자기 민족을 위해 크게 공헌하는 인물이 되기를 기대합니다. 이런 부모의 기대는 하나님이 우리를 택하셨다는 선민의식과 함께 가정 교육을 통해 자녀들에게 이어져, 유대 민족으로서의 정체성을 굳건하게 하고 위대한 인물들이 태어나게 하는 원동력이 되었습니다.

'삶의 지혜' 역시 오랜 세월 박해를 경험한 이들이 어려움 속에서도 살아가기 위해 애쓰며 생겨났습니다. 유대인은 오랜 시간 박해를 받으며 세계 어느 곳에서나 어떤 형편에 처하든지 빼앗기지 않고 삶을 살아갈 수 있게 만드는 것이 지혜라는 것을 알았습니다. 우리가 잘 아는 격언처럼 자녀에게 잡은 생선을 주기보다는 생선 잡는 법을 가르치는 것이 지혜임을 그들은 오랜 세월 경험해 왔습니다. 유대인의 지혜 교육은 토라와 탈무드를 배움으로써 이루어지기도 했지만, 일상의 소소한 것들을 통해서도 이루어졌습니다. 예를 들어, 유대인은 가정에서 공동체적인 친절과 선행을 가르쳤습니다. 그들은 민족과 사회의 공공 이익을 위해 선을 베푸는 것이야말로 지혜를 얻고 지도자로 성장하게 되는 원동력이라고 믿었고, 자녀들에게 좋은 친구를 사귀고 검소하고 균형 있는 생활을 하도록 교훈했습니다. 또한 그들은 가정에서 자녀들에게 직업에 대한 의식을 갖게 하고 필요한 기술을 배울 수 있도록 했는데 이런 모든 것을 통해 유대인 부모들은 그들의 자녀들이 전인적으로 성장하도록 도왔습니다.[282]

정리해 보면 유대인의 가정 교육은 "하나님, 민족, 지혜"라는 핵심 가치를 지키는 교육이었습니다. 그런데 유대인 가정 교육의 특징을 보여주는 이 세 가지는 서로 별개의 것으로 분리된 것이 아니라 하나님을 향한 '신앙 교육'이라는 하나에 연결된 부분입니다. 왜냐하면 이스라엘의 민족 정신은 선민 의식에서, 즉 하나님의 택함받은 백성이라는 민족적 정체성에서 오는 것이고, 삶의 지혜 역시 하나님의 말씀에서부터 나오기 때문입니다.

(3) 삶을 통한 가르침

언젠가 EBS에서 유대인 가정을 방문해 그들의 가정 교육의 모습을 다큐멘터리로 방영한 일이 있습니다.[283] 다큐멘터리를 보는 내내 가정 안에서 철저한 신앙 중심의 삶과 교육이 이루어지고 있는 것이 보였습니다. 메주자, 테필린 등의 신앙 용품이 사용되는 것과, 유대인 아버지가 정해진 시간에 기도하는 모습, 또한 하나님의 말씀인 토라를 공부하기 위해 히브리어를 배우고, 일정한 나이가 되면 아이들 하나하나에게 개인적으로 말씀을 가르치는 것 등이 매우 인상적이었습니다.

아이들이 아주 어렸을 때부터 교육하는 조기 교육의 모습도 볼 수 있었습니다. 3살이 된 딸에게 짧은 옷을 벗기고 긴팔 옷을 입히자, 기자가 유대인 어머니에게 이런 질문을 던졌습니다. "아이가 왜 이런 긴팔 옷을 입어야 하는지 묻지 않나요?" 유대인식의 정숙 교육에 대해 아이가 반발하지는 않는지를 물은 것입니다. 그러자 유대인 어머니는 이렇게 대답했습니다. "아이는 다른 것을 모릅니다." 어리둥절해하는 기자에게 어머니는 다시 설명했습니다. "우리 집에는 텔레비전이 없습니다. 아이들은 텔레비전을 모르기 때문에 '텔레비전을 봐도 돼요?'라고 요구하지 않습니다. 몰라서 요구하지 않는 것입니다. 무엇이든지 어려서부터 가르치면 됩니다." 잠언 22장 6절에 "마땅히 행할 길을 아이에게 가르치라"라는 말씀이 있습니다. 유대인 어머니의 대답은 부모로서 우리가 해야 할 일은 아이에게 어려서부터 마땅히 행할 길을 가르치는 것이라는 답변입니다. 아이가 어려서부터 배운 그 말씀이 그 아이의 삶의 모습을 만들어간다는 것입니다.

또 아침과 저녁에 토라를 암송하고 기도하는 모습, 자기 전에는 깨끗한 물을 떠서 대야에 담아놓는 모습, 잠자리에 들기 전에 부모님과 함께 베갯머리 독서를 하고, 12개의 기도문을 읽고 암송하는 모습도 보였습니다. 이들은 이런 일상 속의 규칙적인 의식의 반복과 하나님의 말씀을 암송하고 기도하는 일들을 통해 하나님과의 관계, 부모님과의 관계, 형제자매와의 관계 등에서 익혀야 할 것들을 배우고 그것이 몸과 마음에 완전히 체득되도록 하고 있었습니다.

이외에 유대인들은 안식일 저녁에는 촛불을 밝히고 미리 준비한 음식을 먹고 회당에 갑니다. 이런 매일매일의 반복, 일주일의 반복, 1년의 반복이 유대인으로서의 삶을 아이들의 몸에 배어들게 했음이 너무나도 분명합니다. 더하여서 아이가 태어나면서부터 시작되는 유대인으로서의 의식과 예식은 하나님을 섬기는 것이 생활 속에 스며들게 하는 매우 중요한 교육 방법입니다. 유대인들은 안식일, 성인식, 유월절과 초막절 같은 절기를 지킵니다. 이런 예식에 참여함으로써 유대인은 유대인으로서의 정체성을 가지고 자라게 됩니다.

정리해 보면 유대인 가정의 자녀 교육은 하나님이 그들을 위해 하신 일을 기억하도록 돕는 것, 하나님의 말씀을 암송하게 하고, 신앙적인 삶이 몸에 배도록 지속적으로 반복하게 하는 것, 예식을 통해 보고 듣고 이야기하고 맛보는 방법을 통해 하나님이 하신 일을 기억하고 하나님의 백성 됨을 경험하게 하는 것으로 이루어져 있습니다. 이런 일상의 반복을 통해 신앙 형성을 하는 데 가장 중요한 시기를 함께 보낼 수 있다는 것이, 가정에서의 신앙 교육이 가진 가장 강력한 무기라는 생각을 하게 됩니다.

B. 탈무드 교육과 하브루타 교육

(1) 탈무드 교육

유대인 교육의 특징을 이야기할 때 빠지지 않는 것이 있다면 "탈무드 교육"과 "하브루타 교육" 방법입니다. 먼저 "탈무드"는 히브리어로 배움을 뜻하는 말로 서기 1세기부터 6-7세기까지 600년 이상에 걸친 랍비들의 가르침을 기록한 책을 가리킵니다.[284] 탈무드가 생겨난 과정은 이렇습니다. 유대인들은 구약 성경의 한 구절 한 구절 혹은 한 글자 한 글자를 읽고 그 모든 행을 분석하고 설명했는데, 이 때문에 성서 각 권에 대한 주석과 해석을 모은 문헌인 "미드라쉬"가 생겨났습니다. 그런데 이 미드라쉬는 성경의 권과 절별로 내용이 정리되어 있어서 특정한 주제를 연구할 때 불편함이 있었습니다. 이런 불편함을 해결하기 위해, 3세기 초 랍비 예후다 하나시가 미드라쉬를 주제별로 정리한 '미슈나'를 편찬했습니다. 미슈나는 6개의 큰 주제를 나누고, 이 주제들 아래 다시 소주제들로 나누어 개별적인 주제들에 대한 다양한 가르침을 담게 되었습니다. 미슈나는 시간이 지남에 따라 확장되기 시작했습니다. 그러다가 미슈나가 거의 완성될 무렵, 다시 미슈나로 설명하지 못하는 사례들이 생겨나기 시작했습니다. 그러자 이전 세대의 랍비들이 구약 성경을 당대에 적용하기 위해 연구했던 것처럼, 랍비들은 미슈나를 면밀히 조사하고 분석하고 해석하며 그것을 자신들의 시대와 상황에 어떻게 적용해야 할지를 토론하여 정리하기 시작했습니다. 이것이 후에 "게마라"라고 알려지게 되었습니다. 탈무드란 바로 이 미슈나와 게마라를 통틀어 일컫는 말

입니다.[285]

> **구약 성경:** 토라(תּוֹרָה, 모세 오경), 네비임(נְבִיאִים, 선지서), 케투빔(כְּתוּבִים, 성문서)
> - 미드라쉬: 구약 성경의 권별 주해 및 해설
> - 미슈나: 미드라쉬를 주제별로 편찬한 책 + 각 주제에 대한 랍비들의 교훈과 가르침
> - 게마라: 미슈나에 대한 주해 및 해설 + 각 주제에 대한 랍비들의 교훈과 가르침
>
> **탈무드:** 미슈나 + 게마라

탈무드의 특별한 점은 이 책이 하나님의 뜻을 당대의 시대적 상황과 처한 환경 속에서 적용해 보려는 노력에서 비롯되었다는 점과, 그 주제를 중심으로 다양한 토론이 담긴 내용들이 함께 기록되어 있다는 점입니다. 즉 구약의 어느 구절을 인용한 다음 이 구절에 담긴 하나님의 뜻을 찾거나 이것을 어떻게 실천해야 하는지를 묻고 나서, 그에 대한 랍비들의 다양한 의견과 생각을 적어놓은 책이 바로 탈무드입니다.

탈무드의 또 다른 특징은 탈무드를 기록한 랍비들이 "연관의 논리"[286]를 구사한다는 점입니다. 연관의 논리란 어떤 문제에 대해 생각하다가 이 문제와 연관된 다른 생각을 떠올리고, 또 그것과 연관된 또 다른 생각을 떠올리게 만드는 방식을 말합니다. 랍비 마이클 카츠와 거숀 슈워츠(Michael Karz and Gershon Schwartz)는 인생의 모든 것이

서로 밀접히 연관되어 있고 서로 의존하는 것처럼 "탈무드의 모든 것은 서로 밀접히 연관되어 있고 서로 의존한다. 어떤 글도 우리를 모든 주제로 이끌 수 있기에 모든 글은 유의미하고 개별적이다"[287]라고 말했습니다. 이들의 말처럼 탈무드는 좁은 의미에서 어느 한 가지 주제나 논의에 초점을 맞추어 끝까지 내용이 전개되는 방식이기보다는, 넓은 의미에서 주제와 연관된 다양한 내용들이 다루어지는 방식을 취하고 있습니다. 이런 연관의 논리에 바탕을 둔 전개 방식은 전인 교육의 중요한 특징인 상호 연결성, 관계성 등을 생각하게 합니다.

유대인들이 탈무드를 공부하는 이유는 분명합니다. 그것은 바로 영적인 성장과 성숙을 위해서입니다. 심지어 전통적인 유대인 가정의 경우는 결혼 후 1년 간 아내가 일을 해서 가정을 꾸리면서 남편은 탈무드 학교에 보내 말씀을 연구하며 살게 하는데, 이렇게 하는 이유는 사회로 나가기 전에 가장이 영적으로 성숙해지도록 돕기 위한 것입니다.

(2) 하브루타(חֲבְרוּתָא) 교육

"하브루타"란 두 명의 파트너가 서로 대화를 통해 구약 성경 본문의 의미를 해석하던 고대 유대인들의 방식을 가리키는 말입니다. 하브루타의 어원적 뿌리는 '하베르(חָבֵר)'로 친구를 뜻합니다. 결국 하브루타란 공부하는 파트너를 가지는 것, 즉 배움에 있어서 서로에게 친구가 되어주는 행위를 말합니다.[288]

유대인들은 혼자 하는 공부보다 함께하는 공부를 선호하고, 말하면서 공부하도록 가르쳤습니다. 유대인 어린이들이 회당에서 탈무드를 공부할 때 가장 먼저 하는 것도 짝을 지어 큰 소리로 읽는 것입니다. 이렇게 읽고 서로가 서로에게 자신이 아는 것을 설명하거나 질문하고, 혹은 토론하고 논쟁하는 것을 통해 내가 아는 것과 모르는 것이 명확히 정리되고 서로를 통해 배우는 효과를 얻게 하는 것이 바로 하브루타입니다.

하브루타가 서로의 생각을 나누고 토론함으로써 배움에 이르게 하는 것임을 생각해 보면, 유대인들이 탈무드를 공부할 때 하브루타를 하는 것은 너무나 당연해 보입니다. 왜냐하면 탈무드 자체가 하나님의 말씀을 자기 시대에 적용하기 위한 목적으로 설명하고 토론하고 서로 다른 생각과 의견을 가진 이들의 생각을 모은 것이기 때문입니다.

이런 유대인 가정의 교육 방법은 배움의 현장에서 궁금증이나 질문이 사라지게 만들고, 주로 혼자서 암기 위주로 공부하게 하는 우리의 교육 모습과 많은 차이를 보입니다. 사실 우리는 자라면서 점점 더 질문을 불편하게 여기고 침묵하는 경우가 많습니다. 우리와 우리의 아이들이 질문을 하지 않는 이유는 정답을 찾는 것에 익숙한 우리의 교육과 사회의 문화적인 요인이 강하게 작용했기 때문이라고 생각됩니다. 우리는 어려서부터 정답이 아닌 것을 말했을 때 창피함과 비난을 당하기 일쑤였으니까 말입니다. 하지만 서로 질문하고 대답하는 과정을 통해 생각을 나누고 더 깊은 배움으로 나아가게 돕는 일은 아이를 전인적으로 성장시키는 데에 매우 중요합니다. 질문하고 대화하고 토론하면서 아이들의 배움이 지식적인 것에 머물러 있지 않고 삶에서 실천되는 살아 있는 배움이 될 수 있기 때문입니다.

정리해 보면 유대인 가정 교육은 토라와 탈무드라는 드러난 교육 과정과, 아울러서 부모님의 삶의 모습, 가정의 분위기, 여러 가지 상징물과 유대인 공동체의 모습이라는 잠재적 교육 과정, 그리고 반복, 토론, 암송, 실물 교육, 예식 참여를 통한 시청각 교육 등의 다양한 교육 방법을 통해 이루어집니다. 이들의 교육은 신앙 교육을 중심으로 한 전인 교육입니다. 즉 영적, 사회-정서적, 지적, 신체적인 면 모두의 균형적인 성장을 돕는 교육입니다. 유대인들은 이런 전인적 양육을 통해 하나님을 향한 언약의 계승이 일어나게 하고, 자녀들이 유대인답게 자라도록 돕고 있습니다.

> **유대인 교육:** 신앙 교육을 중심으로 한 전인 교육
> **형식적 드러난 교육 + 잠재적 교육 과정 + 통합적 교육 방법**

4) 그리스도의 주 되심을 분명히 알게 하라

자녀 교육에 관해 유대인의 가정 교육에서 배울 것이 많지만, 한 가지 짚고 넘어가야 할 부분은 전통적인 유대인의 교육에는 예수님을 메시야로 인정하는 것과, 예수님을 왕으로 모시는 일, 즉 그리스도의 주 되심(Lordship)과 그리스도의 왕 되심(Kingship)에 대한 인식이나 강

조가 없다는 점입니다. 따라서 유대인들이 하는 모든 수고와 노력들은 율법을 따라 사는 전통적인 유대인을 만들어내기는 하지만, 예수님을 자신의 구주로 모시고 예수님을 위해 살아가도록 하지는 못하며, 이 땅에서 예수님을 위해 희생하는 삶을 사는 이들을 길러내지는 못한다는 것입니다. 단적으로 유대인 가운데 구약에 정통한 랍비들이나 하나님이 만드신 세상을 이해하는 일에 정통하여 노벨상까지 수상한 사람은 많지만, 오늘날 복음 전도자나 선교사로서 많은 사람을 예수님께로 돌이키게 한 사람은 찾아보기 힘든 것이 좋은 예가 될 것입니다.

이런 유대인 가정의 모습은 신앙 교육의 가장 중심에 다른 무엇보다 구원자이신 예수님에 대한 강조가 있어야 함을 생각하게 합니다. 우리가 아이들을 성경을 잘 알고 기독교적인 문화 속에서 살아가는데 익숙하게 만드는 일에만 집중하고, 예수님을 나의 주인으로 나의 왕으로 모시고 살아가는 일에는 부족하게 만든다면, 기독교적인 문화에 익숙한 아이들을 만들어내는 일에는 성공할 수 있겠지만 그리스도의 헌신된 제자를 양육하는 일은 감당하지 못할 것입니다. 주일 아침 교회에 모여 예배드리는 종교적인 행위에는 익숙하게 할 수 있을지 모르지만, 흩어지는 교회로서의 사명에는 무관심한 나약한 그리스도인들을 길러내게 될 것입니다.

우리가 하는 어떤 종류의 신앙 교육이든 관계없이 그것이 진정으로 하나님이 기뻐하시는 것이 되려면, 예수님의 주 되심, 예수님의 왕 되심을 분명하게 인식하고 예수님처럼 자라게 하는 일에 최선을 다해야 합니다.

5) 자녀를 전인적으로 양육하라

마지막으로 우리가 해야 할 일은 지금까지 우리가 나누고 배운 것을 실천하는 것입니다.

A. 사명감 갖추기

먼저 필요한 것은 부모로서 하나님이 우리에게 부여하신 양육의 사명을 진지하게 받아들이는 것입니다. 참된 교육은 자기 통제가 가능한 자녀를 키워낼 책임을 의식하고 있는 부모로부터 시작되기 때문입니다.[289] 부모인 우리는 하나님이 우리에게 자녀를 말씀으로 양육할 사명을 주셨고, 아이들이 전인적으로 자라도록 하기 위해 전인적 양육자로서의 역할을 감당해야 한다는 것을 깊이 인식해야 합니다. 또한 우리 아이가 예수님을 만나고 예수님처럼 자라게 하기 위한 수고를 기쁘게 감당하겠다는 마음을 가져야 합니다.

B. 자녀 양육의 목적을 분명히 하기

하나님이 맡기신 일이 무엇인지 인식하고 그것을 감당하겠다는 마음을 가졌다면, 부모인 우리가 그다음 해야 할 일은 자녀 양육의 목적을 분명히 하는 것입니다.

다음세대 양육을 생각할 때 가정이나 사회가 가진 신념이나 가치, 그리고 다음세대 양육의 목적에 따라 구체적인 양육의 모습이 달라진다는 것은 분명한 사실입니다. 우리가 잘 아는 것처럼 그리스의 두 도시 국가였던 스파르타와 아테네는 그 사회가 가진 신념이나 가치가 달랐고 교육 목적도 달랐습니다. 스파르타는 국가의 이익을 위해서만 개인이 존재한다는 생각 아래, "국가를 위한 개인의 소멸"이라 불릴 정도로 오로지 강한 군대를 육성하기 위한 목적에 따라 교육을 생각했습니다. 이와는 달리, 아테네는 철저히 개인주의적인 사고에 바탕을 두고 개인을 위한 교육을 했는데, 그들의 교육 목적은 "문화 육성을 위한 인재 양성"이라 불릴 만했습니다. 하지만 유대인의 교육은 신학자 윌리엄 바클레이(William Barclay)의 표현처럼 "하나님을 섬기기 위한 개인적인 훈련"이었습니다. 히브리 교육의 목적이 하나님의 언약 백성으로서의 정체성을 갖게 하기 위한 것임이 너무나도 분명했기 때문입니다.[290]

우리는 무엇을 자녀 교육의 목적으로 삼고 있나요? 안타깝게도 많은 그리스도인의 가정에서 신앙 계승이 이루어지지 않고 있는 이유가 하나님의 자녀로서 분명한 정체성을 갖게 하겠다는 목표가 약하기 때문은 아닐까요?

(1) "예수님께로 인도하라", "예수님처럼 자라게 하라"

그리스도인인 우리가 자녀 양육을 위해 가져야 하는 가장 최고의 목표는 '내 아이를 예수님께로 인도하는 것'입니다.

여호수아는 죽기 전 마지막 설교에서 분명하게 이렇게 고백했습니다. "오직 나와 내 집은 여호와를 섬기겠노라"(수 24:15). 광야 40년의 세월 동안 하나님을 온전히 섬기지 않아 약속의 땅에 들어가지 못했던 출애굽 1세대의 모습을 보면서 여호수아가 가졌던 최고의 소망이 여호와만을 섬기는 것이고, 하나님에 대한 신앙이 나의 가정에서 끊어지지 않기를 바라는 것이었음을 알 수 있는 대목입니다. 여호수아의 선언과 기대처럼 우리도 내가 예수님을 섬기는 사람이 되는 것뿐 아니라 우리 가정이 예수님을 섬기는 신앙 공동체로 온전하게 세워지기를 기도해야 합니다. 따라서 우리 가정의 교육 목표가 있다면 아이들을 데리고 예수님을 찾아왔던 부모들처럼 우리의 자녀들이 예수님을 인격적으로 만나는 것이어야 합니다. 그들이 예수님을 만나고, 예수님을 자신의 주님으로 구원자로 믿고 따르며, 예수님을 자신의 삶에서 왕으로 모시고 살아가게끔 하는 것이 되어야 합니다.

두 번째로 부모인 우리에게 필요한 것은 '우리 아이를 예수님처럼 자라게 하겠다는 결단과 기대'입니다. 키와 지혜가 자라셨던 예수님, 하나님과 사람에게 더욱 사랑스러워 가셨던 예수님의 성장이 우리 아이들의 모델이 되도록 기도하고 애쓰며 예수님처럼 자라도록 도와야 합니다.

C. 구체적인 행동과 결단 보이기

이렇게 우리 아이가 예수님을 만나고 예수님처럼 자라게 돕기 위해서는 부모로서의 결단과 준비가 있어야 합니다.

에스라 7장 10절 말씀입니다. "에스라가 여호와의 율법을 연구하여 준행하며 율례와 규례를 이스라엘에게 가르치기로 결심하였었더라." 부모인 우리에게도 이와 같은 결단과 실천이 필요합니다.

(1) 말씀을 연구하고 묵상하겠다.

에스라가 그러했던 것처럼, 부모인 우리도 '내가 먼저 말씀을 연구하고 묵상하겠다. 내가 먼저 그 말씀을 실천하겠다'는 결단이 필요합니다. 하나님의 말씀을 연구하고 묵상할 뿐 아니라 그 말씀을 내 안에 새기는 작업을 먼저 해야 합니다.

(2) 말씀을 준행하겠다.

연구하고 묵상한 그 말씀을 부모인 내가 먼저 실천해야 합니다. 본이 되어야 합니다. 부모인 내가 하나님의 말씀을 지키려고 애쓰면 애쓸수록, 본이 되면 될수록, 그 말씀을 자녀들이 듣게 하는 권위가 생겨납니다.

(3) 말씀을 가르치겠다.

마지막으로 이렇게 연구하고 묵상하여 내 안에 새긴 말씀, 그리고 삶 속에서 그대로 살아가기 위해 애쓴 그 말씀을 최선을 다해 가르치려는 노력이 필요합니다. '전달'에 가장 중요한 것은 전달하려는 열정과 간절함입니다. 부모인 우리는 자녀들이 예수님을 만나고 예수님처럼 자라야 한다는 간절함을 가지고 아이들이 이해할 수 있는 언어로, 삶 속에서 들을 수 있는 언어로, 깨달을 수 있게 가르치는 것이 필요합니다.

D. 시도하라

가르치기 위해 가정에서 할 수 있는 여러 가지 방법이 있습니다. 그런데 이런 방법을 나누기에 앞서 다시 한번 강조해야 할 것은 그것이 무엇이든지 간에 '시도하라'는 것입니다. 사실 그 어떤 방법보다도 중요한 것이 있다면, 내 아이의 신앙 교육을 위해 부모가 시간을 만들어내고 이를 실천하는 것입니다.

(1) 가정 예배/가정 큐티

신앙 교육에서 가정 예배는 무엇과도 바꿀 수 없는 가장 중요한 실천입니다. 하지만 지속적으로 가정에서 아이들과 예배하는 가정보다 그렇지 못한 가정이 더 많은 것이 현실입니다. 왜 그럴까요? 사실 부모인 우리가 그것을 몰라서 못한다거나, 가정 예배를 돕는 자료가 없어서 하지 못하는 것은 아닙니다. 정말 우리에게 부족한 것이 있다면 가정 예배를 대하는 나와 우리 가족의 태도, 특별히 우리의 우선순위가 아닐까 생각합니다.

그런데 가정 예배를 향한 가족들의 태도를 바꾸고 우선순위를 갖게 하려면 부모가 먼저 형편이 어떠하든 최선을 다해 예배 시간을 만들고 지키려는 노력을 보여야 할 필요가 있습니다. 결국, 가정 예배를 정착시키는 일은 부모의 헌신과 노력 없이는 되지 않습니다.

가정 예배를 세우기 위해 필요한 일들이 있습니다. 먼저 예배에 대한 가족의 마음을 모으고 함께 시간을 정해야 합니다. 시간을 정할 때의 원칙은 최소 주 1회 가족 모두가 모일 수 있는 시간에 한다는 것입니다. 역사적으로 네덜란드 개혁 교회의 가정은 식사 시간을 가정 예배 시간으로 지켜왔습니다. 가족이 함께 식사하는 문화가 강한 그들에게는 식사 시간에 예배를 드리는 일이야말로 매일 가정에서 예배를 드릴 수 있는 방법이라고 본 것입니다.[291] 네덜란드 개혁 교회 가정의 모습이 이상적으로 보이기는 하지만 너무나 복잡하고 다양한 우리의 문화와 여건 속에서 동일하게 적용하기는 어렵다는 생각이 듭니다. 하지만 중요한 것은 1주일에 최소 한 번 이상이라는 원칙에 따라 우리 가정의 형편에 맞는 시간을 정하고, 그 뒤에는 최선을 다해 지켜감으로써 그것이 가정의 문화가 되고 가족 모두의 습관이 되게 하는 것입니다.

가족들이 마음을 모아 시간을 정했다면 그다음 해야 할 일은 예배 시간이 지루하지 않고 즐거울 수 있는 방법을 찾는 것입니다. 예를 들어 예배 시간에 부를 찬양은 아이들이 정하게 하고, 아이들이 좋아하는 쉬운 찬양으로 함께 부르는 것이 좋습니다. 아이들이 글을 읽을 수 있다면 너무 길지 않은 본문을 정해 돌아가면서 정해진 성경을 읽고, 궁금한 것을 물어보게 하거나 마음에 와닿은 말씀을 나누는 것도 좋습니다. 중요한 것은 장황한 설명이나 잔소리처럼 들릴 이야기를 삼가고, 아이 스스로가 생각하고 깨닫게 돕는 방식으로 전인적 성장을 돕는 질문과 대화를 해야 한다는 것입니다. 그리고 나서 가족 모두가 하나님께 기도하는 것으로 간결하면서 지루하지 않게 진행하는 것이 가정 예배를 꾸준히 할 수 있는 비결입니다.

큐티(Q.T)란 Quiet Time의 줄임말로, 하나님과 함께하는 조용한 시간을 갖는 것을 말합니다. 마가복음 1장 35절을 보면 예수님이 바쁜 일상과 예수님을 찾는 많은 사람들을 떠나 한적한 곳을 찾아가셨고 그곳에서 기도하셨음을 알 수 있습니다.

> 새벽 아직도 밝기 전에 예수께서 일어나 나가 한적한 곳으로 가사 거기서 기도하시더니.

큐티란 바로 이런 예수님의 모범을 따라, 다른 것에 방해받지 않는 시간과 장소에서 하나님과 개인적인 교제를 나누는 시간을 갖는 것, 즉 개인적으로 하나님의 말씀을 읽고 묵상하며 기도하는 것을 말합니다. 큐티가 기본적으로 나와 하나님과의 개인적인 만남이기는 하지만, 아이들의 경우에는 부모의 도움이 필요한 부분이 있습니다. 예를 들어, 아이가 어리다면 부모가 말씀을 한두 구절 읽어준 뒤에 간단하게 설명하거나 들은 말씀에 대해 질문하여 아이의 묵상을 도울 수 있습니다. 좀 더 큰 아이들의 경우는 스스로 말씀을 읽은 뒤 말씀에 대해 질문을 하게 하거나 자신의 깨달음을 나누도록 하는 것이 좋습니다. 어린아이들이 좀 더 쉽게 큐티를 할 수 있도록 돕는 다양한 교재들이 있는데, 아이의 눈높이에 맞는 큐티 책을 구입해서 아이 스스로가 정해진 시간에 하나님의 말씀을 읽고 묵상하며 기도하는 습관을 갖게 하는 것도 좋은 방법이 될 것입니다.

특별히 이렇게 가족 모두가 동일한 말씀을 읽고 개인적으로 묵상하는 시간을 가진 뒤에는 각자의 깨달음과 적용을 나눔으로써 개인

큐티에서 가정 큐티로 이어지게 한다면, 가족 모두의 영적인 성장을 돕는 좋은 신앙 훈련이 될 것입니다. 가정 예배와 마찬가지로 가정 큐티 역시 간단하고 짧더라도 지루하지 않게 규칙적으로 오래 지속되는 것이 중요합니다.

(2) 밥상머리 교육

밥상머리 교육은 말 그대로 가족이 함께 모이는 식사 자리를 교육의 장으로 활용하는 것입니다. 특별히 그리스도인에게 이 말은 식사 자리를 좋은 신앙 교육의 장으로 삼겠다는 뜻이 됩니다. 사실, 어느 문화에서나 식사 자리는 좋은 교육의 자리였습니다. 가족이 함께 모이고 그 가정 혹은 속한 문화의 식사 예절에 따라 식사를 하고 대화를 나누는 시간이었기 때문입니다.

식사 자리가 좋은 신앙 교육의 장이 되기 위해서는 식사 때마다 진심으로 하나님께 감사하고, 가족 모두가 함께 참여하여 즐겁게 식사를 하는 것이 중요합니다. 이렇게 함께 식사를 나눌 때마다 하나님을 기억하는 것, 하나님께 감사하며 음식을 즐겁게 먹는 것만으로도, 아이들은 하나님이 우리의 창조주이시고 우리의 필요를 채우시는 분이라는 사실을 자연스레 알아가게 될 것입니다.

여기서 좀 더 발전시켜 유대인의 안식일 식사와 같이 특별한 식사 자리를 만들어 신앙 교육으로 활용하는 것도 좋습니다. 매일 매번의 식사를 함께하지 못하더라도 가족이 함께 정한 날이나 혹은 기념일이나 명절과 같이 가족이 함께 모이는 날을 신앙 교육의 장이 되게 하는 것입니다.

이렇게 하기 위해서는:

① 가정 예배의 경우와 마찬가지로 가족 모두가 함께할 수 있는 식사 시간을 정하고 이를 지켜가는 노력이 필요합니다.

② 특별한 음식을 준비하거나, 특별한 장식을 하거나, 아이들과 함께 음식을 준비하는 등 식사 준비 방식을 바꾸는 방법으로 이날이 가족이 함께하는 특별한 식사라는 것을 아이들이 느낄 수 있도록 합니다.

③ 식사가 준비되면 〈날마다 우리에게 양식을 주시는〉과 같이 짧지만 즐거운 찬양을 함께 부르고 기도합니다.

④ 서로가 서로를 향해 감사를 표현한 뒤 정성껏 준비한 음식을 나눕니다.

⑤ 음식을 먹으며 혹은 어느 정도 음식을 먹은 후에 자연스럽게 아이들과 서로의 삶에 관해 묻거나 답하고, 성경 또는 삶의 여러 주제에 대한 의견을 나누고 생각을 공유합니다. 특별히 아이들이 궁금해하는 것이 무엇이든 혹은 어떤 생각을 가지고 있든 간에, 서로가 서로를 깊이 용납하는 가운데 생각을 나누고 성경적인 시각으로 그것을 바라보고 해결해 갑니다.

⑥ 식사 후 함께 정리를 마칠 때까지 밝고 감사하는 분위기를 지켜갑니다.

(3) 베갯머리 교육

베갯머리 교육, 즉 잠자기 전 자녀들과 함께하는 시간을 갖는 것도 아이들을 전인적으로 양육하는 좋은 방법입니다. 잠자기 전에 간단한 성구를 아이와 함께 암송하거나, 하루를 지내면서 하나님께 감사했던 것을 한두 가지 나누는 것, 좋은 책을 읽고 생각을 나눈 뒤 기도로 하루를 마치는 것, 스스로 씻고 정리한 뒤 서로를 위해 기도해 주는 것 등, 우리 가정의 형편과 자녀들의 연령 및 발달에 맞는 방법을 찾아 꾸준히 그 시간을 지키는 것이 중요합니다. 이렇게 함으로써 배운 말씀이 아이들의 삶 속에 스며들고 습관으로 자리 잡도록 도울 수 있습니다.

막내를 기르면서 생긴 일입니다. 늘 "하루를 마치고 잠자리에 들기전에 꼭 아빠한테 와서 같이 기도하고 자야 해"라고 가르쳤는데, 어느 날은 책상에 앉아 영상 수업을 진행하고 있던 제 방의 문이 열리더니 졸린 눈을 비비며 막내가 들어왔습니다.

"아빠, 기도하고 자야 해요…."
"아빠 지금 바빠. 강의 중이거든."
"… 그럼 저는 언제 와요?"

동그란 눈망울로 아빠의 대답을 기다리는 아이에게 답변은 생략한 채 저는 눈짓과 손짓을 사용해 아이를 방에서 내보냈습니다.

강의를 마치고 침대에서 아내와 함께 잠이 든 아이를 보면서 제 마음이 아파왔습니다. 이 저녁 배겟머리에서 '아이는 무엇을 배웠을까? 나는 무엇을 가르쳤을까?'라는 생각이 들었기 때문입니다. 강의를 잠시 멈추고 아이와 함께 기도했다면 막내 희원이에게 영원히 남을 좋은 가르침을 주었을 텐데라는 아쉬움이 지금도 남아 있습니다. 바쁜 일상을 살아가는 우리가 회복해야 할 시간이 바로 가족이 함께 하는 시간이고, 그만큼 힘을 들여 지키려는 노력을 할 때에만 지킬 수 있는 것이 내 아이들을 위한 시간이라는 생각이 듭니다.

(4) 동행 교육

예배, 큐티, 밥상머리 교육, 베갯머리 교육과 같이 오랜 세월 신앙의 선배들을 통해 전수된 가정 신앙 교육 방법 외에도, 아이의 등하교를 위해 동행하거나 차를 타고 자녀와 함께 이동하는 시간들도 좋은 신앙 교육의 장이 될 수 있습니다.

아침 등굣길이라면 잘 잤는지, 아픈 곳은 없는지 물어보고, 오늘 하루 해야 할 일이나 만날 사람들에 대해 이야기를 나눈 뒤, 하루를 주신 하나님께 감사하고 하루의 일정을 맡기는 기도를 합니다. 이동 거리가 길어서 좀 더 여유 있는 시간이라면 짧게나마 아이의 관심사에 대해서, 학교생활이나 친구 관계에 대해서, 혹은 또 다른 주제에 대해 서로 이야기를 나누고 기도함으로써 성경적인 시각을 훈련할 수 있습니다.

성경은 부모들에게 "집에 앉았을 때에든지 길을 갈 때에든지 누워 있을 때에든지 일어날 때에든지"(신 6:7), 즉 가능한 모든 시간에 "네 손목에 매어 기호를 삼으며 네 미간에 붙여 표로 삼고 또 네 집 문설주와 바깥 문에 기록할지니라"(8-9절), 즉 가능한 모든 방법을 사용하여 하나님의 말씀을 자녀들에게 가르치라고 말씀합니다. 그러므로 신앙 교육을 위해 시간을 내고 우리 아이에게 맞는 창의적인 방법을 찾아가는 일은 부모인 우리가 최선을 다해야 할 일입니다.

6) 성령님의 도우심을 기도하라

이런 최선의 노력과 아울러서 성령의 도우심을 구하는 일에도 게으르지 말아야 합니다. 부모인 우리는 하나님이 나를 부모로 교사로 세우셨음을 인식하고 그 사명을 더 잘 감당하게 해달라고 성령의 기름 부으심을 위해 기도해야 합니다. 하나님의 말씀을 깨닫고 이해하기 위해 성령의 조명하심을 구하며 기도해야 합니다. 또한 부모로서의 사명을 잘 감당할 수 있는 능력을 얻기 위해 기도해야 하고, 삶 속에서 적절하게 하나님의 말씀을 적용할 수 있게 도와달라고 간절히 기도해야 합니다.

성령님은 우리의 연약함을 도우시는 분입니다. 심지어는 우리가 무엇이라고 기도해야 할지조차 모를 때에도 우리를 위해 말할 수 없는 탄식으로 중보해 주시는 분입니다(롬 8:26). 우리는 좋은 부모가 되려는 마음, 내 아이를 예수님처럼 전인적으로 자라게 하려는 거룩한 부담까지도 하나님께 맡기며 기도해야 합니다. 우리를 도우시는 성령님께 의지해야 합니다.

우리는 지금까지 가정이 무엇인지, 부모로서 우리가 어떻게 우리 아이들의 전인적 성장을 지지하고 도울 수 있을지를 살펴보았습니다. 하나님은 부모인 우리에게 신앙 전수의 사명을 주셨습니다. 우리는 이 사명에 대한 인식에서 출발하여, 자녀를 예수님께로 인도하고 예수님처럼 자라게 하겠다는 분명한 목표 아래 전인적인 양육을 실천함으로써, 아이들이 그리스도인답게 자랄 수 있도록 성경적인 가치관을 가지고 커갈 수 있도록 도와야 합니다.

특별히 가정에서도 아이에게 말씀을 가르치는 일에 힘써야 합니다. 부모가 아이에게 말씀을 가르칠 때, 아이들은 부모님이 자신을 사랑한다고 느끼게 됩니다. 부모님이 나를 위해 시간을 내고 나에게 집중한다고 느끼기 때문입니다. 또한 말씀을 깨닫고 적용해 가면서 바른 가치관을 형성하게 됩니다. 더 나아가 무엇보다도 신앙적으로 건강하게 자라게 됩니다. 이런 일에 동역하는 우리 모두가 되어야 합니다.

III. 전인적 양육 과정의 평가

전인적 양육을 이해하고 필요한 준비를 갖추고 그것을 실천하고 있다면, 마지막으로 우리가 해야 할 일은 평가입니다.

1. 교육 평가란?

1) 정의와 기능

교육에서 평가란 어떤 "교육 과정의 가치를 판단하는 활동"을 말합니다.[292] 교육의 목적이 온전한 인간을 만드는 일이라고 할 때, 일련의 교육 과정을 통해서 실제로 사람들의 모습에 변화를 가져왔는지를 판단하는 행위, 즉 교육 과정과 교수 프로그램에 의해 교육의 목표가 얼마나 달성되었는가를 판단하는 행위가 바로 평가입니다.[293]

평가는 가르치는 사람에게든 배우는 아이들에게든 부담스러운 것이 사실입니다. 하지만 평가를 통해 얻게 되는 정보를 활용하여 더 나은 교육을 제공하고 제공받을 수 있기 때문에 꼭 필요한 것입니다. 실제로 평가는 우리 아이들이 제시된 목적을 얼마나 성취했는지에 관한 정보를 제공해 줍니다. 우리는 이 정보를 바탕으로 아이들에게 어떤 도움이 필요한지를 판단할 수 있습니다. 평가는 가르침의 질에 대한 피드백을 제공해 줍니다. 따라서 가르치는 이로서 나의 어떤 점을 더 발전시켜야 하는지도 알 수 있습니다. 더 나아가 평가는 교육 과정에 관한 정보도 얻게 해줍니다. 당연히 더 나은 교육 과정, 양육 프로그램을 만들어가는 데 도움을 줍니다.

기독교 교육에서도 평가는 매우 중요하고 필요한 것입니다. 임영희는 우리가 신적인 메시지인 하나님의 말씀을 다루고 있기 때문에 하나님의 말씀이 아이들에게 잘 전달되고 있는지, 말씀이 그들의 삶을 변화시키고 있는지 엄격하고 상세하게 평가하려는 노력이 있어야 한다고 말했습니다. 그렇게 할 때에만 우리가 하는 기독교 교육이 제대로 이루어지는지를 탐색할 수 있기 때문이라는 것입니다.[294] 하지만 기독교 교육에서 평가는 오랫동안 방치된 부분 가운데 하나였습니다. 물론 합동 교단에서 오랜 세월 시행해 온 성경 고사 대회와 같은 행사가 있지만, 학교의 기말고사처럼 성경의 지식을 평가하는 것에 치중해 있고, 점수에 따라 등수를 매긴 뒤 시상만 할 뿐, 평가의 결과가 아이의 부족함을 채우는 도구로 활용되거나 말씀 교육의 질을 향상시키는 것으로는 연결되지 못해 평가로는 매우 부족한 것이 현실입니다.

2) 평가에 관한 성경의 교훈

성경은 여러 곳에서 우리에게 우리가 하고 있는 사역의 과정과 결과를 평가해 볼 것을 이야기합니다. 평가에 대한 성경의 교훈을 몇 가지로 요약하면 다음과 같습니다.

먼저 기억해야 할 것은 하나님은 우리를 평가하시는 분이라는 것입니다. 이사야 49장 4절에는 "참으로 나에 대한 판단이 여호와께 있고 나의 보응이 나의 하나님께 있느니라"라고 기록되어 있습니다. 하나님이 우리를 평가하고 계시며 그 평가에 따라 보응하신다는 것입니다.

우리를 향한 하나님의 평가 기준은 '우리의 말과 행동, 하나님이 우리에게 맡기신 은사나 재능, 물질을 어떻게 사용했는가?'입니다. 따라서 우리는 우리의 말과 행동에 대해 하나님 앞에서 책임을 져야 한다는 것을 기억하고(마 12:36, 히 4:13, 벧전 4:5, 롬 14:12), 각각 자기 일을 잘 살피는(갈 6:4) 삶을 살아야 합니다.[295] 또한 달란트 비유에 등장하는 주인이 종들에게 맡긴 달란트를 얼마나 잘 활용했는지를 근거로 종들을 평가하고 상 혹은 벌을 주었던 것을 기억하고, 우리에게 맡겨진 은사와 재능, 물질을 하나님이 기뻐하시는 일에 잘 활용하며 살아야 합니다(마 25:14-30).

둘째, 성경은 모든 판단이나 평가는 공정해야 하며, 그 공정함의 기초는 정직한 도구의 사용에서 나온다는 것을 교훈합니다.

레위기 19장 35-36절에는 "너희는 재판할 때나 길이나 무게나 양을 잴 때 불의를 행하지 말고 공평한 저울과 공평한 추와 공평한 에바와 공평한 힌을 사용하라"라고 기록되어 있습니다. 또한 신명기 25장 15절에도 "오직 온전하고 공정한 저울추를 두며 온전하고 공정한 되를 둘 것이라 그리하면 네 하나님 여호와께서 네게 주시는 땅에서 네 날이 길리라"라고 기록되어 있습니다.

우리 아이들이 학교생활을 하면서 경험하는 평가의 문제점은 대개 명확한 기준이 없고, 주관적인 평가가 이루어지기 때문에 생겨납니다. 예를 들어, 한 아이가 동일한 답안지를 제출했을 때 어느 선생님에게서는 A를 받지만 다른 선생님에게서는 B를 받는 경우, 우리는 그 평가의 잣대가 공정하지 않다고 느끼게 됩니다.

그것이 옳고 그름에 대한 판단이든, 어떤 것의 가치에 대한 것이든 공정한 평가가 이루어지기 위해서는 평가의 주체가 되는 사람이 불의를 행하지 않는 것이 중요합니다. 또한 이런 불의를 행하지 않기 위해서 '유효성, 신뢰성, 객관성'을 갖춘 정직한 도구를 사용하는 것이 필요합니다.[296]

마지막으로 평가는 종합적인 것이어야 합니다. 단순히 드러난 어떤 행동만을 보는 것이 아니라 그 일이 일어나게 된 동기와 배경, 특별히 이런 명령을 주신 하나님의 마음을 헤아려 판단하라는 것입니다.

예수님은 "내가 한 가지 일을 행하매 너희가 다 이로 말미암아 이상히 여기는도다"(요 7:21)라고 말씀하셨습니다. 여기서 예수님이 행하신 일은 안식일에 병자를 고치신 것이며, '이상히 여겼다'는 말은 유대인들이 이 일을 안식일을 범한 행위로 여겨 예수님을 비난하고 있는 상황을 가리킵니다. 예수님은 안식일을 거룩히 지키라는 하나님의 명령이 아무 일도 하지 말라는 의미가 아니라, 보다 적극적으로 하나님이 기뻐하시는 일을 행하라는 의미임을 알려주셨습니다. 그러면서 "너희는 겉모양만 보고 판단하지 말고, 올바른 평가에 따라 판단하여라"(요 7:24, 쉬운성경)라고 말씀하십니다.

평가가 불합리하거나 어느 한두 가지 특정한 활동만을 기준으로 할 때는 정당한 평가가 되지 못할 가능성이 높습니다. 특히나 이해력과 응용력보다는 기억력과 단기적인 회상력에 초점을 둔 평가, 과정보다는 정답 맞히는 것에만 집중된 평가, 종합적인 상황 판단에 기초하기보다는 단편적인 하나의 사실에 기초한 평가는 한 사람을 온전하게 성장시킨다는 교육의 궁극적인 목적을 이루기에는 적절하지 못합니다.

기독교 교육가인 웨스팅(Westing)은 "200구절이나 더 되는 성경이 직접적으로 혹은 간접적으로 평가의 필요성이나 혹은 과정을 언급"[297]하고 있다고 말합니다. 하나님이 이렇게 평가에 관한 많은 교훈을 우리에게 주신 이유가 무엇일까요? 그것은 우리가 우리를 평가하시는 분이 계심을 알고 우리의 말과 행동, 삶의 태도와 모습을 바르게 하기를 원하시며, 동시에 우리의 사역도 공정하고 종합적인 평가를 통해, 하나님이 기뻐하시는 사역이 되도록 발전시켜 나아가기를 원하시기 때문입니다.

2. 전인적 성장의 평가

아이를 전인적으로 양육하는 일에도 건강한 평가가 필요합니다.

특별히 아이들이 자라야 할 네 가지 영역에서 어느 정도 자라고 성숙해졌는지를 목표에 비추어 평가해 보는 일은, 마치 정기적인 건강 검진을 통해 지금 나의 상태를 점검하고 필요하다면 처방을 통해 건강을 증진시키는 일처럼, 전인적 성장이 잘 일어나도록 돕는 일임이 분명합니다.

그러면 우리 아이들이 전인적으로 성장하고 있는지, 부모로서 교사로서 평가할 수 있는 방법은 무엇일까요?

먼저 해야 할 일은 목표와 기대치를 전인적 양육의 원리에 따라 세우고 이를 아이에게 명확하게 알게 하는 것입니다.

잠언 20장 11절 말씀에는 "비록 아이라도 자기의 동작으로 자기 품행이 청결한 여부와 정직한 여부를 나타내느니라"라고 기록되어 있습니다. 어린아이라 할지라도 그 아이의 행동이 그의 사람됨을 알게 하는 잣대가 된다는 말씀입니다. 여기서 잣대는 일종의 평가 도구를 말합니다. 즉, 그가 하는 행동이 그의 사람됨을 보여주는 평가의 도구가 된다는 말입니다.

물론 밖으로 드러난 행동을 통해 내면의 성숙함을 판단하는 것은, 관찰 가능한 제한된 행동을 통해야 한다는 제한성이 있고, 그나마도 왜곡되거나 잘못될 가능성이 높은 불확실한 것입니다. 하지만 우리 내면의 성장과 성숙을 보여주는 외적인 행동들이 있음을 부인할 수는 없습니다. 따라서 성장을 위한 목표와 기대치를 성경에 근거하여 잘 정리하고, 이를 아이들의 발달과 눈높이에 맞게 정리 전달하는 일이 매우 중요합니다.

파이디온선교회의 "브링업"과 컴패션의 "그로잉 252"에 공통적으로 사용되는 『어린이 성장 보고서』를 보면 영적, 사회-정서적, 지적, 신체적인 영역에서의 성장 목표와 기대치들이 일상에서 측정 가능하도록 비교적 자세히 정리되어 있습니다.• 예를 들어 사회-정서적인 영역을 살펴보면, "건강한 정체성을 가지고 다른 사람과 소통한다"라는 큰 목표 아래, "타인을 존중하고 사람들과 건강하게 소통하며 공동체 안에서 책임감 있게 행동한다"라는 중간 목표와, "효과적인 의사소통 기술을 익히고 사용한다"라는 하위 목표가 존재합니다. 그리고 다시 그 아래 "자신의 의견에 대한 근거를 제시하며 말한다"와 같은 구체적인 실천 목표가 상위의 목표를 이루었는지를 알게 하는 배움의 정도로 혹은 평가 지표로 사용되고 있음을 볼 수 있습니다.[298]

이런 자료들을 참고하여 우리 아이들이 각각의 영역에서 예수님처럼 자라기 위해 올 한 해 혹은 이번 학기 동안 노력하고 실천할 일들을 서로 이야기하고 정리하는 것은 성장을 위한 동기를 부여하는 일이 됨과 동시에 아이의 성장을 확인해 볼 수 있는 평가의 잣대가 될 것입니다.

● 『어린이 성장 보고서』는 국제컴패션의 "Child Development Progress Report"를 바탕으로 체계를 잡았고, 영역별 어린이들의 발달에 관한 자료들과 한국컴패션과 파이디온선교회의 "그로잉 252/브링업 커리큘럼"에 담긴 내용들을 포함하여 제작되었습니다.

두 번째로 우리가 해야 할 일은 목표에 따라 아이가 실천하고 자라도록 돕는 일입니다. 부모 혹은 교사인 우리가 성장의 촉진자(Facilitator)가 되어주는 일이 필요합니다.

『어린이 성장 보고서』의 영적 영역을 보면 "그리스도의 주권에 대한 헌신을 보인다"라는 큰 목표 아래, "성경을 알고 이해한다"라는 중간 목표가, 그 아래 "성경 속 단어들을 이해하고 성경 구절을 암송한다"는 하위 목표가 있습니다. 다시 그 아래에는 "하나님의 형상, 공의, 구주, 부활과 영원한 생명 등 단어의 뜻을 설명한다", "간단한 성경 구절을 3-5개 암송한다"라는 실천 사항을 찾을 수 있습니다.[299] 이것을 통해 우리는 영적인 성장을 위해 성경을 알고 이해하는 것이 필요하다는 것과, 성경을 알고 이해하기 위해서는 성경의 단어들을 이해해야 하고, 필요한 성경 구절들을 암송해야 한다는 것을 알 수 있습니다. 그렇다면 이제는 우리에게 주어진 모든 기회를 활용하여 아이가 이 목표에 따라 자라도록 도와주어야 합니다. 아이와 함께 말씀을 읽고 나누어야 합니다. 말씀을 읽다가 어려운 단어를 만났을 때, 필요한 설명을 제공하고 아이가 잘 기억하고 이해할 수 있도록 도와주어야 합니다. 또한 이전에 배웠던 단어들이나 신학적인 개념을 담은 용어들이 나왔을 때 그 의미를 아이들이 기억하고 있는지를 묻고, 필요하다면 다시 한번 설명해 주어야 합니다. 성경을 암송하는 일도 마찬가지입니다. 아직 글을 읽지 못하는 아이라면, 아이에게 말씀을 들려주고 단어를 연상시키는 그림 카드를 보여주는 등의 다양한 교육 방법을 사용하여 말씀을 기억할 수 있도록 도와주어야 합니다.

마지막으로 우리가 해야 할 일은 하나님의 일하심을 믿고 인내하는 것입니다. 전인적 성장은 단기간에 일어나지 않습니다. 씨앗이 뿌려지고 뿌리 내리고 자라는 과정을 통해 궁극적인 열매가 맺히는 것처럼, 땀 흘리고 수고하고 인내하는 것 없이는 될 수 없습니다.

하나님은 자라게 하시는 분입니다(고전 3:7). 당장 눈에 보이는 열매가 없을지라도, 당장 눈에 보이는 변화가 나타나지 않을지라도, 전인적 양육의 원리를 따라 수고했다면 하나님은 우리 아이들을 예수님 닮은 아이로 조금씩 조금씩 더 성장하고 성숙해지도록 이끌어 주실 것입니다.

예수님의 달란트 비유가 보여주듯이, 하나님의 평가는 다른 사람과의 비교를 통해서 이루어지거나 얼마나 많이 남겼느냐는 정량적인 기준에 따른 것이 아닙니다. 하나님은 각자에게 주신 달란트에 근거하여 그것을 얼마나 잘 활용했는지를 보셨을 뿐입니다. 전인적 양육의 과정에서 평가는 남과의 비교나 양적인 성취를 위한 것이 아니라, 전인적 양육가로서 나를 돌아보게 하고, 우리 아이들이 자라야 할 분명한 동기와 방향을 알게 하는 도구로 사용되어야 합니다.

마치며

2014년 여름, 저는 북한 어린이들을 위한 전인적 양육 교재를 집필해 달라는 컴패션의 요청을 받고, 필리핀의 컴패션 어린이 센터를 방문하기 위해 비행기에 올랐습니다.

마닐라와 민다나오의 여러 센터를 돌며, 영유아로부터 청소년에 이르기까지 가난하고 소외된 아이들이 어떤 교육을 받고 있는지 살펴보았습니다. 그리고 마지막 일정으로 컴패션 양육 프로그램을 통해 자라나 이제는 어른이 된 청년 대학생들과 함께 식사하며 교제하는 시간을 갖게 되었습니다.

가난 때문에 제대로 학교에 다니기도 힘든 환경에서 대학에 진학해 좋은 커리어를 쌓아가고 있는 모습도 좋았지만, 무엇보다 너무나도 밝고 건강한 모습이 보기 좋았습니다.

식사를 마치고 자신의 지나온 삶을 이야기하는 시간이 있었습니다.

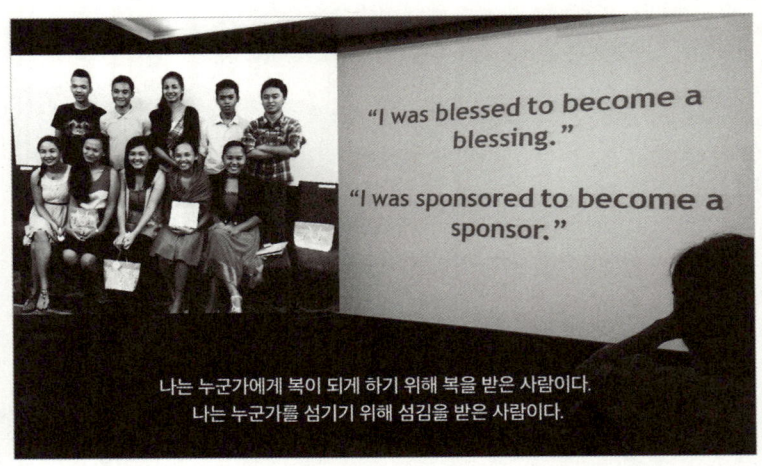

그때 한 친구가 이런 이야기를 했습니다. "나는 누군가에게 복이 되게 하기 위해 복을 받은 사람입니다. 내가 누군가의 도움과 섬김을 받은 것은 또 다른 사람을 섬기기 위해서입니다."

저는 그들의 이야기를 들을 때마다, 그렇게 맑고 밝고 건강하게 자란 이들이 사실은 지독하게도 가난한 집에서 태어났고, 대부분 어린 시절 아빠로부터 버림을 받았거나 결손 가정에서 자라났다는 것에 충격을 받지 않을 수 없었습니다. 그런데 그보다 더 저를 충격에 빠뜨린 것은, 그럼에도 불구하고 이들이 누가 보더라도 밝고 건강하게 잘 자랐다는 것입니다.

아버지를 잃고 혹은 버림받고 가난한 가정에서 자랐지만 삶이 달라지는 경험을 한 그들의 고백을 들으면서 이런 생각을 했습니다. '도대체 무엇이 이들을 이토록 바꾸어놓았을까?' 그들은 한결같이 자신이 이렇게 변화된 것은 '전인적인 양육의 결과'라고 고백했습니다.

저는 늘 우리 아이들을 보면서 그렇게 오래 신앙생활을 했지만 별로 변화된 것이 없다는 느낌을 받아오고 있었습니다. 그런데 전혀 바뀔 것 같지 않은 이들에게 이렇게 놀라운 변화가 찾아오게 되었다면, 그리고 그 바탕에 전인적 양육이 있었다면, 한국의 아이들에게도 이 사역은 꼭 필요한 것이라는 확신을 갖게 되었습니다.

하나님은 우리를 사랑하십니다. 그래서 아들을 보내주셨습니다. 정말 값비싼 대가를 지불하고 우리를 구원해 주셨습니다. 우리 아이들을 전인적으로 자라게 하는 일도 땀과 눈물 없이는 이루어지지 않습니다. 하지만 우리가 우리의 다음세대를 예수님을 닮은 아이로 키워내고 전인적으로 자라게 돕는다면, 절망적인 상황 속에서 자라난 아이라 하더라도 예수님을 만나 변화되는 역사가 일어나게 될 것을 믿습니다.

"나를 사랑하느냐 내 양을 먹이라." 부탁하셨던 예수님의 말씀이 마음에 남습니다.

예. 주님, 제가 주님을 사랑합니다.

제게 부탁하신 주님의 양을 제가 먹이겠습니다.

주

1 Kevin E. Lawson, "Historical Foundations of Christian Education," in *Introducing Christian Education: Foundations for the Twenty-first Century*, ed. Michael J. Anthony (Grand Rapids: Baker Academic, 2001), 17.
2 Ken Hemphill and Bill Taylor, *Ten Best Practices to Make Your Sunday School Work* (Nashville: LifeWay, 2001), 5-7
3 국민일보, 2016년 12월 30일, http://news.kmib.co.kr/article/view.asp?arcid=0923669993&code=23111111&sid1=chr
4 CBS, 주일학교의 위기… 원인과 대책은?, 2016년 5월 6일, http://www.nocutnews.co.kr/news/4589495.
5 E. Glenn Hinson, "Christian Teaching in the Early Church," *Review and Expositor* 99, no. 3 (Summer 2002): 379.
6 2015년 파이디온이 교회들을 대상으로 설문 조사한 결과에 따르면, 주일날 어린이들이 순수하게 말씀을 듣는 시간은 설교와 공과 시간을 합해도 20분이 되지 않는 것으로 조사되었습니다.
7 이 섹션은 필자의 학위 논문을 기초로 하고 있습니다; Joo Dong Jang, "A Comparative Analysis of Three Instructional Approaches to Teaching the Bible in Selected Korean Churches"(PhD diss., Southwestern Baptist Theological Seminary, Fort Worth, 2013), 6-9.
8 Paul Eggen and Don Kauchak, *Educational Psychology: Windows on Classrooms*, 5th ed. (Upper Saddle River, NJ: Merrill Prentice Hall, 2001), 214.
9 Joo Dong Jang, "A Comparative Analysis of Three Instructional Approaches to Teaching the Bible in Selected Korean Churches," 6-7.; Anita Woolfolk, *Educational Psychology*, 11th ed. (Upper Saddle River, NJ: Pearson Education, 2010), 198.
10 William R. Yount, *Created to Learn*, (Nashville: Broadman & Holman Publishers,

1996), 176

11 Anita Woolfolk, *Educational Psychology*, 198; Janice T. Gibson, *Psychology for the Classroom*, 2nd ed. (Englewood Cliffs, NJ: Prentice-Hall, 1980),110; and Myron H. Dembo, *Applying Educational Psychology* (New York: Longman, 1994), 82.

12 Woolfolk, *Educational Psychology*, 234; and Jang, "A Comparative Analysis of Three Instructional Approaches to Teaching the Bible in Selected Korean Churches," 7.

13 Paul Eggen and Don Kauchak. *Educational Psychology: Windows on Classrooms*, 5th ed. (Upper Saddle River: Merrill Prentice Hall, 2001), 257.

14 BibleWorks, Strong's data for "Mind"

15 William R. Yount, *Created to Learn*, 2nd ed., (B&H Academic, 2010), 168.

16 Jang, "A Comparative Analysis of Three Instructional Approaches to Teaching the Bible in Selected Korean Churches," 8; William R. Yount, "Learning Theory for Christian Teachers," in I*ntroducing Christian Education: Foundations for the Twenty-first Century*, ed. Michael J. Anthony (Grand Rapids: Baker Academic, 2001), 107.

17 Yount, "Learning Theory for Christian Teachers," 107.

18 Dale H. Schunk, *Learning Theories: An Educational Perspective*, 3rd ed. (Upper Saddle River, NJ: Prentice-Hall, 2000), 2.

19 Jang, "A Comparative Analysis of Three Instructional Approaches to Teaching the Bible in Selected Korean Churches," 9.

20 Marcy P. Driscoll, *Psychology of Learning for Instruction*, 2nd ed. (Boston: Allyn and Bacon, 2000), 11; Slavin, *Educational Psychology*, 134, 159; Schunk, *Learning Theories*, 1; Santrock, *Educational Psychology*, 210; and Jeff Astley, *The Philosophy of Christian Religious Education* (Birmingham: Religious Education Press, 1994), 34.

21 학습공동체라는 의미로, 배움에 상황에서 내가 누구와 함께 배우는가를 말합니다.

22 Tas Bedford, "Learning Styles: A Review of English-Language Literature," in *Learning Styles and Learning: A Key to Meeting the Accountability Demands in Education*, ed. R. R. Sims and S. J. Sims (New York: Nova Science, 2006), 20-21.

23 Jang, "A Comparative Analysis of Three Instructional Approaches to Teaching the Bible in Selected Korean Churches," 12.

24 Lori Mestre, "Accommodating Diverse Learning Styles in an Online Environment," *Reference & User Services Quarterly* 46, no. 2 (December 2006): 27; and Eggen and Kauchak, *Educational Psychology*, 135.

25 David A. Kolb, *Experiential Learning* (Englewood Cliffs, NJ: Prentice-Hall, 1984), 64; Bernice McCarthy and Dennis McCarthy, *Teaching Around the 4MAT Cycle: Designing Instruction for Diverse Learners with Diverse Learning Styles* (Thousand Oaks, CA: Corwin Press, 2006), 1. Marlene D. LeFever, *Learning Styles: Reaching Everyone God Gave You to Teach* (Colorado Springs: NexGen, 1995), 17; and Lynne Celli Sarasin, *Learning Style Perspectives*, 2nd ed. (Madison, WI: Atwood, 2006), 4.

26 Kolb, *Experiential Learning*, 62.

27 Bernice McCarthy, *About Teaching*, (Wauconda, IL: About Learning Inc., 2000). 3-7.

28 Rita Dunn, "Capitalizing on College Students' Learning Styles: Theory, Practice, and Research," in *Practical Approaches to Using Learning Styles in Higher Education* (Westport, CT: Bergin & Garvey, 2000), 8.

29 JTBC 드라마 스카이캐슬 2회

30 Richard M. Felder, "Matters of Style," *ASEE Prism* 6, no. 4 (December 1996), 19; Roger Hiemstra and Burton Sisco, *Individualizing Instruction* (San Francisco: Jossey-Bass, 1990), 239; Robert M. Smith, *Learning How to Learn: Applied Theory for Adults* (Englewood Cliffs, NJ: Cambridge Adult Education, 1982), 60; and Felicia Lincoln and Barbara Rademacher, "Learning Styles of ESL Students in Community Colleges," *Community College Journal of Research and Practice* 30 (2006): 486.

31 Richard M. Felder and Rebecca Brent, "Understanding Student Differences," *Journal of Engineering Education* 94, no. 1 (2005): 58; and Hiemstra and Sisco, *Individualizing Instruction*, 241.

32 Felder and Brent, "Understanding Student Differences," 58.

33 Marie Carbo, Rita Dunn, and Kenneth Dunn, *Teaching Students to Read Through Their Individual Learning Styles* (Boston: Allyn and Bacon, 1991), 2; Marlene D. LeFever, *Learning Styles: Reaching Everyone God Gave You to Teach* (Colorado Springs: NexGen, 1995), 17; Hiemstra and Sisco, *Individualizing Instruction*, 241; Don Hamachek, *Psychology in Teaching, Learning, and Growth* (Boston: Allyn and Bacon, 1995), 259.

34 Harold Pashler, Mark McDaniel, Doug Rohrer, and Robert Bjork, "Learning Styles: Concepts and Evidence," *Psychological Science in the Public Interest* 9, no. 3 (2009): 105.

35 Hiemstra and Sisco, *Individualizing Instruction*, 239; Rita Dunn and Kenneth Dunn, *Practical Approaches to Individualizing Instruction: Contracts and Other Effective*

Teaching Strategies (New York: Parker, 1972), 29; and Smith, *Learning How to Learn*, 71.

36 Lisa M. Vaughn and Raymond C. Baker, "Do Different Pairings of Teaching Styles and Learning Styles Make a Difference? Preceptor and Resident Perceptions," *Teaching and Learning in Medicine 20*, no. 3 (2008): 239.

37 Nasar Manochehri and Jon I. Young, "The Impact of Student Learning Styles with Web-based Learning or Instructor-based Learning on Student Knowledge and Satisfaction," *Quarterly Review of Distance Education* 7, no. 3 (2006): 314; and Dembo, *Applying Educational Psychology*, 404.

38 Julie E. Sharp, "Rationale and Strategies for Using Kolb Learning Style Theory in the Classroom," in *Learning Styles and Learning: A Key to Meeting the Accountability Demands in Education*, ed. R. R. Sims and S. J. Sims (New York: Nova Science, 2006), 93

39 K. H. Wang, T. H. Wang, W. L. Wang, and S. C. Huang. "Learning Styles and Formative Assessment Strategy: Enhancing Student Achievement in Web-based Learning," *Journal of Computer Assisted Learning 22* (2006): 208; Jessica L. Madden, "Addressing the Learning Styles of Adult Online Learners and Teaching Styles of Online Faculty," Dissertation Abstracts Online (2008) http://firstsearch.oclc.org, (accessed 13 February 2010); Mehmet Bahar, "The Relationships Between Pupils' Learning Styles and Their Performance in Mini Science Projects," *Educational Sciences: Theory & Practice 9*, no. 1 (Winter 2009): 35.

40 Marie Carbo, Rita Dunn, and Kenneth Dunn, *Teaching Students to Read Through Their Individual Learning Styles* (Boston: Allyn and Bacon, 1991), 2, 24.

41 Regina A. Rochford, "Assessing Learning Styles to Improve the Quality of Performance of Community College Students in Developmental Writing Programs: A Pilot Study," *Community College Journal of Research and Practice* 27 (2003), 667; Harold Pashler, Mark McDaniel, Doug Rohrer, and Robert Bjork, "Learning Styles: Concepts and Evidence," *Psychological Science in the Public Interest* 9, no. 3 (2009): 105; Rita Dunn, "Capitalizing on College Students' Learning Styles: Theory, Practice, and Research," in *Practical Approaches to Using Learning Styles in Higher Education* (Westport, CT: Bergin & Garvey, 2000), 2.

42 Pashler, McDaniel, Rohrer, and Bjork, "Learning Styles," 105; David Glenn,

"Matching Teaching Style to Learning Style May Not Help Students," Chronicle of Higher Education (15 December 2009), available from http://chronicle.com/article/Matching-Teaching-Style-to/49497/, (accessed 14 January 2010)

43 통계학자들은 어떤 변수들 사이에 인과관계를 확립하기 위해서는 반드시 제대로 된 임의추출 방식으로 샘플을 얻어야할 것을 이야기 합니다; Glenn, "Matching Teaching Style to Learning Style," Internet; and Pashler, McDaniel, Rohrer, and Bjork, "Learning Styles," 105.

44 Glenn, "Matching Teaching Style to Learning Style," Internet; and Pashler, McDaniel, Rohrer, and Bjork, "Learning Styles," 105.

45 Smith, *Learning How to Learn*, 71; Vaughn and Baker, "Do Different Pairings of Teaching Styles and Learning Styles Make a Difference," 239; and Dembo, *Applying Educational Psychology*, 405

46 Vaughn and Baker, "Do Different Pairings of Teaching Styles and Learning Styles Make a Difference," 239.

47 Jang, "A Comparative Analysis of Three Instructional Approaches to Teaching the Bible in Selected Korean Churches," 19-20; Smith, *Learning How to Learn*, 71; and Vaughn and Baker, "Do Different Pairings of Teaching Styles and Learning Styles Make a Difference," 239.

48 Frank Romanelli and Melody Ryan, "Learning Styles: A Review of Theory, Application, and Best Practices," *American Journal of Pharmaceutical Education* 73, no. 1 (2009): 3.

49 Manochehri and Young, "Impact of Student Learning Styles," 314; and Dembo, *Applying Educational Psychology*, 404.

50 Manochehri and Young, "Impact of Student Learning Styles," 314; and Dembo, Applying Educational Psychology, 404.

51 Lynne Celli Sarasin, *Learning Style Perspectives*, 2nd ed. (Madison, WI: Atwood, 2006), 3, 12; Felder and Brent, "Understanding Student Differences," 62; and Marilee Sprenger, *Differentiation Through Learning Styles and Memory*, 2nd ed. (Thousand Oaks, CA: Corwin Press, 2008), 2

52 Richard M. Felder and Rebecca Brent, "Understanding Student Differences," *Journal of Engineering Education* 94, no. 1 (2005): 57; Sarasin, *Learning Style Perspectives*, 12; and Jannette Collins, "Education Techniques for Lifelong Learning: Principles of

Adult Learning," *RadioGraphics* 24, no. 5 (September–October 2004): 1487.

53 Felder and Brent, "Understanding Student Differences," 58; Felder, "Matters of Style," 18; and Vaughn and Baker, "Do Different Pairings of Teaching Styles and Learning Styles Make a Difference," 247

54 NIH, "5 Gorgeous Depictions of Bloom's Taxonomy," available from https://news.nnlm.gov/nto/2016/10/11/5-gorgeous-depictions-of-blooms-taxonomy/

55 Yount, *Ceated to Learn*, 2nd ed. 382-391

56 Yount, *Created to Learn*, 2nd ed. 391-396.

57 Yount, *Created to Learn*, 2nd ed. 391-396

58 Yount, *Created to Learn*, 148-150.

59 Yount, *Created to Learn*, 2nd ed. 397-399

60 Bernice McCarthy, *About Learning* (Barrington, IL: Excel, 1996), 9; Kolb, *Experiential Learning*, 30-31.

61 McCarthy, *About Teaching*, 9.

62 McCarthy, *About Teaching*, 9.

63 McCarthy, *About Teaching*, 10.

64 McCarthy, *About Teaching*, 10.

65 McCarthy, *About Teaching*, 11.

66 McCarthy, *About Teaching*, 11.

67 McCarthy, *About Teaching*, 9.

68 Lawrence O. Richards and Gary J. Bredfeldt, *Creative Bible Teaching*, (Moody Publishers, 1998), 154-159.

69 Yount, *Created to Learn*, 286-288

70 Yount, *Created to Learn*, 180.

71 BibleWorks에 등장하는 히브리어 '라마드'의 해석은 "1) to learn. teach, exercise in 1a) (Qal) to learn 1b) (Piel) to teach 1c) (Pual) to be taught, be trained." 입니다.

72 John Parson, Hebrew for Christians, http://www.hebrew4christians.com/Grammar/Unit_One/Aleph-Bet/Lamed/lamed.html, (accessed May 20, 2019).

73 Warren W. Wiersbe, *Wiersbe Bible Commentary: The Complete New Testament*, (David, C. Cook, 2007), 863-865

74 Wiersbe, *Wiersbe Bible Commentary: The Complete New Testament*, 865.

75 Bible Works 7.0, BibleWorks, LLC, 2006.

76 Harold W. Hoehner, "Ephesians," in *The Bible Knowledge Commentary: New Testament*, ed. Walvoord, John F. and Roy B. Zuck, (Wheaton: Victor Books, 1985), 631-632.

77 장주동, "배움 중심의 사고를 통한 기독교 교육의 회복," 복음과 교육, *Vol 14.*, (서울: 생명의 양식, 2013), 91-92.

78 장주동, "배움 중심의 사고를 통한 기독교 교육의 회복," 91-92.

79 EBS, "아이의 사생활 - 제2부 도덕성," http://www.ebs.co.kr/tv/show?prodId=348&lectId=3023420&vodProdId=123793 (accessed May 17, 2019)

80 이 섹션은 "전인적 양육 사역(전인 교육)을 위한 커리큘럼 개발 연구"라는 제목의 필자의 학술지 발표 논문에 기초하고 있습니다; 장주동, "전인적 양육 사역(전인 교육)을 위한 커리큘럼 개발 연구, 기독교 교육 정보 *Vol. 61* (2019).

81 장주동, "전인적 양육 사역(전인 교육)을 위한 커리큘럼 개발 연구," 148.

82 장주동, "전인적 양육 사역(전인 교육)을 위한 커리큘럼 개발 연구," 148.

83 오영재, 개방형 자율학교 시범운영 추진 관련 전인 교육 Inventory 개발 연구, (서울: 교육인적자원부, 2007), 4-5.

84 김양분, 임현정, 신혜숙, 남궁지영, 신택수, 학생의 전인적 발달을 지원하는 좋은 학교 특성, (서울: 한국교육개발원, 2010), 6,

85 안병영, "전인 교육과 교육 정책," 전인 교육 *Vol. 3* (2011), 5-6.

86 John P. Miller, "Introduction: Holistic Education" in *Holistic Learning and Spirituality in Education*, (Albany: University Of New York Press, 2005), 2.

87 Miller, "Introduction: Holistic Education" 2.

88 Eun-Seung Lee, "Understanding A Holistic Approach to Christian Education," *Journal of Christian Education in Korea Vol. 41* (2015), 18-19

89 장주동, "전인적 양육 사역(전인 교육)을 위한 커리큘럼 개발 연구," 149.

90 P.J, John, "Holistic Approach in Education," *International Journal of Research in Social Sciences* 7, no. 4 (April 2017): 347; Sheila S. Johnson, "The 21st Century Transformation" (PhD diss., University of Phoenix, Phoenix, 2014), 21; Lee, Eun-Seung, "Understanding A Holistic Approach to Christian Education," 21-25.

91 장주동, "전인적 양육 사역(전인 교육)을 위한 커리큘럼 개발 연구," 149-150.

92 Ron Miller, *New Directions in Education: Selections from Holistic Education Review* (Brandon: Holistic Education Press, 1991), 31.; 재인용, Lee, Eun-Seung, "Understanding A Holistic Approach to Christian Education," 19.

93 김양분, 임현정, 신혜숙, 남궁지영, 신택수, 학생의 전인적 발달을 지원하는 좋은 학교 특성, 7.
94 오영재, *개방형 자율학교 시범운영 추진 관련 전인 교육 Inventory 개발 연구*, 6-8.
95 장주동, "전인적 양육 사역(전인 교육)을 위한 커리큘럼 개발 연구," 150.
96 장주동, "전인적 양육 사역(전인 교육)을 위한 커리큘럼 개발 연구," 150.
97 오영재, *개방형 자율학교 시범운영 추진 관련 전인 교육 Inventory 개발 연구*, 15; Becton Loveless, "Holistic Education: A Comprehensive Guide," available from "Https://www.educationcomner.com/holistic-education.html, (accessed March 29, 2019)
98 안병영, "전인 교육과 교육 정책," *전인 교육 3* (2011): 5-6.
99 Miller, Introduction: Holistic Education, 2; Lee, Eun-Seung, "Understanding A Holistic Approach to Christian Education" 23-25.
100 Miller, R. (2000). "A brief introduction to holistic education," http://infed.org/mobi/a-brief-introduction-to-holistic-education/, (accessed April 08, 2019).
101 장주동, "전인적 양육 사역(전인 교육)을 위한 커리큘럼 개발 연구," 151-152.
102 장주동, "전인적 양육 사역(전인 교육)을 위한 커리큘럼 개발 연구," 152-154.
103 John F. Walvoord, and Roy B. Zuck, The *Bible Knowledge Commentary: Old Testament*. (Victor Books, 1985), [컴퓨터프로그램] PC-Study Bible.
104 Mark V. Rutter, "A Holistic Approach to Learning: The Key to Change," *Christian Education Journal X*, no. 3 (1990): 66.
105 Lee, "Understanding A Holistic Approach to Christian Education," 20.
106 최진경, "코메니우스의 인간 이해와 전인적 신앙 교육 방향," *한국개혁신학 29* (2011): 303-304.
107 장주동, "배움 중심의 사고를 통한 기독교 교육의 회복," 88.
108 장주동, "배움 중심의 사고를 통한 기독교 교육의 회복," 91.
109 Kevin E. Lawson, "Historical Foundations of Christian Education," in *Introducing Christian Education: Foundations for the Twenty-first Century* (Grand Rapids: Baker Academic, 2004), 17.
110 Michael J. Anthony, *Introducing Christian Education: Foundations for the Twenty-first Century* (Grand Rapids: Baker Academic, 2004), 13.
111 Anthony, *Introducing Christian Education: Foundations for the Twenty-first Century*, 13.
112 오영재, *개방형 자율학교 시범 운영 추진 관련 전인 교육 Inventory 개발연구*, (서울: 교육인적자원부, 2007), 4.
113 최진경, "코메니우스의 인간 이해와 전인적 신앙 교육 방향," 279; 장주동, "배움 중심의 사고

를 통한 기독교 교육의 회복," 155.

114 장주동, "전인적 양육 사역(전인 교육)을 위한 커리큘럼 개발 연구," 155-156.

115 Amazing Nature (Plants Growing), https://www.youtube.com/watch?v= MgDZBqTuUuE, (accesed May 30, 2019).

116 Charles H. Dyer and Eugene H. Merrill, 구약탐험, 마영래 역. (서울: 도서출판 디모데, 2001), 20; 김현회, 한 권으로 공부하는 신구약 이야기 (서울: 도서출판 디모데, 2016), 22.

117 Warren Wiersbe, *Bible Exposition Commentary: Old Testament History* (Colorado Springs: Victor, 2004), PC-Study Bible.

118 장주동, "전인적 양육 사역(전인 교육)을 위한 커리큘럼 개발 연구," 156-158.

119 John Stott, 기독교의 기본 진리 (서울: 생명의 말씀사, 2009), 114-128.

120 최진경, "코메니우스의 인간이해와 전인적 신앙교육 방향," 303-304.

121 John B. Wong, *Christian Wholism: Theological and Ethical Implications in the Postmodern World* (Lanham: University Press of America, 2002), 12.

122 Ronald T. Habermas, *Introduction to Christian Education and Formation: A Lifelong Plan for Christ-Centered Restoration* (Grand Rapids: Zondervan, 2008), 60.

123 Dan Brewster, 어린이, 교회, 그리고 선교, 김진선 역. (서울:파이디온선교회, 2004). 82

124 장주동, "전인적 양육사역(전인 교육)을 위한 커리큘럼 개발연구," 157-158.

125 장주동, "전인적 양육사역(전인 교육)을 위한 커리큘럼 개발연구," 158-160.

126 Bible Works Version 10, 'σοφία(소피아)'

127 Bible Works Version 10, 'ἡλικία(헬리키아)'

128 Distance Calculator (2019). *Distance from Nazareth to Jerusalem*. Distance Calculator. https://www.distancecalculator.net/from-nazareth-to-jerusalem, (accessed May 30, 2019).

129 Brewster, 어린이, 교회, 그리고 선교, 172.

130 Brewster, 어린이, 교회, 그리고 선교, 82.

131 알버트 월터스, 창조 타락 구속 (서울: IVP, 1992), 13.

132 양승훈, 기독교 세계관의 이해와 적용 (서울: CUP, 1989), 24.

133 Harro Brummelen, 기독교적 교육과정 디딤돌 (서울: IVP, 2006), 37.

134 신국원, 니고데모의 안경 (서울: IVP, 2005), 20.

135 HuffPost, "이 운동화는 민트-회색일까, 분홍-흰색일까?", 2017년 10월 13일, https://www.huffingtonpost.kr/2017/10/13/story_n_18254378.html

136 양승훈, 기독교 세계관 렌즈로 세상읽기 (서울: 도서출판바울, 2003), 185.

137 Brummelen, 기독교적 교육과정 디딤돌, 37.
138 월터스, 창조 타락 구속, 16.
139 양승훈, 기독교 세계관의 이해와 적용, 19.
140 양승훈, 기독교 세계관 렌즈로 세상읽기, 185.
141 송인규, 새로 쓴 기독교 세계관 (서울: IVP, 2008), 7.
142 송인규, 새로 쓴 기독교 세계관, 24.
143 이승구, 기독교 세계관이란 무엇인가, (서울: SFC, 2018), 23.
144 장주동, "기독교세계관," in 한국컴패션, 북한어린이전인적 양육교재: 기독교 세계관, 4.
145 Brummelen, 기독교적 교육과정 디딤돌, 37, 49.
146 송인규, 새로 쓴 기독교 세계관, 25.
147 신국원, 니고데모의 안경, 19.
148 신국원, 니고데모의 안경, 19.
149 Brummelen, 기독교적 교육과정 디딤돌, 64.
150 Brummelen, 기독교적 교육과정 디딤돌, 64.
151 Brummelen, 기독교적 교육과정 디딤돌, 64.
152 한국컴패션, 북한어린이전인적 양육교재: 기독교 세계관, 10-11.
153 찰스 스윈돌, 쉽고 명쾌한 성경연구 특강 (서울: 디모데, 2019), p. 18.
154 한국컴패션, 북한어린이전인적 양육교재: 기독교 세계관, 15-19.
155 라은성, 삼위일체론에 대해, 기독신문, 2016. 2. 19., http://www.kidok.com/news/articleView.html?idxno=95581, (accessed July 7, 2020)
156 한국컴패션, 북한어린이전인적 양육교재: 기독교 세계관, 22.
157 장주동 외, 그로잉 252 세움1-1 교사용 (서울: 파이디온선교회, 2018), 25-26.
158 장주동 외, 그로잉 252 세움1-1 교사용 (서울: 파이디온선교회, 2018), 55-65.
159 장주동 외, 그로잉 252 세움2-2 교사용 (서울: 파이디온선교회, 2019), 17-28.
160 한국컴패션, 북한어린이전인적 양육교재: 기독교 세계관, 45-48.
161 한국컴패션, 북한어린이전인적 양육교재: 기독교 세계관, 47-48.
162 송인규, 새로 쓴 기독교 세계관, 108.
163 Marcia Harris Brim, "What shapes a Christian Worldview in Children," Cathy Duff Review, available from https://cathyduffyreviews.com/homeschool-extras/worldview- curriculum/what-shapes-a-christian-worldview-in-children-article, (accessed July 09, 2020).
164 성인경, 나의 세계관 뒤집기 (서울: 홍성사, 1998), 8.

165 옥한흠, 평신도를 깨운다, (서울: 국제제자 훈련원, 2012), 191-192.
166 김진규, 제자 훈련 열심히 하는데 왜 인격적 파산이 발생할까? 뉴스엔조이, 2016, 5, 28 https://www.newsnjoy.or.kr/news/articleView.html?idxno=203686
167 김진규, 제자 훈련 열심히 하는데 왜 인격적 파산이 발생할까? 뉴스엔조이, 2016, 5, 28 https://www.newsnjoy.or.kr/news/articleView.html?idxno=203686
168 김진규, 제자 훈련 열심히 하는데 왜 인격적 파산이 발생할까? 뉴스엔조이, 2016, 5, 28 https://www.newsnjoy.or.kr/news/articleView.html?idxno=203686
169 김진규, 제자 훈련 열심히 하는데 왜 인격적 파산이 발생할까? 뉴스엔조이, 2016, 5, 28 https://www.newsnjoy.or.kr/news/articleView.html?idxno=203686
170 김진규, 제자 훈련 열심히 하는데 왜 인격적 파산이 발생할까? 뉴스엔조이, 2016, 5, 28 https://www.newsnjoy.or.kr/news/articleView.html?idxno=203686
171 김진규, 제자 훈련 열심히 하는데 왜 인격적 파산이 발생할까? 뉴스엔조이, 2016, 5, 28 https://www.newsnjoy.or.kr/news/articleView.html?idxno=203686
172 옥한흠, 평신도를 깨운다, 134.
173 H. P. Colson, and Rigdon, R. M. *Understanding your church's curriculum* (Nashville: Broadman Press, 1981), 40.
174 Maria Harris, 교육목회 커리큘럼 (서울: 한국장로교출판사, 2013), 65-66.
175 SWBTS, Principles of Teaching, Class Note. Spring 2005.
176 LeRoy Ford, *A Curriculum Design Manual for Theological Education* (Eugene, OR: Wipf and Stock Publishers,1991), 35.
177 Margaret Lawson, "Selecting and Evaluating Curriculum," in *The Teaching Ministry of the Church, 2nd Ed.* (Nashville: B&H Academic, 2008), 364.
178 Mark K. Smith, "What is Curriculum? Exploring Theory and Practice," Infed, https://infed.org/mobi/curriculum-theory-and-practice/, (accessed March 13, 2020).
179 Smith, "What is Curriculum? Exploring Theory and Practice," Internet.
180 Dwayne E. Huebner, "From Theory to Practice: Curriculum," *Religious Education* Vol 77, No. 4, 363.
181 Smith, "What is Curriculum? Exploring Theory and Practice," Internet.
182 Ralph W. Tyler, *Basic Principles of Curriculum and Instruction* (Chicago: The University of Chicago Press, 1949), 1.
183 Smith, "What is Curriculum? Exploring Theory and Practice," Internet.
184 Smith, "What is Curriculum? Exploring Theory and Practice," Internet.

185 Smith, "What is Curriculum? Exploring Theory and Practice," Internet.
186 소경희, 교육과정의 이해, (서울: 교육과학사, 2017), 267.
187 Smith, "What is Curriculum? Exploring Theory and Practice," Internet.
188 Lawrence Stenhouse, *An Introduction to Curriculum Research and Development* (London: Heinemann, 1975). 248, 재인용, Smith, "What is Curriculum? Exploring Theory and Practice," Internet
189 Smith, "What is Curriculum? Exploring Theory and Practice," Internet.
190 Smith, "What is Curriculum? Exploring Theory and Practice," Internet.
191 Smith, "What is Curriculum? Exploring Theory and Practice," Internet.
192 소경희, 교육과정의 이해, (서울: 교육과학사, 2017), 50-52
193 소경희, 교육과정의 이해, (서울: 교육과학사, 2017), 53-54
194 Lawson, "Selecting and Evaluating Curriculum," 365-375.
195 Colson and Rigdon, *Understanding your Church's Curriculum*, 50: Lawson, "Selecting and Evaluating Curriculum," 366-367.
196 Joseph Hammond, *The Pulpit Commentary: 1 Kings*, PC-Study Bible. ver. 5.
197 Colson and Rigdon, *Understanding your Church's Curriculum*, 50:
198 Saul McLeod, "Bruner - Learning Theory in Education." https://www.simplypsychology.org/bruner.html, (accessed July 30, 2020)
199 Saul McLeod, "Bruner - Learning Theory in Education." https://www.simplypsychology.org/bruner.html, (accessed July 30, 2020)
200 Colson and Rigdon, *Understanding your Church's Curriculum*, 50.
201 Colson and Rigdon, *Understanding your Church's Curriculum*, 39.
202 김양분, 임현정, 신혜숙, 남궁지영, 신택수, 학생의 전인적 발달을 지원하는 좋은 학교 특성, 8.
203 장주동, "전인적 양육사역(전인 교육)을 위한 커리큘럼 개발연구,"162-163.
204 안병영, "전인 교육과 교육정책," 5-6.
205 최진경, "코메니우스의 인간이해와 전인적 신앙교육 방향," 304.
206 장주동, "전인적 양육사역(전인 교육)을 위한 커리큘럼 개발연구," 163-174.
207 Lucila Rudge, *Holistic Education: An Analysis of Its Pedagogical Application*. (Lambert Academic Publishing, 2010), 11.
208 신현광, "기독교 교육에 있어 교육목적에 관한 연구," 신학과 실천 44 (2015): 332.
209 Sheila S. Johnson, "The 21st Century Transformation" (PhD diss., University of Phoenix, Phoenix, 2014), 23-24.

210 교육과학기술부, *3-5세 연령별 누리 과정 해설서* (서울: 교육과학기술부, 2013), 14.

211 교육과학기술부, *3-5세 연령별 누리 과정 해설서*, 165-167

212 Compassion International, "Core Curriculum," *For Children*, http://www.forchildren.com/link-core- curriculum//(accessed April 27, 2019).

213 Compassion International, "Core Curriculum," Internet.

214 Compassion International, "Core Curriculum," Internet.

215 장주동 외, *그로잉252 돋움 1-1 디렉터 매뉴얼* (서울: 파이디온선교회, 2017), 8-9.

216 *그로잉252 어린이 성장보고서 돋움 1-2* (서울: 파이디온선교회, 2017), 12-15.

217 D6. *Adventure teaching guide*. 2019, http://online.anyflip.com/iayy/kznd/mobile/index.html#p=10, (accessed June 20, 2019)

218 Lifeway Students (2016). *The Gospel Project: 구약1 위대한 시작* (서울: 두란노, 2016), 18.

219 Brewster, 어린이, 교회, 그리고 선교. 84.

220 Colson and Rigdon, *Understanding your Church's Curriculum*, 50.

221 교육부, *2015 개정 교육과정에 따른 교과용도서 개발을 위한 편찬상의 유의점 및 검정기준*, (서울: 한국교육과정 평가원, 2016). http://www.kice.re.kr/boardCnts/fileDown.do?fileSeq=a9179 a5a3d6255d12f39f87a028f41c7, (accessed June, 20, 201)

222 예장총회교육자원부, *GPL 공과* (서울: 교육자원부, 2019). http://new.pck.or.kr/bbs/board.php?bo_table=SM02_05_05&wr_id =1#none, (accessed June 20, 2019)

223 예장총회교육자원부, *GPL공과*, Internet.

224 꿈이있는미래, "커리큘럼: 하나님의 말씀으로 전 세대를," http://coommi.org/page_ejjf97/(accessed April 27, 2019).

225 꿈이있는미래, "커리큘럼: 하나님의 말씀으로 전 세대를," Internet.

226 Compassion International, "Core Curriculum," Interent.

227 Colson and Rigdon, *Understanding your Church's Curriculum*, 50.

228 두란노 가스펠 프로젝트, "Gospel Project," http://www.duranno.com/gospelproject/view/introduce.asp/(accessed April 29, 2019).

229 한국컴패션, *그로잉 252 운영매뉴얼* (서울: 한국컴패션, 2019), 11-16.

230 Charles B. Eavey, *Principles of Teaching: for Christian Teachers* (Grand Rapids: Zondervan, 1981), 235.

231 Jang, "A Comparative Analysis of Three Instructional Approaches to Teaching the Bible in Selected Korean Churches" 54-56.

232 Jang, "A Comparative Analysis of Three Instructional Approaches to Teaching the

Bible in Selected Korean Churches," 57-60.

233 Lucila Rudge, "Holistic Pedagogy in Public Schools: a Case Study of Three Alternative Schools". *The Journal of Educational Alternatives* 5, 2016, 182.

234 장주동, "전인적 양육사역(전인 교육)을 위한 커리큘럼 개발연구," 171.

235 Howard Hendricks, *Teaching to Change Lives* (Colorado Springs: Multnomah Publishers, 1987), 55-56.

236 Bailey, M. & Constable, T., 신약탐험, 정인홍 역 (서울: 도서출판 디모데, 2009). 559.

237 D. S. Douglass, *My Journey towards Creating a Holistic Classroom*. PhD dissertation., Nipissing University, 2011, 19-20.

238 Roy B. Zuck, 예수님의 티칭 스타일, 송원준역. (서울: 도서출판 디모데, 2011), 168.

239 Parker Palmer, 가르침과 배움의 영성 (서울: IVP, 2006), 18.

240 Parker Palmer, 가르침과 배움의 영성 (서울: IVP, 2006), 160-166.

241 Eugene H. Merrill, *Deuteronomy, New American Commentary*, vol. 4 (Nashville: Broadman & Holman, 1994), 162.

242 Jang, "A Comparative Analysis of Three Instructional Approaches to Teaching the Bible in Selected Korean Churches," 39-40.

243 Duane L. Christensen, *Deuteronomy 1-11, Word Biblical Commentary* (Dallas: Word Books, 1991), 145; and Merrill, Deuteronomy, 166-67.

244 Jang, "A Comparative Analysis of Three Instructional Approaches to Teaching the Bible in Selected Korean Churches," 41.

245 Jang, "A Comparative Analysis of Three Instructional Approaches to Teaching the Bible in Selected Korean Churches," 42-44.

246 Kenneth O. Gangel, "What Christian Education Is," in *Christian Education: Foundations for the Future*, ed. Robert E. Clark, Lin Johnson, and Allyn K. Sloat (Chicago: Moody Press, 1991), 21; and Warren W. Wiersbe, *Wiersbe's Expository Outlines on the New Testament* (Wheaton, IL: Victor Books, 1992), 101.

247 Jang, "A Comparative Analysis of Three Instructional Approaches to Teaching the Bible in Selected Korean Churches," 43-44.

248 Dorothy Leeds, 질문의 7가지 힘, 노혜숙 역. (서울: 더난출판사, 2002), 25.

249 Bernice Mccarthy, *About Teaching: 4MAT* in the Classroom, 8-14.

250 양승헌, *C.E.E. 1: 크리스천 티칭* (서울: 파이디온선교회, 2011), 22.

251 Jang, *A Comparative Analysis of Three Instructional Approaches to Teaching the Bible*

in Selected Korean Churches, 44-62.

252 Michael Muller, *God the Teacher of Mankind* (New York: Benziger Brothers, 1880), 12.

253 Roy B. Zuck, "Education in the Pentateuch," in *Evangelical Dictionary of Christian Education*, ed. Michael J. Anthony (Grand Rapids: Baker Academic, 2001), 232-33; Michael J. Anthony and Warren S. Benson, *Exploring the History and Philosophy of Christian Education: Principles for the 21st Century* (Grand Rapids: Kregel, 2003), 17.

254 Norma S. Hedin, *Education in the Bible*, (Fort Worth, TX: Southwestern Baptisti Theological Seminary, 2004), 28-30, 34; Catholic Encyclopedia, s.v. "Priesthood"; Internet; Esqueda, "God as Teacher," 39.

255 Hedin, *Education in the Bible*, 28-30, 34; Catholic Encyclopedia, s.v. "Priesthood"; Internet; Octavio J. Esqueda, "God As Teacher," in *The Teaching Ministry of the Church*, 2nd ed. William R. Yount (Nashville: B&H Academic, 2008), 39.

256 John E. Johnson, "The Old Testament Offices as Paradigm for Pastoral Identify," *Bibliotheca Sacra* 152 (April-June 1995): 187; Hedin, *Education in the Bible*, 48; S. Herbert Bess, "The Office of the Prophet in Old Testament Times," *Grace Journal* 1, no. 1 (Spring 1960), 9; and Roy B. Zuck, "Education in the Monarchy and the Prophets" in *Evangelical Dictionary of Christian Education*, ed. Michael J. Anthony (Grand Rapids: Baker Academic, 2001), 231-232.

257 James E. Reed and Ronnie Prevost, *A History of Christian Education* (Nashville: Broadman & Holman, 1993), 48; and Hedin, *Education in the Bible*, 43.

258 Johnson, "The Old Testament Offices as Paradigm for Pastoral Identify," 187-88.

259 Johnson, "The Old Testament Offices as Paradigm for Pastoral Identify," 187-88; and Hedin, *Education in the Bible*, 58.

260 Johnson, "The Old Testament Offices as Paradigm for Pastoral Identify," 187-88; and Hedin, *Education in the Bible*, 58.

261 Jang, *A Comparative Analysis of Three Instructional Approaches to Teaching the Bible in Selected Korean Churches*, 44-53.

262 Robert W. Pazmino, *God Our Teacher* (Grand Rapids: Baker Academic, 2001), 72-73; Reed and Prevost, *A History of Christian Education*, 61.

263 Pazmino, *God our Teacher*, 72-73.

264 Howard G. Hendricks, "Following the Master Teacher," in *The Christian Educator's*

Handbook on Teaching, ed. Kenneth O. Gangel and Howard G. Hendricks (Grand Rapids: Baker Books, 1988), 27; and Pazmino, *God Our Teacher*, 72-73.

265 Zuck, *Teaching as Jesus Taught*, 86.

266 R. C. Bradley, *Jesus, the Greatest Master Teacher of Us All* (Wolfe City, TX: University Press, 1976), 34.

267 John Phillips, *Exploring Hebrews* (Chicago, IL: Moody Press, 1981), 42.

268 Howard G. Hendricks, "Following the Master Teacher," in *The Christian Educator's Handbook on Teaching*, ed. Kenneth O. Gangel and Howard G. Hendricks (Grand Rapids: Baker Books, 1988), 25-26.

269 Reed and Prevost, *History of Christian Education*, 65-66.

270 John M. Price, *Jesus the Teacher* (Nashville: Convention Press, 1981), 20; and Hendricks, "Following the Master Teacher," 24-25.

271 James C. Wilhoit and Linda Rozema, "Anointed Teaching," *Christian Education Journal Vol. 2*, no. 2 (Fall 2005): 245; 양승헌, 크리스천 티칭 (서울: 디모데, 2012), 238-239; Daryl Eldridge, "The Role of the Holy Spirit in Teaching," in *The Teaching Ministry of the Church: Integrating Biblical Truth with Contemporary Application*, ed. Daryl Eldridge (Nashville: Broadman & Holman, 1995), 49; and Roy B. Zuck, *Teaching with Spiritual Power: Developing the Relationship That makes All the Difference* (Grand Rapids: Kregel, 1993), 15-16.

272 Esqueda, "The Holy Spirit as Teacher," 76.

273 Dickason, "The Holy Spirit in Education," 121; Zuck, *Teaching with Spiritual Power*, 19; Wilhoit and Rozema, "Anointed Teaching," 254; Gary Newton, "The Holy Spirit in the Educational Process," in *Introducing Christian Education: Foundations for the Twenty-first Century*, ed. Michael J. Anthony (Grand Rapids: Baker Academic, 2001), 126; and Eldridge, "The Role of the Holy Spirit in Teaching," 57.

274 Claire Lerner and Marisa O. Nightingale, "Tuning In: Parents of Young Children Speak Up About What They Think, Know and Need," *ZERO TO THREE, v37* n1 p44-49 Sep 2016, 3.

275 통계청, 2018년 출생통계(확정) 보도자료, 2019년 8월 28일, available fromhttp://kostat.go.kr/portal/korea/kor_nw/1/1/index.board?bmode=read&aSeq=377055

276 국회뉴스, 2018년 8월 23일, available from https://www.naon.go.kr/content/html/2018/08/23/a62d73db-3c31-4bc2-a60a-277ace4a82e3.html

277 손원영, "교육 과정의 영성," 한국기독교교육정보, 2005, 285.
278 최혜숙, "유대인의 가정 교육을 표본으로 한 기독교 가정 교육의 모색," 서울: 이화여자대학교, 1987, 석사학위 청구논문, 18.
279 최혜숙, "유대인의 가정 교육을 표본으로 한 기독교 가정 교육의 모색," 19.
280 최혜숙, "유대인의 가정 교육을 표본으로 한 기독교 가정 교육의 모색," 23-36.
281 최혜숙, "유대인의 가정 교육을 표본으로 한 기독교 가정 교육의 모색," 27.
282 최혜숙, "유대인의 가정 교육을 표본으로 한 기독교 가정 교육의 모색," 32-36.
283 EBS, 세계의 교육현장 - 세계를 움직이는 힘! 미국의 유태인 교육(유태인의 가정 교육), available from https://www.youtube.com/watch?v=onwxHUnenQc
284 Michael Katz and Gershon Schwartz, 원전에 가장 가까운 탈무드, 주원규역. (바다출판사, 2019), 19. (바다출판사, 2019), 19.
285 Katz and Schwartz, 원전에 가장 가까운 탈무드, 19-24.
286 Katz and Schwartz, 원전에 가장 가까운 탈무드, 41.
287 Katz and Schwartz, 원전에 가장 가까운 탈무드, 41.
288 Brent Coffin, "Our Practice of Havruta," *Congregations*, 2011, Issues 3 & 4. 6.
289 Christian Overman, 어섬션, 박용진 서장원 역. (서울: 도서출판 디모데, 2019), 197.
290 Overman, 어섬션, 196-197.
291 임경근, 가정예배가이드 (서울: 생명의 말씀사, 2020), p. 13.
292 김대현, 교육과정의 이해, 2판, (서울: 학지사 2017), 42.
293 성태제, 교육평가의 기초 (서울: 학지사, 2009), 20-21.
294 임영희, "기독교 교육 평가에 관한 한 연구," 교육교회, 1992, 81.
295 Richard J. Edlin, 기독교 교육의 기초 (서울: 그리심, 2004), 237.
296 William R. Yount, *Created to Learn*, Yount, *Created to Learn*, 480-483.
297 Harold J. Westing, "Evaluation and Long-Range Planning," in *Christian Education: Foundations for the Future*, (Chicago: Moody Press, 1991), 456.
298 한국컴패션, 그로잉252 어린이 성장보고서: 세움1-1 (서울: 파이디온선교회, 2017), p. 14.
299 한국컴패션, 그로잉252 어린이 성장보고서: 세움1-1, p. 12.